Arthur Dix

Wurzeln der Wirtschaft - Skizzen u. Studien

Arthur Dix

Wurzeln der Wirtschaft - Skizzen u. Studien

ISBN/EAN: 9783744672207

Hergestellt in Europa, USA, Kanada, Australien, Japan

Cover: Foto ©Suzi / pixelio.de

Weitere Bücher finden Sie auf **www.hansebooks.com**

Wurzeln der Wirtschaft.

Skizzen und Studien

von

Arthur Dix.

Leipzig.
Verlag von Freund & Wittig.
1899.

Vorwort.

Weder die Entstehung der Wirtschaft erschöpfend darzustellen, noch auf die ersten Grundfaktoren der Wirtschaft sich zu beschränken, ist die Aufgabe dieses Buches. Es galt vielmehr einen Versuch, dem mächtigen, vielverzweigten Baum des modernen Wirtschaftslebens an die Wurzeln zu gehen, ihnen nachzugraben, und hie und da zu prüfen, wie aus diesen Wurzeln die frischen Säfte hinaufsteigen in die äußersten Blattspitzen, wie diese und jene Zweige des wirtschaftlichen Lebens herangewachsen sind und wie sie sich fortzuentwickeln streben; das Gewordene betrachtend, um für das Werdende zu lernen.

In dem Bestreben, weniger mit der zerstörenden Hand des Naturforschers, als mit dem genießenden Auge des Naturfreundes an das mächtige Gebilde heranzutreten, mußte manches wissenschaftliche Instrument fortgelassen werden, das zu einer eingehenderen systematischen Untersuchung wohl unentbehrlich wäre, bei unseren Betrachtungen aber oft nur als unnötiger Ballast gewirkt hätte. Es sind daher besonders alle — von einem größeren Leserkreis ohnehin nur zu wenig beachteten — Fußnoten und spezialwissenschaftlichen Erläuterungen grundsätzlich weggelassen; die wichtigeren Quellen sind im Text kurz erwähnt. — Neben einer reichen Litteratur verdanke ich mannigfache Anregung namentlich den Herren Professoren Sering, Schmoller, Meitzen, Bücher, Ratzel, Sohm u. a. Ihnen, wie allen Freunden und Beratern meiner Lehrjahre widme ich dies Buch in aufrichtiger Dankbarkeit. Möge es eine freundliche Aufnahme finden.

Kölln, Westpr., im Herbst 1898.

Arthur Dix.

I.

Wirtschaft und Boden.

Wirtschaft und Boden.

Einleitung. — Die wechselnde Abhängigkeit des wirtschaftenden Menschen vom Boden. — Staat und Boden (Gebirgs- und Inselvölker. Geographische Politik). — Ausbreitung der Kultur über den Boden. — Die Bodenverteilung: Riesenstaaten und Kleinstaaten. — Die Grenzen. — Meereskultur (Bedeutung der Seefischerei. Verteilung der Meere). — Die Wanderungen (Wanderungen und Frauenrecht. Wanderungen und Religion. Wanderungen und Verfassung. Die innere Kolonisation). — Die Grundsteuer. — Das Werkzeug in der Urwirtschaft — Anhang: Skizzen aus der Ostmark.

Der Seligkeit Fülle, die hab' ich empfunden,
die Schönheit besaß ich, sie hat mich gebunden.
Sie steiget hernieder in tausend Gebilden,
sie schwebet auf Wassern, sie schreitet auf Gefilden,
nach heiligen Maßen erglänzt sie und schallt,
und einzig veredelt die Form den Gehalt,
verleiht ihm, verleiht sich die höchste Gewalt.
(Goethes „Pandora").

Am Anfang war das Paradies.

Allmutter Natur schenkte in überreicher Fülle dem Menschen alles, dessen er zum Leben bedurfte. Unter der segenspendenden Sonne der Tropen ins Dasein getreten, kannte er keine Sorge für morgen, nicht einmal für heute — brauchte er doch die Hand nur auszustrecken, um unversiegbare Nahrung zu haben.

Wohl war es nicht das Paradies, von dem die Dichter singen und sagen, das Land höchsten, bewußten Genusses und reiner Seligkeit, das Land der ewigen Wonne, das Allersehnte; wohl drohten dem Menschen Gefahren ringsum, wohin er seinen Fuß auch setzte; Not und Sorge aber waren ihm fremd.

Noch zwang die eherne Notwendigkeit ihn nicht, zu arbeiten. Gleichwohl konnte er nicht bestehen, ohne sich zu bethätigen.

Die schaffende Natur war bei ihrem letzten und höchsten Geschöpf angelangt, und alles, was noch an Schaffenslust und Schaffensdrang in ihr wogte und lebte, gab sie diesem, ihrem obersten Geschöpf mit auf den Weg, vereinte sie in dieser ihrer vollendetsten Erscheinungsform. Gestaltungsfreude und Formensinn waren des Menschen Erbteil; er wollte mehr als leben — er wollte das Leben genießen.

Des Menschen ureigenster Besitz ist das Streben nach Schönheit, das kostbarste Patengeschenk, das ein gütiges Geschick ihm in die Wiege legte — Unzufriedenheit und Langeweile. Sich als Krone der Schöpfung zu bethätigen, treibt es ihn auch dort, wo die schlichte Selbsterhaltung keine Ansprüche an seine Schaffenskraft stellt. Schaffensdrang und Schönheitsdurst beherrschen ihn, ziehen ihn empor über das Tier. Wo er der ernsten Arbeit noch nicht bedarf, bethätigt er sich im heitern Spiel.

„Dieweil ich bin, muß ich auch thätig sein" — das ist das Geheimnis seines Wesens, seines Menschseins. Das „Thätigsein" schlechthin aber genügt ihm nicht; für ihn ist es nicht nur die Frage, daß er seine Kräfte entfaltet und austoben läßt, sondern wie er sie entfaltet. Der Mensch hat, wenn seine überschäumende Kraft nicht durch den Kampf ums Dasein, durch den Kampf gegen Tierwelt und Naturgewalt in Anspruch genommen wird, Freude an der Bewegung, wie das springende Lamm und das wild sich tummelnde Füllen. Und doch nicht wie diese. Ein Wesen von anderer Art, von höherer Art, der Schöpfung Krone, hat er nicht Freude an der Bewegung allein, sondern Freude an der schönen Bewegung, Freude an der Form, am Rhythmus, an der formenschönen Bewegung. Seine erste Kunst, seine erste abgemessene Thätigkeit ist der Tanz!

In Tanz und Gesang, in Spiel und Schmuck bethätigt der primitive Mensch seinen Schönheitsdrang. Nicht als ob damit eine vollständig neue Erscheinung durchgebrochen, ein neues Element im Naturleben zu Tage getreten wäre — in den tiefsten Tiefen der Natur ist die Entwicklung zur Schönheit begründet; die Natur selbst steigert sich in ihrer Gestaltung, bis sie als höchstes Produkt dieser ästhetischen Entwicklung den schönen Menschen hervorbringt. Und der dieser Art auf den Gipfel der Natur gestellte Mensch sieht sich seinerseits „wieder als eine ganze

Natur an, die in sich abermals einen Gipfel hervorzubringen hat. Dazu steigert er sich, indem er . . . sich endlich bis zur Produktion des Kunstwerks erhebt." Kein Geringerer als Goethe war es, der dieser strahlenden Idee der ästhetischen Kulturentwickelung Ausdruck gegeben hat.

Der Mensch hat auch auf dem Pfade der Schönheit seine Vorbilder unter den Tieren, ja, seine ersten Versuche auf diesem Wege sind nichts als Nachahmungen dessen, was er an ihnen und von ihnen gesehen und gehört. Tierbewegungen und Tierlaute ahmt er bei seinen Tänzen nach, seine Spiele beginnen auf gleicher Stufe wie die Spiele der Tiere, als Schmuck seines Körpers benutzt er die Felle und Federn der Tiere, und wenn sein Können weiter vorgeschritten ist, bemalt er seinen Körper mit Tierbildern, schnitzt er Tierfiguren in das zähe Holz, und beginnt er selbst die schon einer höheren Stufe angehörende Töpferarbeit mit der Herstellung von Tiergestalten.

Schmuck und Spiel nehmen in der Urwirtschaft oder besser in der Urthätigkeit des Menschen einen herrschenden Platz ein. Im Gegensatz zu der organisierten Arbeit der Kulturvölker bethätigt sich die Energie der Naturvölker spielend. Das Spiel selbst steigert sich bis zur anstrengenden Thätigkeit, und der Schmuck verursacht oft genug Mühe und Schmerzen, die mit bewundernswerter Ausdauer ertragen werden. Man denke nur an die fast bei allen tiefer stehenden Rassen verbreitete Sitte, Verzierungen auf und in der eigenen Haut anzubringen; vielen Stämmen genügt die einfache Tätowierung nicht, und sie scheuen sich nicht, durch ein äußerst schmerzhaftes Verfahren Figuren auf den nackten Körper zu drücken und hochstehende, glänzend bemalte Narben hervorzurufen. Dazu kommen noch allerlei Schmuckstücke, die in dem aufgeschnittenen Fleisch, den Lippen, Ohren, in der Nase und den durchbohrten Zähnen getragen werden. Viele Stunden des Tages verbringen die Frauen mancher Urvölker, nicht selten unter bedeutenden Qualen, um ihren Leib zu schmücken. Die nördlichen Stämme haben den Vorteil, daß sie nur ihren Anzug zu schmücken brauchen, während die Südländer das ganze Verfahren unmittelbar auf ihren bloßen Körper anwenden müssen.

Der geschmückte Körper bewegt sich im Tanz. Jedermann weiß, eine wie wichtige Rolle der Tanz bei den Naturvölkern spielt. Freude und Schmerz finden im Tanz ihren Ausdruck, jede feierliche Handlung, jeden Staatsakt begleitet der Tanz. Der Tanz ist ein wesentlicher Teil der Religionsübung, bei manchen Stämmen gar die einzige religiöse Handlung, und noch ein David und ein Sokrates betrachteten den Tanz als Teil der Religion.

Dem Spiel und Schmuck ist die Thätigkeit des frühen Menschen zugewandt. Nicht ernster, vorsorgender Wirtschaft dient seine Arbeit — sie ist ein Spiel, das in Bethätigungsdrang, Nachahmungslust und Schönheitsdurst wurzelt. Fröhlich und sorglos lebt er dahin, ein großes Kind, das sich von der Mutter Natur ernähren läßt. — —

Doch die Gaben der Natur haben ihre Grenze. Auch die tropische Fülle der Früchte vermag allmählich die endlos sich mehrende Menschheit nicht mehr zu ernähren. Es beginnt der Nahrungsmangel und mit ihm die ernste Arbeit. Es kommt der Augenblick, da ein Teil der Menschheit den „Garten Eden“ verlassen und Gegenden aufsuchen muß, in denen ihm nicht mehr alles in den Mund wächst, in denen der Einzelne nicht in jedem Augenblick beliebig sein Nahrungsbedürfnis zu befriedigen vermag, in denen er über den heutigen Tag hinausdenken und im Schweiße seines Angesichts für die Zukunft sorgen muß.

Die Kraft, die sich früher nur spielend und genießend bethätigt hat, muß sich jetzt wirklicher Arbeit zuwenden. Ganz allmählich vollzieht sich der Uebergang zur Wirtschaft.

Man kann es noch nicht als Wirtschaft bezeichnen, wenn die Frau, der die Sorge für die vegetabilische Nahrung obliegt, in Ermangelung von Früchten anfängt, die Wurzeln mit einem Werkzeuge auszugraben und abzuschneiden; man kann es noch nicht als Wirtschaft bezeichnen, wenn der Mann, der — als der stärkere Teil — für die animalische Nahrung sorgt, zu lernen beginnt, daß er das Wild mittelst allerlei primitiver Geschosse erlegen kann; man kann es selbst noch nicht als Wirtschaft bezeichnen, wenn der Mensch einzusehen beginnt, daß er in weniger fruchtreichen Gegenden für einen Teil des Jahres Vorräte anlegen muß — sammelt doch auch der Hamster Nahrungsschätze an. Die Wirtschaft beginnt vielmehr erst in dem Augenblicke, da der Mensch zum ersten Male die Natur zwingt, sich seinem Nahrungsbedürfnis anzupassen.

Die Wirtschaft ist diejenige Thätigkeit des Menschen, welche darauf gerichtet ist, ein bestehendes Mißverhältnis zwischen den natürlichen Gaben des Bodens und dem Bedürfnis der diesen Boden bewohnenden Menschen auszugleichen. Demnach findet Wirtschaft überhaupt nur dort statt, wo ein Mißverhältnis zwischen den Bedürfnissen einer gewissen Menschengruppe und den natürlichen Gaben des von ihr bewohnten Bodens eintritt, und sie wird um so intensiver sein, je größer das Mißverhältnis ist, d. h. je geringer die natürlichen Gaben des Bodens und je größer die Bedürfnisse der ihn bewohnenden Menschen sind.

Die Wirtschaft hängt also ab: Zum ersten von der Art des Bodens; diese ist im allgemeinen als feststehende Größe zu betrachten, die sich nur örtlich, innerhalb weiter Grenzen aber nicht zeitlich ändert; zum zweiten von den menschlichen Bedürfnissen. Diese können auf demselben Boden aus doppeltem Grunde begrenzten Änderungen unterliegen, da sie ihrerseits abhängig sind: erstlich von der Zahl der die bestimmte Fläche bewohnenden Personen und zweitens von dem Kulturstande, der Lebenshaltung derselben.

Der letzte Punkt — die Lebenshaltung — kann zunächst, für frühe Zeiten ohne entwickelten Verkehr, außer Acht gelassen werden; denn bei völlig auf ihren Boden angewiesenen Menschen und Stämmen kann die Lebenshaltung eben nicht weiter steigen, als der Boden es gestattet. Freilich wird auch innerhalb dieser Grenzen gewöhnlich ein weiter Spielraum sein zwischen den primitiven Anfängen der Wirtschaft und dem Zustande zur Zeit voller wirtschaftlicher Ausnutzung des Bodens. Von Anbeginn aber kommt für die Wirtschaft lediglich das Verhältnis zwischen den natürlichen Gütern des Bodens und der Zahl der von seinen Früchten zu ernährenden Menschen in Betracht; je höher diese Zahl steigt, um so weiter muß die Wirtschaft entwickelt werden, um das natürliche Mißverhältnis auszugleichen und zu beseitigen.

Es wäre nun aber falsch, der Lebenshaltung bei primitiver Wirtschaft gar keine Bedeutung beizumessen; dazu ist die Freude am Schönen, die Freude an Spiel und Schmuck zu groß. Sie veranlaßt eine — wenn auch nur spielende, tändelnde, schmückende, nicht eigentlich wirtschaftliche, so doch oft unendlich mühsame Arbeit, die weit über jenes Maß hinausgeht, das durch das

Mißverhältnis zwischen den Bodenerzeugnissen und den menschlichen Bedürfnissen bedingt würde.

Gerade bei primitiven Völkern nimmt die kunstgewerbliche Thätigkeit einen ganz erstaunlich breiten Raum ein; die wenigen Geräte, die sie brauchen, und die ihren ganzen Schatz bilden, werden in langwieriger und mühsamer Arbeit höchst kunstvoll hergestellt und mit jedem möglichen Schmuck versehen. Besonders charakteristisch sind solche Werkzeuge, bei denen die auf den Schmuck verwandte Arbeit garnicht einmal sichtbar wird; beispielsweise findet man auf Borneo Flechtwerke, bei denen sich unter einem Obergeflecht verdeckt ein unmittelbar beim Flechten entstandenes Ornament befindet, während beide Geflechte zusammen wieder durch Affenhaarbüschel teilweise verdeckt sind. Die Frauen flechten eben nicht, um zu ornamentieren, sondern sie ornamentieren, um zu flechten, und man muß mit den Forschern, die derlei Arbeiten schildern, annehmen, daß es ihnen viel Überwindung kosten würde, wenn sie einfach Faden über Faden kreuzweise legen sollten. Dem Naturmenschen widerstrebt die Arbeit an sich, die eintönige, gleichmäßige Arbeit. Nur wo er schmücken, wo er ein kleines Kunstwerk liefern kann, entsteht überhaupt ein Werk, wo der Freude an der schönen Form und Farbe Genüge gethan wird, arbeitet er.

In ihrer höchsten Erscheinungsform, dem Menschen, ringt die schönheitsdurstige Natur eben am stärksten und tiefsten nach dem Ideal ihrer selbst, nach der Schönheit.

Dieses Ewigkeitsideal der Natur, dieses Ideal, in dessen Zeichen auch die Wirtschaft ihren Ursprung nimmt, sollten wir auch in der modernen Wirtschaft nicht so ganz vergessen, wie wir es im heißen wirtschaftlichen Kampfe der Menschenmasse mit dem ihre Bedürfnisse nicht befriedigenden Boden heute vergessen zu haben scheinen. Wie sehr muß sich unsere Kultur z. B. von den Japanern beschämen lassen, bei denen selbst die trivialsten Geräte künstlerischer Gediegenheit nicht entbehren. Zwar, wir wollen nicht ungerecht sein gegen uns selbst. Die Kunst repräsentiert auf Seiten ihrer Schöpfer sowohl wie auf Seiten derer, die sie genießen, eine Summe überschüssiger Kraft. In der verschwenderisch schenkenden Fruchtbarkeit der Tropen, in der Kunst und Wirtschaft entstanden, ist naturgemäß die überschüssige Kraft der Menschen groß genug; die Fruchtbarkeit ist dort, wie Graf Keßler in seinen „Notizen über Mexiko" sehr hübsch beobachtet hat, auch heute noch sozusagen „kapitalisiert" sichtbar; der Mangel an Export hat sie zu Stein werden lassen: was an Volkskraft durch das mühelose Empfangen von der schenkenden Natur entbehrlich gemacht wurde, ist, statt außer Landes zu gehen, hier geblieben. Wo jene Überfülle fehlt, wo der Weltmarkt alle Früchte der Arbeit beansprucht, wo die ganze Volkskraft für den notwendigen Lebensbedarf aufgebraucht wird, findet die Kunst kaum eine Stätte — sie ist aus unserem wirtschaftlichen Leben verbannt.

Und doch dürfen wir uns nicht beschämen lassen durch weit hinter uns liegende Zeiten, weit unter uns stehende Völker. Das Leben für die Wirtschaft nur um der Wirtschaft willen, die nackte Selbsterhaltung ist kein der Kulturmenschheit würdiges Dasein, ein Dasein, das im Grunde unter jenen Urvölkern steht mit ihrer überschüssigen, in künstlerischem Schaffen, in Spiel und Schmuck bethätigten Energie. Auch unser Leben muß eine entsprechend gesteigerte Kunst durchdringen, auch in unserem Schaffen muß Raum und Zeit bleiben für hehre Freude, für künstlerische Bethätigung, für ein Vollmenschentum, das weit hinausragt über den nüchternen Wirtschaftsmenschen.

Wir sprechen heute viel davon, daß die Volkswirtschaft eine Steigerung der allgemeinen Lebenshaltung ermöglichen und fördern solle. Wenn wir diese Forderung nur recht verstehen, so haben wir hier, ohne es eigentlich zu wissen, wieder den Weg, der jenem Ziele entgegenführt. Die Wirtschaft hat in letzter Linie höhere Aufgaben, als nur den Ausgleich des Mißverhältnisses zwischen den Gaben des Bodens und den Bedürfnissen der Menschen zu vollziehen; zweifellos ist dies ja ihre erste Aufgabe. Aber neben und über der Selbsterhaltung des einzelnen Menschen steht die Erhaltung seiner sozialen Gruppe, die Erhaltung der ganzen Menschheit, und nicht nur ihre Erhaltung — ihr Aufstieg, ihr Fortschritt, ihre Vervollkommnung, die Selbsterfüllung der Natur, das sehnende, begeisterte Streben der Menschenseele zum Schönen, zunächst der körperlichen Schöne hienieden, und dann weiter der geistigen und ewigen im Reiche der Idee. Die Wirtschaft soll die Menschen nicht nur erhalten, sie soll auch die ideale Forderung der Natur erfüllen helfen, die Steigerung der Natur in ihrer Gestaltung, die Steigerung ihrer höchsten Erscheinungsform, des Menschen, in seiner Fortgestaltung — dem Ewigkeitsideale vollendeter Schönheit entgegen.

So lange die natürlichen Gaben des Bodens genügen, um die Bedürfnisse der ihn bewohnenden Menschen zu befriedigen, ist eine eigentlich wirtschaftliche Thätigkeit der Menschen unnötig. Erst wenn bei wachsender Bevölkerung ein Mißverhältnis zwischen diesen Gaben des Bodens und den steigenden Bedürfnissen eintritt, beginnt die Wirtschaft, deren Zweck eben der Ausgleich dieses Mißverhältnisses ist.

Wie die Wirtschaft also in ihrer Entstehung durch den Boden bedingt ist, so ist sie auch in ihrer weiteren Entwickelung vollständig abhängig von dem Boden, von der Mutter Erde.

Wenn der Boden die Bedürfnisse seiner Bewohner nicht mehr zu befriedigen vermag, so wird zunächst nicht dadurch Abhilfe geschaffen, daß man den Boden durch Beackerung zwingt, gewisse Früchte hervorzubringen; das Ursprüngliche ist vielmehr, daß die Menschen sich einen neuen Boden mit reicheren Früchten suchen. Dieser Zustand bleibt übrigens bis zu einem gewissen Grade auch bestehen, wenn bereits mit der Beackerung des Bodens, mit der eigentlichen Wirtschaft begonnen ist. So lange die Mittel, dem Boden bestimmte Früchte abzuzwingen, noch unentwickelt sind, so lange die Wirtschaft in den primitiven Grenzen des Raubbaues bleibt, sieht sich der ganze Stamm periodisch gezwungen, die Scholle zu wechseln. Später, bei höher entwickelter Kultur, zwingt die mit der Zeit eintretende relative Übervölkerung einen Teil des Stammes dazu, Neuland zu suchen. Vom römischen „Ver sacrum“ bis zur Kolonialpolitik der modernen Staaten können wir durch die ganze Weltgeschichte diese Abstoßung überschüssiger Volksteile beobachten.

Auf der frühesten Wirtschaftsstufe sind die Völker nur wenig an den Boden gebunden. Noch ist die Erde nicht verteilt, noch können sie leicht die Scholle wechseln. Immerhin wird — denn von diesem Augenblick an können wir ja überhaupt erst von einer Wirtschaft sprechen — der Boden schon bebaut. Die Art der Bebauung ist freilich äußerst primitiv. Als Werkzeug dient eine schlichte Hacke. Vorräte werden zunächst nur in bescheidenem Maße gesammelt, so lange die noch wenig ausgebreitete Menschheit auf einem Boden Platz findet, der jährlich mehrere Ernten gestattet, und so lange von diesem Boden noch so viel frei ist, daß ein periodischer Wechsel möglich ist, sobald die Nährstoffe des bisher bebauten Landstückes erschöpft sind. Denn ihm neue Nährstoffe in kurzer Zeit zuzuführen, ist dem Menschen auf dieser Stufe noch nicht gegeben; er muß den Boden sich selber überlassen, bis er allmählich wieder neue Nährstoffe ansammelt.

Friedrich der Große nennt den Ackerbau „die erste der Künste", und die neuesten Forscher haben ihm im vollsten Sinne Recht gegeben (vergl. die bahnbrechenden Schriften der Leipziger Professoren Bücher und Ratzel, sowie von Meitzen, Grosse rc. und die zahlreichen dort angegebenen Quellen, insbesondere die Arbeiten von E. Hahn, dem eigentlichen Begründer der neuen Anschauung). Wir können heute den Ackerbau auch zeitlich, nicht nur dem Range nach, als die erste — wirtschaftliche — Kunst des Menschen bezeichnen. Die ursprüngliche Nahrung des Menschen mußte naturgemäß, als er noch über keinerlei Werkzeug verfügte, pflanzlich sein; daneben konnten nur kleinere Tiere, etwa Schnecken und dergl., in Betracht kommen. Wenn nun die Nahrungssorge begann, so wahr es wohl leichter, eine Vermehrung der Pflanzennahrung herbeizuführen, als die tierische Nahrung zu vermehren oder überhaupt erst in größerem Umfange zu beginnen, denn ein in die Erde gedrückter Kern oder eine Wurzel liefert ohne jegliches Werkzeug bald neue Nahrung, während es zur Beschaffung tierischer Nahrung erst der Werkzeuge bedarf, oder gar der Zähmung von Haustieren, die wohl eine größere Überlegung fordert als jene erste Thätigkeit.

Doch gleichviel, auf welche wirtschaftliche Thätigkeit der Mensch nun zuerst verfallen ist; wir können getrost, mag zeitlich auch ein vielleicht recht bedeutender Unterschied herrschen, beide Arten nebeneinander stellen, indem wir die erste und ursprünglichste Arbeitsteilung in Betracht ziehen — die Arbeitsteilung der Geschlechter. Dem Manne, als dem stärkeren lag es ob, für die animalische Nahrung zu sorgen; seine Erfindung war es, das stärkere Tier durch einen kühnen Steinwurf zu erlegen, und eine weitere Erfindung, allmählich den rohen Stein durch einen aus spitzen Steinstücken oder Knochensplittern verfertigten Pfeil zu ersetzen. Die Frau dagegen sorgte für die Pflanzen und

Früchte; indem sie Wurzeln suchte und sammelte, und einen Teil vielleicht an ihrem Lager in der Erde aufbewahrte, lernte sie beobachten, daß aus der Wurzel die Pflanze emporwächst, wurde sie die Erfinderin des Ackerbaus. Nicht mit Unrecht weist Bücher darauf hin, daß die verschiedene wirtschaftliche Beschäftigung nicht nur die Folge der Verschiedenheit beider Geschlechter, sondern zugleich auch die Ursache weiterer Differenzierung gewesen sein mag, da jedes Individuum ohne Rücksicht auf das Andere zunächst sofort verschlang, was es an Nahrung gewonnen hatte, daß der Mann also auf dieser Wirtschaftsstufe vorwiegend von tierischen, die Frau dagegen von pflanzlichen Stoffen lebte.

Wir befinden uns in der hier behandelten Zeit noch auf einer Stufe, die zwar bereits die Wirtschaft kennt, von eigentlicher Vorsorge aber noch recht wenig weiß. Der Boden giebt den Menschen zwar nicht mehr ohne weiteres Alles, dessen sie zum Leben bedürfen — dazu ist er schon zu stark bevölkert, wird der Menschenüberfluß schon zu weit von den Quellen reichsten Naturüberflusses fortgedrängt — aber es ist noch so viel und so fruchtreicher Boden vorhanden, daß eine verhältnismäßig geringe Nachhilfe genügt, um das Mißverhältnis zwischen seinen natürlichen Erzeugnissen und den menschlichen Bedürfnissen zu beseitigen. Je weiter der Menschenüberschuß aber hinausgedrängt wird aus dem Lande der Fülle, umsomehr wird der einzelne Mensch darauf angewiesen, Vorsorge zu treffen für periodisch eintretende Zeiten des Mangels. Zunächst trifft den Menschen jeder infolge von Naturereignissen eintretende Mangel mit voller Schwere; nach und nach aber lernt er durch die harte Schule der Entbehrung, Vorräte anzusammeln.

Mit diesem Augenblick treten wir aus dem Vorhofe der Wirtschaft in das eigentliche Leben der zielbewußten Arbeit, das vorsorgende Wirtschaftsleben; mit diesem Augenblick wird die Verknüpfung des Menschen mit dem Boden enger und fester, wird die Denkthätigkeit des Menschen notgedrungen reger und vielseitiger, steigt er um einen bedeutenden Schritt empor auf der Bahn der Kultur.

Daß übrigens solche „Augenblicke" in der wirtschaftlichen Entwicklung Menschenalter währen, brauche ich nicht besonders zu bemerken. — —

Die Bedürfnisse, welche der Mensch, und insbesondere der wirtschaftlich vorsorgende Mensch, durch die Gaben des Bodens befriedigen will, sind Nahrung, Kleidung und Wohnung. Vor dem ersten wirtschaftlichen Stadium kennt der Mensch eigentlich nur das Nahrungsbedürfnis; die beiden anderen sind weit jüngeren Datums und für den Urmenschen weit nebensächlicher, als man zunächst annehmen mag. Aber auch das Nahrungsbedürfnis wird zunächst nur in primitivster Weise befriedigt; wir wissen, daß einige Völkerschaften sogar gewisse mit organischen Rückständen durchsetzte Erdarten nicht verschmähen; wir wissen ferner, wie lange es gedauert hat, bis die Menschen die rohe Fleischnahrung aufgegeben und die edle Kochkunst erlernt haben — bedurfte es dazu doch erst der wunderbarsten Erfindung, die der Mensch vielleicht je gemacht hat: der Feuererzeugung.

Viel später stellt sich, wie gesagt, das Bedürfnis der Bekleidung und des Obdachs ein. Es ist kaum nötig zu bemerken, wie eng diese beiden Bedürfnisse wieder mit dem Boden zusammenhängen. Sie stellen sich erst zu jener Zeit ein, da die relative Übervölkerung einen Teil der Menschheit zwingt, Länder eines anderen Klimas aufzusuchen. Felle und Federn, in den wärmsten Tropengegenden höchstens, der Tätowierung gleich, als Körperschmuck getragen, werden für den aus jenen Landen durch den Mangel vertriebenen Menschenüberschuß zur Notwendigkeit. Ebenso wird der Mensch auf diesem neuen Boden gezwungen, ein Obdach zu suchen. Dieses Bedürfnis kann freilich auch bereits auf der primitivsten Stufe seines Seins eintreten, indessen wird es sich unter jenen günstigen klimatischen Verhältnissen nur um einen Schlupfwinkel, um einen Zufluchtsort handeln, der zur Sicherung gegen wilde Tiere aufgesucht wird. Das eigentliche Obdach ist gleichfalls erst ein unter rauherem Klima, auf unwirtlichem Boden eintretendes Bedürfnis, und erst der wirtschaftlich vorsorgende Mensch wird sich auch diese Sorge näher angelegen sein lassen. Natürliche oder künstliche Erd-, oder bei weiterem Vordringen gar Schneehöhlen bilden den Anfang; es folgt der Übergang zum Zelt, zuerst aus Zweigen, bezw. richtigen Erdhütten, endlich zum regelrechten Bau — eine lange, lange Zeit der Lehrjahre.

Interessant ist namentlich das gleichsam selbst aus dem Boden emporwachsende keltische Urhaus, das in seiner schlichten

Form auf folgende Weise entsteht, deren Spuren wir in unseren Bauten bis auf den heutigen Tag deutlich verfolgen können: Zwei Reihen von je drei Bäumen werden an ihrem natürlichen Standorte stehen gelassen, während ringsum der Wald fällt; geeignete Äste der gegenüberstehenden Bäume werden zusammengebogen und durch ihre Zweige verknüpft; über die so entstehenden Stützpunkte wird ein behauener Stamm gelegt — und das Haus ist im wesentlichen fertig, bestehend aus sechs tragenden Säulen und den Balken des Daches; das Dach selbst und die Wände werden teils durch passende Zweige der Bäume gebildet, teils durch Flechtwerk vervollständigt. Es läßt sich ohne weiteres übersehen, wie später an die Stelle der rohen Bäume an beliebigen Orten eingesetzte, behauene Balken und Säulen getreten sind, und wie das ganze ein künstliches Gefüge erhalten hat. Das ursprüngliche Haus aber war lediglich eine geschickte Benutzung und Ergänzung dessen, was die Natur in ihren Wäldern bot, ein lebendiges Zelt, das aufs engste mit dem Boden verwachsen ist.

Besonders merkbar tritt der Zwang des Bodens, übrigens auf einer verhältnismäßig schon recht hohen Stufe, wieder bei den Pfahlbauten hervor. —

Mit dem Anwachsen der Menschheit und dem Steigen ihrer Bedürfnisse wird die Abhängigkeit vom Boden immer größer. Bald ist die Erde verteilt, der Mensch eng an die Scholle gebunden. Aber die Vermehrung seines Geschlechts steht nicht still, die Nahrungssorge wächst immerzu, und fortgesetzt ist der Mensch gezwungen, das Band, das ihn mit der Mutter Erde verknüpft, enger und enger zu schlingen, dem Boden immer mehr Früchte abzuringen, ihn immer intensiver zu bearbeiten, seine Früchte immer besser zu verwerten, die wirtschaftliche Vorsorge immer strenger und vielseitiger walten zu lassen.

Zudem mangelt es dem Menschen noch — auf der Stufe, die wir jetzt im Auge haben — an Verkehrs- und Tauschmitteln; der ganze Bedarf muß restlos aus dem eigenen Boden gedeckt werden. „Mag der Wirt als Jäger oder Fischer die freiwillig von der Natur dargebotenen Gaben okkupieren, mag er als Nomade mit seinen Herden wandern, mag er daneben den Acker bauen, oder gar ausschließlich von der Landwirtschaft sich nähren, immer wird sein Arbeiten und Sorgen durch das Stückchen Erde bestimmt werden, das er sich unterthan gemacht hat. Und je weiter er an Einsicht und technischem Geschick voranschreitet, je planvoller und reicher sich seine Bedürfnisbefriedigung gestaltet, um so größer wird diese Abhängigkeit, so daß der Boden sich schließlich den Menschen unterwirft, der über ihn zu herrschen geboren ist.“ (Bücher, Entstehung der Volkswirtschaft.)

Es ist eine Zeit der größten Abhängigkeit des wirtschaftenden Menschen von dem bewirtschafteten Boden. Endlich aber wird diese Fessel zu eng, der völlig von seinem eigenen Boden unterworfene Mensch strebt wieder Herr seiner Wirtschaft zu werden. Zwar, die Erde ist vergeben, aber dieser Zustand ist nie vollendet, nie endgiltig. Die Teilung der Erde ist in ewigem Fluß, und auf's Neue darf der Mensch ausziehen, in der fortgesetzten Neuteilung die Erde neu zu erobern, neuen Boden für seine Wirtschaft zu gewinnen.

Die Fesseln werden gesprengt — der Verkehr dehnt sich aus. Der Tausch beginnt und nimmt immer größeren Umfang an. Er befreit den Menschen aus der Knechtschaft des Bodens. Hinüber und herüber gehen die Güter, von allen Orten Jedem erreichbar. Aber diese Freiheit ist ein Danaergeschenk. Zweifellos birgt sie reichen Segen, ermöglicht sie eine ganz neue, ungeahnte Entwicklung der Wirtschaft. Und doch birgt sie gar große Gefahren. Mächtig dehnen sich die Stätten des Tauschverkehrs, die großen Städte aus. In ihrer wirtschaftlichen Entwicklung einerseits wieder völlig abhängig vom Boden, von ihrer Lage, sind sie anderseits von der Scholle völlig losgelöst. Sie decken ihren Bedarf aus aller Welt, vermitteln den Bedarf aller Welt. Aber sie haben keinen Boden, in dem sie mit allen Fasern wurzeln; der Boden, dessen Früchte ihre Bewohner ernährt, liegt vielleicht Tausend Meilen und weiter entfernt. Und ganz ähnlich die Staaten. Auch ihre Wirtschaft wird zum großen Teil von ihrem Boden losgelöst, auch sie ernähren ihre Bewohner mit den Früchten fernster Fernen. Die Entfremdung vom eigenen Boden, der schöne Traum von der Weltwirtschaft, kann zu den schlimmsten Folgen führen!

Je sicherer ein Volk in seinem eigenen Boden wurzelt, um so sicherer ist es auch nach außen hin; je länger es auf demselben Boden wirtschaftet, um so enger verknüpft es sich mit ihm. Diese enge Verknüpfung der Bewohner eines Landes mit dem Boden ist aber der Kern des Staates und der Kern der Volkswirtschaft. Mit allen Fasern wurzelt der Staat in der Mutter Erde, keine Macht kann ihn von dem Boden trennen, ohne ihn zu zerstören, keine Macht kann ihn begründen, ohne sich fest mit dem Boden zu verbinden.

Alle Staatstheorien stehen auf schwankendem Grunde, wenn sie den Boden außer Acht lassen. Wohl kann man nicht ohne Grund mit dem Heiligen Augustinus Kain und Romulus, die Brudermörder, als die ersten Staatengründer betrachten; auch die Sophisten bezeichneten bereits das Recht des Stärkeren als die Grundlage des Staates, und am weitesten wurde die Idee von Gregor VII. getrieben, der dann eben dieses Recht der Übermacht als das höchste Unrecht darstellte, und auf diese Weise die alte Theorie benutzte, um seinerseits das Recht der Kirche über den Staat zu begründen. Zur thatsächlichen Begründung des Staatsrechts gehen noch heute verschiedene Gelehrte von dem Recht des Stärkeren, von der Theorie der Übermacht aus. — Da der Staat der Inbegriff der weltlichen Macht ist, war diese ausgeprägte Machttheorie sehr einleuchtend. Der Stärkere aber ist noch nicht das Stärkste schlechthin. Das Stärkste, was die Macht des Staates begründet, liegt weit tiefer, und ob man nun den Ursprung des Staates in der einen oder in der anderen Theorie suchen mag, nie wird man ihn von diesem Grundfaktor trennen können, nie kann man ihn loslösen von der Mutter Erde.

Die großen Philosophen aller Zeiten haben erkannt, daß die soziale Existenz der menschlichen Gesellschaft, je höher ihre Ansprüche und Hoffnungen stiegen, desto enger mit der Scholle verknüpft wurden. Wenn das Volk den Zusammenhang mit dem Boden verliert, geht es zu Grunde. Ein Volk ohne Vaterland — das ist, um mit Treitschke zu reden, die große Tragödie der Juden; als Staat untergegangen, haben sie sich als Rasse erhalten, allein ihnen fehlt der Zusammenhang mit dem einheitlichen, dem ganzen Stamme gehörenden Grund und Boden. Die größere Einheit geht verloren, der Staat geht zu Grunde, wenn das Volk nicht mehr in der Scholle wurzelt. Ein weniger zähes Volk würde bei diesem Prozeß auch schnell seine Rasse verlieren und völlig vom Erdboden verschwinden. Die Geschichte kennt in der That genug der Beispiele von Völkern, die, ihres Bodens beraubt, rasch dem sicheren Untergange entgegen gingen; und wenn der Einzelne in tausend Berufen seinen Unterhalt finden konnte — es fehlte die vereinende und stets neu belebende Kraft der Mutter Erde. Was ein Volk wird, wird es durch seinen Boden, zu allem, was es leistet, giebt der Boden ihm den Impuls. Treffend charakterisiert Jhering diese Abhängigkeit, wenn er sagt:

„Der einzige unabänderliche Faktor im Leben der Völker ist der Wohnsitz; alles andere: Recht, Moral, Sitte und Religion sind dem Wandel ausgesetzt, nur der Wohnsitz bleibt immer derselbe! Zu dem Übergewicht, das ihm schon diese unabänderliche Konstanz allein über sie verleiht, gesellt sich noch hinzu die mit nichts zu vergleichende Einwirkung, die er auf die gesamte Gestaltung des Lebens und selbst die Geschicke der Völker ausübt. So paradox es auf den ersten Moment klingen mag, so ist es doch wahr: Der Boden ist das Volk!"

Am schärfsten tritt diese Thatsache naturgemäß dort hervor, wo der Boden besonders charakteristische Eigentümlichkeiten aufweist, wo die Verbindung zwischen dem Boden und dem ihn bewohnenden Volk aus geographischen Gründen besonders eng ist. Daß „Land und Leute" gerade in Bezug auf den besonderen Volkscharakter in engem Zusammenhange stehen, ist allbekannt. Wohl hat der hochgradig entwickelte Weltverkehr auch in dieser Beziehung manche Schranken gebrochen, manche alten Züge des Volkscharakters verwischt; aber auch heute beherrscht die ganze Art des Bodens, beherrschen insbesondere seine Erzeugnisse, auf die der Mensch ursprünglich für seine Nahrung, Kleidung und Wohnung allein angewiesen war, noch in hohem Grade das äußere und innere Leben der Bewohner; von ihnen hängt ihre Thätigkeit und Lebensart ab, die Art des Bodens und die Lage des Landes bestimmen ihren Charakter, ihre Politik, ihre Kultur.

Nun wird man mit Recht mancherlei Einwendungen machen; man wird in erster Linie etwa auf Griechenland weisen; bietet das Land doch heute noch genau dieselben Vorzüge der Lage und Gestalt wie ehedem, während das Volk so ganz anders geworden ist. Müßte denn auf dem gleichen Boden nicht immer auch ein gleichgeartetes Volk wohnen? Zugegeben, daß der Boden den Charakter des Volkes nicht restlos bestimmt, so muß man anderseits doch bedenken, daß ein Land, obwohl es sich geographisch um keinen Millimeter verschiebt, seine Weltlage dennoch vollständig ändern kann. Was insbesondere Griechenland anbetrifft, so ergiebt sich für dieses Land schon ein grundlegender Unterschied für die Bedeutung seiner Lage aus dem Umstande, daß die Weltgeschichte früher die Geschichte des Mittelmeers war, jetzt aber ozeanisch geworden ist.

Heißes oder rauhes Klima, fruchtbarer Boden oder öde Steppe, anhaltende Dürre oder große Feuchtigkeit, insulare oder kontinentale Lage, Geschlossenheit oder Zerrissenheit der Grenzen, weite Ebenen oder zerklüftete Gebirge, reiche oder arme Tier- und Pflanzenwelt — das alles sind Faktoren, die für Art und Charakter, Leben und Wirtschaft der Bewohner eines Landes von höchster Wichtigkeit sind. Hervorragende Männer haben die Beziehungen zwischen Land und Leuten vielfach untersucht und sind schon vor langer Zeit in diese Fragen eingedrungen, so, um nur einige der bedeutensten zu nennen, Kant, Herder, Voltaire, Hume (der jeden Einfluß des Landes auf den Nationalcharakter leugnet) Montesquieu, Buckle, Ritter, und in geradezu klassischer Weise Ernst Curtius, sowie der Leipziger Geograph Ratzel. Kant z. B. schildert trefflich den Charakter der abgeschlossenen Inselvölker, indem er darauf hinweist, daß das englische Volk sich seinen Charakter selbst angeschafft hat, und Friedrich Ratzel gebraucht in gleichem Sinne das Bild: England und Japan wohnen in der eigenen Villa, die anderen Staaten in Mietskasernen. —

Besonders scharf ausgeprägt ist der geographisch-klimatisch bedingte Charakter bei den Gebirgsbewohnern. Selbst bei hochentwickelter Kultur bleibt zwischen einem Bergvolk und den Bewohnern der umliegenden Tiefländer vielfach eine chinesische Mauer bestehen, die beide in ihren Charakteren, in der ganzen Staatenbildung scharf von einander trennt. Am schroffsten sind die Gegensätze natürlich dort, wo Kulturrückstand oder übergewaltige Höhe und Ausdehnung der Gebirge einen Verkehr unmöglich machen. Das nächstliegende Beispiel ist demgemäß der Himalaya, und in der That kann man sich größere Unterschiede zwischen zwei an einander grenzenden Völkern kaum denken, als wir sie in Tibet und Indien treffen — dort eine Jahrtausende lange Abgeschlossenheit und ein eisernes Verharren auf dem alten Kulturzustand, hier die immer wieder erneute Verbindung mit dem großen Kulturbecken, früher dem Mittelmeer, jetzt dem Ozean. Und wie haben früher nicht auch die Alpen die Verbindung zwischen Deutschland und Italien immer wieder gehemmt und der deutschen Politik immer wieder gewaltige Opfer gekostet!

In manchen Beziehungen gleicht das Bergvolk dem Inselvolk. Es schafft sich seinen Charakter selbst und hält infolge der Abgeschlossenheit mit größter Zähigkeit am Alten fest. Beiden bietet die Abschließung große politische Vorteile, beide bilden einen Hort der Freiheit sowohl wie zugleich auch der alten Sitte. Die Bergvölker haben ein stark entwickeltes Unabhängigkeitsgefühl, halten fest an ihrer natürlichen Isolierung und sind Feinde des Großmachttums. Ihre Gemeinden sind klein, auf den natürlich begrenzten Raum beschränkt, und größerer Ausdehnung widerstreben sie. Die alte Sprache, die alte Sitte, das alte Recht, die alte Religion, den alten Aberglauben, die alte Tracht, — alles erhalten sie aufrecht, und niemand darf ungestraft daran rütteln. Derselbe Grundzug des Charakters, dieselbe Zähigkeit bei den Bergvölkern des Kaukasus, der Alpen, der Pyrenäen, des Hindukusch, in Norwegen und Schottland, in Albanien und Afghanistan, in Island und Korsika.

Bei den Bergvölkern erhält sich am festesten das Kleinstaatentum, ja, sie erhalten ihre Selbständigkeit oft in Verbänden, deren Umfang gegenüber dem Ausdehnungstriebe der anderen Staaten geradezu verschwindend klein ist; es ist nicht nötig, das bei der Grenzregulierung einfach vergessene Fürstentum Liechtenstein zu nennen; ein Blick etwa auf die Republiken Andorra, San Marino und das Fürstentum Monaco genügt. — In den Bergen ist Freiheit, in den kleinen Verbänden der Bergvölker haben sich die freiesten Verfassungen erhalten, in den Bergen sind vom Weltschauplatz nahezu verdrängte Völker, Sprachen und Religionen am längsten unverkümmert in ihrer Eigenart zurückgeblieben. Die Beharrlichkeit des Bergvolks kommt auch zum Ausdruck, wenn z. B. Björnson schreibt:

„Vielleicht ist es eine Übertreibung, wenn Frithjof Nansen versichert, daß er seine That nur mit einer norwegischen Mannschaft ausführen konnte. Aber niemand kann verkennen, daß die intensive Gewissenhaftigkeit, mit der er die Fahrt vorbereitet, die Treue, mit der sie ausgeführt wurde, am leichtesten in einem kleinen Volke gedeihen, dessen Ziele nicht über die ganze Erde zerstreut sind, dessen Leben daher mehr zusammengehalten und folglich strenger ist — in einem Volk, in dem das Gefühl der Kameradschaftlichkeit sich naturgemäß tiefer ausbildet und dessen Thatendrang nicht so leicht auf Abwege gelockt wird — in einem Volk, daß außerhalb des großen Taumels und der dazu gehörigen tausend Forderungen lebt!" —

Vielfach entsenden die Bergvölker ihren Überschuß an Kraft, im Gegensatz zu ihrer sonstigen Abgeschlossenheit, allerdings auch in die umliegenden Tiefländer, deren Bewohnern sie körperlich überlegen sind; in Asien, wie in Amerika und Afrika sind, wie Ratzel schreibt, aus nördlichen, kühleren und höheren Regionen Völker nach südlicheren, wärmeren eingewandert oder in die an ihrem Fuß liegenden Tiefländer herabgestiegen. Die Chinesen, die südlichen Arier, die Wahuma Zentral-Afrikas, die Azteken Mexikos sind in dieser Weise gewandert und wurden herrschende Rassen und Kulturträger. Ihre ursprünglichste und eigenste Art aber bewahren die Bergvölker natürlich nur dort, wo sie lange Generationen hindurch in denselben geographischen und klimatischen Verhältnissen, in denselben engen Grenzen und ragenden Bergen gewohnt haben. —

Je länger ein Volk auf demselben Boden ansässig ist, um so enger verwächst es mit ihm, um so näher lernt es ihn kennen. In der Verbindung einer bestimmten Menschengruppe mit dem Boden liegt der Kern des Staates, aus dieser Verbindung schöpft der Staat seine Kraft und Sicherheit; er kann ihn nicht aufgeben, ohne seine Existenz aufzugeben. Die großen Eroberer des Altertums unterwarfen sich zwar ganze Völker, aber keinen Boden; sie ernteten unermeßliche Schätze, aber kein Land. Darum konnten ihre Gründungen keinen Bestand haben, und der territoriale Verfall trat überall in kürzester Zeit ein.

Auch die moderne Kolonialpolitik hat von dieser Thatsache viel zu lernen. Nur die auf Land begründete Macht ist dauernd, die Macht, die sich das Land nicht nur äußerlich, formal-rechtlich zu eigen macht, sondern durch und durch mit ihm verwächst. Wie jene erste Gründung von Riesenreichen, so lief auch die spätere Kolonialpolitik vielfach nur auf Beutezüge hinaus; die wirtschaftliche Selbständigkeit wurde untergraben, der Boden, den das unterworfene Volk bewohnte, blieb nicht mehr die Wurzel der Eigenwirtschaft, er wurde zu einem Werkzeug der Produktion für die Weltwirtschaft gemacht. Die Plantagenwirtschaft nahm ihn völlig in Anspruch, der ganze Boden durfte hinfort nur ein für den Tausch nützliches Produkt tragen, während gleichzeitig die Bewohner insgesamt auf diesen Tausch angewiesen wurden. Obwohl sie auf der Scholle blieben und sie weiter bearbeiteten, waren sie doch von ihr losgerissen.

Jene falsche Kolonialpolitik, die sich nicht auf den Boden, sondern auf den Handel stützt, hat Griechenland nach wenigen Generationen zu Grunde gehen lassen, hat Holland nach kurzer Blüte aus der Reihe der Großmächte gestrichen, und richtet heute das Reich, in dem einst die Sonne nicht unterging, zu Grunde.

Blicken wir nach K u b a: Dort haben wir das Extrem weltwirtschaftlicher Entwicklung mit völliger Trennung vom Boden. Das Mißverhältnis zwischen den Gaben des Bodens und den Bedürfnissen seiner Bewohner ist künstlich aufs Äußerste gesteigert — das absolute Gegenteil des eigentlichen wirtschaftlichen Grundprinzipes, dieses Mißverhältnis auszugleichen. Das Land erzeugt — in verkehrter Plantagenwirtschaft einer h ö c h s t k u r z s i c h t i g e n G e w i n n s u c h t — nur Tauschgüter, Tabak und Zucker — n i c h t s für den Bedarf seiner Bewohner. Diese Bewohner sind also, was die Deckung ihrer Bedürfnisse angeht, vollständig von ihrem Boden getrennt. Der Boden, der ihre Bedürfnisse decken, ihren notwendigsten Lebensbedarf liefern muß, liegt nicht in Kuba, sondern in den V e r e i n i g t e n S t a a t e n — was Wunder, daß sie in völlige wirtschaftliche und politische Abhängigkeit von diesem Lande notwendig gelangen müssen!

Das ist aber das unabweisbare Schicksal aller Staaten, die sich von ihrem eigenen Boden lostrennen, die ihren notwendigsten Wirtschafts- und Lebensbedarf nicht von dem eigenen Boden decken. Die Weltwirtschaft ist ein schönes Ding, aber sie muß mit Vorsicht betrieben werden. Sie darf nicht zur Herrin der Nationalwirtschaft werden, sondern muß ihre Dienerin bleiben.

Die Wurzel der Nationalwirtschaft liegt im eigenen Boden der Nation, der wesentliche Güterbedarf des Volkes muß durch die Gütererzeugung des Volkes aus seinem eigenen Boden gedeckt werden.

Wir brauchen garnicht in die Ferne zu schweifen — nach Kuba — sahen wir doch in demselben Augenblick, da Kuba im Begriff war, auch politisch endgültig von jenem Staate abhängig zu werden, in dessen Abhängigkeit es wirtschaftlich schon lange steht, von dem Staate, dessen Boden ihm seine ganze Nahrung liefern muß — sahen wir doch in eben diesem Augenblick auch in halb Europa die Folgen des Umstandes, daß die Staaten mit ihrer notwendigsten wirtschaftlichen Versorgung zum Teil, und zwar schon zu einem zu großen Teil, vom Boden eines fremden Staates abhängig sind. Getreideteuerungen und Brotkrawalle führen in dieser Hinsicht eine gar beredte Sprache; und wenn wir in englischen und russischen Blättern heute die Forderung lesen, Europa möge sich durch staatliche Getreidevorräte von Amerika hinsichtlich der Getreideversorgung emanzipieren, damit Krisen und Aufstände infolge von Hungersnot — dieser fürchterlichen Anomalie im Leben der aufgeklärten, Welthandel treibenden Völker Europas — hinfort nicht vorkommen könnten, so sehen wir in dieser Forderung das Bewußtsein dämmern, wohin es führt, wenn ein Staat in seinem wesentlichen Gütermarkt vom fremden Boden abhängig wird. Darum auch die dringende Notwendigkeit von Ackerbaukolonieen für alle Staaten, die ihren wesentlichen Bedarf nicht völlig durch den eigenen Boden zu decken vermögen, und die dringende Notwendigkeit einer starken Flotte, die auch in ernsten Zeiten die Verbindung mit dem Boden sichert, von dem der Staat einen Teil der Nahrungsmittel beziehen muß. Nur eine hinreichend starke Flotte vermag der Abhängigkeit vom fremden Boden das Gegengewicht zu halten und die schlimmsten Folgen dieser Abhängigkeit abzuwenden.

Wohl kann ein mächtiger Staat bestehen, ohne aus der eigenen Wirtschaft direkt den Lebensbedarf decken zu können; in diesem Falle aber bedarf er einer außerordentlichen Macht zu Lande und zu Wasser, um jederzeit die Zufuhr von Lebensmitteln in hinreichender Menge aus anderen Ländern sichern zu können. Nur wenn die Idee des ewigen Friedens zur Wirklichkeit würde, könnte die internationale Arbeitsteilung ins Ungemessene ausgedehnt werden. Wie die Verhältnisse aber einmal liegen, und liegen müssen, muß der Staat entweder sich selbst ernähren können, oder aber für je eine bestimmte Menge der notwendigsten Lebensmittel, die er vom Auslande beziehen muß, ein Regiment Soldaten oder ein Kriegsschiff unterhalten.

Im Gegensatz zu jenen kolonisierenden Staaten, die Volk und Boden von einander trennten, haben England und Rußland ihre machtvolle Ausdehnung auf eine geographische Politik gestützt; sie haben die Macht des Bodens erkannt und der Notwendigkeit der engen Verbindung von Land und Volk Rechnung getragen. Der geographischen Politik verdankt, wie Ratzel geistvoll nachgewiesen hat, insbesondere Rußland seine kompakte Riesenausdehnung, seine schier unerschütterliche Sicherheit. England ist an sich ungemein unselbständig geworden; es unterhält jedoch eine so starke Seemacht, daß durch dieselbe der Zusammenhang mit den Tochterländern, auf die es wirtschaftlich angewiesen ist, fast absolut gesichert scheint.

Zu einem derartigen starken militärischen Schutz ist aber, wie wir sahen, auch jedes Land unvermeidlich gezwungen, sobald es im eigenen Boden nicht mehr seine volle wirtschaftliche Sicherheit, seinen ganzen wesentlichen Unterhalt findet. Daher braucht Deutschland sein mächtiges Landheer, daher braucht es besonders auch, je mehr seine Bedeutung als Agrarstaat zurückgeht, eine um so stärkere Flotte, die, durch zahlreiche Kohlenstationen gestützt, die Verbindung mit dem auswärtigen Markte und den so notwendigen Ackerbaukolonieen aufrecht erhält. — In friedlichen Zeiten kann ein Volk von der Industrie leben, es kann sogar das Überwiegen der Industrie wirtschaftlich und kulturell nützlich sein, nur darf nebenher nicht vergessen werden, daß in Kriegszeiten, in Zeiten gestörten Weltverkehrs, wenn der internationale Austausch unterbunden ist, die internationale Arbeitsteilung nicht mehr funktioniert, oder auch — was heute noch gefährlicher und drohender sein dürfte — bei wirtschaftlicher Abschließung übermächtiger Staaten, kein Mensch von Bleisoldaten, Dampfmaschinen und Briefbogen leben kann.

Es soll nun nicht etwa gesagt werden, daß ein Staat durchaus eine in sich selbst völlig geschlossene und sich selbst genügende Wirtschaft bilden müsse. Selbstverständlich soll jeder Staat nach Kräften alle Vorteile ausnutzen, die der Tauschverkehr mit fremden

Ländern, die die Weltwirtschaft ihm bietet. Aber seine Wirtschaft muß auf der eigenen Grundlage gesichert sein; wo er auf den Weltmarkt angewiesen ist, da muß er sich unabhängig machen durch Ackerbaukolonieen, die ihm die notwendigen Nahrungsmittel liefern, durch Exportkolonieen, die seiner Industrie den sicheren Markt bieten, durch eine starke Seemacht, die seine Ausfuhr und Einfuhr jederzeit sichert, endlich durch feste Zollbündnisse mit politisch befreundeten Nachbarstaaten, mit denen er sich wirtschaftlich ergänzt. Auf diesen letzten Punkt werden wir noch eingehend zurückzukommen haben. —

Der Staat ist vom Boden untrennbar. Aus dem Boden zieht er seine wirtschaftliche Selbständigkeit. Mit der bodenwirtschaftlichen Selbständigkeit hört die staatliche Sicherheit auf, die staatliche Selbständigkeit ist mit der wirtschaftlichen Selbständigkeit aufs engste verknüpft. Die Kraft des Staates wurzelt in seinem Boden; wenn der Boden nicht imstande ist, seine Bewohner zu ernähren, dann ist der Bestand des Staates leicht gefährdet. Wohl ermöglicht es die internationale weltwirtschaftliche Arbeitsteilung dem einzelnen Staate, seine notwendigsten Lebensmittel von fremdem Boden zu holen und den eigenen Boden nicht für den eigenen unmittelbaren Lebensbedarf, sondern nur für die Weltwirtschaft, für den Tauschhandel zu bebauen und auszunutzen. Allein, die Weltwirtschaft geht nicht immer ihren ruhigen Gang, und der Staat, der in den Stürmen der Weltgeschichte, in wirtschaftlichen und politischen Krisen, bestehen will, darf seine ganze Organisation nicht lediglich auf die Weltwirtschaft stellen.

Im Falle der Not muß das Volk stets wieder zur Mutter Erde zurückkehren, von der es sich nie völlig trennen kann. Und wenn der Staat nun seine Angehörigen in fremde Lande aussendet, wenn es diesen im eigenen Hause zu eng wird, so giebt es zwei Möglichkeiten: Mit der Trennung von der alten Mutter Erde verlieren sie den alten Staat — auf neuem Boden neue Bürger — oder aber, sie nehmen unter ihren Sohlen den alten Boden mit hinüber ins neue Land, sie sorgen, daß der Boden, den sie in der Fremde betreten, zu einem Stück des großen Bodens wird, in dem ihr Staat wurzelt.

Ubi bene, ibi patria — zwei Deutungen hat das Wort: Wo's mir gefällt, da suche ich mir ein neues Vaterland — oder: wo's mir gefällt, dahin verlege ich mein Vaterland, dahin trage ich in der Idee ein Stück des heimischen Bodens, da schlage ich den Boden zum Boden der alten Heimat. Der Deutsche hat gewöhnlich nach dem ersten Sinn gehandelt, der Engländer nach dem zweiten; er nahm den neuen Boden in Besitz für den alten Staat.

Die Bürger, die sich von seinem Boden trennen, verliert der Staat über kurz oder lang, wo nicht in dieser, so in einer folgenden Generation. In des Staates Boden wurzeln des Staates Bürger, auf seinem Boden und durch seinen Boden muß er sie erhalten. Er selbst kann nicht anders bestehen, als durch die nie versiegende, ewig neu belebende Kraft der Mutter Erde. Volk, Staat und Wirtschaft sind durch die engsten Bande mit der Mutter Erde, mit dem Boden ihres Landes verbunden. Werden diese Bande gelockert, so wird die Sicherheit des Staates, wird das Gedeihen der Volkswirtschaft ernstlich gefährdet. So notwendig es war, daß der Mensch sich frei machte aus der drückenden Herrschaft des Bodens über ihn, so notwendig ist es, daß er die Herrschaft über seinen Boden nicht aus den Händen verliert, daß er die wirtschaftliche Verknüpfung mit seinem Boden nicht lockert.

Die Weltwirtschaft befreit den Menschen aus der Not, die auf dem engen Boden durch Mißwachs und Naturereignisse aller Art verursacht wird, sie gewährt ihm tausend Mittel, das Dasein zu verschönern und angenehm zu machen. Die eigentliche Wurzel der Wirtschaft aber ist und bleibt mit dem Boden des eigenen Landes eng verwachsen, und die erste und letzte Sorge der Volkswirtschaft muß es bleiben, das Mißverhältnis zwischen den Gaben des eigenen Bodens und dem steigenden Bedarf seiner Bewohner auszugleichen, die nationale Gütererzeugung und gerechte Güterverteilung zu fördern.

Vor der Weltwirtschaft war der wirtschaftende Mensch zum Sklaven seines Bodens geworden; die Weltwirtschaft droht ihn zum Sklaven fremden Bodens zu machen — nur in einer die Weltwirtschaft sich dienstbar machenden, fest im eigenen Boden wurzelnden Nationalwirtschaft kann er werden und bleiben, was ihn, seine Wirtschaft und seine Freiheit allein sichert: der Herr seines Bodens.

Bei den Theoretikern der Wirtschaftswissenschaften hat der Boden zu den verschiedenen Zeiten eine sehr verschiedene Würdigung erfahren. Bald glaubte man sich völlig über ihn hinwegsetzen zu können, bald wollte man die Wirtschaft aufs engste der beschränkten Scholle des Mutterlandes unterordnen; bald baute man auf die unerschöpflichen, jederzeit durch den unbeschränkten Tauschverkehr an jedem Ort zugänglichen Schätze des gesamten Erdbodens, und bald stand man ratlos vor der Gefahr eines Versiegens jener Schätze gegenüber zunehmender Übervölkerung.

Die alten griechischen und römischen Schriftsteller rücken im allgemeinen die Bedeutung der Landwirtschaft stark in den Vordergrund und legen hohen Wert auf den Boden, von dem das Volk seine Nahrung bezieht. Von jenen neueren Schulen, in denen die Wirtschaftswissenschaft allmählich eine nennenswerte Ausbildung fand, übersahen die Merkantilisten vollständig die Bedeutung der heimischen Scholle, während sie allen Nachdruck auf den auswärtigen Handel, die Einfuhr von Edelmetallgeld legten. Waren bisher Gewerbe und Handel im allgemeinen verächtlich angesehen, so kam jetzt die in rückständiger Verfassung verharrende Landwirtschaft ins Hintertreffen. Immerhin vertraten die Merkantilisten durchaus die nationale Wirtschaft, wenn sie das Ziel derselben auch an einer verkehrten Stelle suchten. Hier und da finden wir wohl, wie bei William Petty, die Erkenntnis, daß „die Arbeit der Vater, der Boden dagegen die Mutter des Reichtums" sei.

Dem merkantilistischen Standpunkt entgegengesetzt, legten bekanntlich die Physiokraten allen Nachdruck auf den Boden als Grundlage der gesamten Wirtschaft. Sie bezeichnen die Landwirtschaft als wichtigste Gattung der Arbeit (Marschall Vauban), wie auch Friedrich der Große sie die „erste Kunst" nennt, und kommen u. a. folgerichtig zu dem Schluß, daß alle Steuern durch eine einzige Grundsteuer ersetzt werden sollten, da aller Reichtum nur aus dem Grund und Boden komme. Als „produktiv" betrachten sie eben nur jene Arbeiten, welche dem Boden die Rohstoffe abgewinnen, während sie den Wert der Stoffveredelung unterschätzen und die notwendige Arbeit der Güterverteilung wie alle Arten persönlicher Dienste und höherer Berufe, die mit der Gütergewinnung nicht unmittelbar beschäftigt sind, einfach als unfruchtbar bezeichnen. Einige der späteren Physiokraten haben in diesen Dingen bereits einen etwas freieren Blick.

Eine besondere Stellung nahm der bekannte englische Volkswirtschaftler **Robert Malthus** als Hauptbegründer und -verfechter der Übervölkerungslehre ein, der manche Verwirrung und übertriebene Furcht hervorgerufen hat, indem er lehrte, daß die Erträge des Bodens nicht in gleichem Maße steigen könnten wie der Zuwachs der Bevölkerung.

Auf die neueren Theorien der Bodenrente rc. und die Frage des Grundeigentums, insbesondere die Forderung der Bodenverstaatlichung, will ich an dieser Stelle nicht näher eingehen. Mannigfach lösen sich hier noch die verschiedensten Ansichten ab, auch die Tagespolitiker rege beschäftigend. Immer aber wirken in ihnen noch sowohl die Ideen der Merkantilisten wie der Physiokraten und nicht zum mindesten die Lehren **Malthus'** nach, und nur zu häufig müssen wir es sogar erleben, daß von dilettantischen Schriftstellern und Politikern jene alten, überwundenen Weisheiten heute als neue Offenbarung in die Welt hinausgeschleudert werden. In der That sind wir aber heute von den Physiokraten himmelweit entfernt, wenn wir auch den Boden noch so sehr in den Fordergrund rücken. Selbstverständlich ist es ganz unsinnig, bei so grundverschiedenen Wirtschaftsverhältnissen dasselbe theoretische System anwenden zu wollen — zumal wenn das System an sich schon auf bedenklichen Irrtümern fußte. —

Wenn wir dem Boden für das gesamte wirtschaftliche und staatliche Leben die größte Bedeutung beimessen, dann gelangen wir notwendig auch zu der Frage der **Bodenverteilung**, d. i. zu der Frage, wie der Boden innerhalb einer geschlossenen Volkswirtschaft unter die einzelnen Glieder dieser Wirtschaft und wie ferner der gesamte Erdboden überhaupt unter die verschiedenen volkswirtschaftlichen Verbände, unter die Staaten und Staatengruppen verteilt ist.

Vor diesen Fragen der Ausbreitung der einzelnen Menschen, Stämme und Staaten über den Boden betrachten wir kurz die **Ausbreitung der Kultur** über das Erdreich. Auch sie verdient unsere besondere Aufmerksamkeit. Wie die Kultur allmählich von dem Boden Besitz ergriffen, wie sie sich den Bedingungen des Bodens angepaßt hat und über immer weitere Bodenflächen fortgeschritten ist, welche Wege sie bei diesem Fortschreiten genommen — das ist eine viel erörterte Frage, die zu den mannigfachsten Lösungen geführt hat. Nur zu gern ließ man dabei den Zusammenhang mit dem Boden völlig außer Acht, um ein möglichst bequemes und einfaches Gesetz aus beliebig herausgegriffenen Erscheinungen feststellen zu können.

Der Bildungsphilister braucht nun einmal für sein Wissen nichts so nötig wie Formeln, Schablonen. Was nicht in das Schema paßt, bekommt er nicht in den Kopf; was sich nicht auf eine ganz kurze, klare Formel zurückführen läßt, kann er nicht behalten. Auch wenn er in dem großen Buche der Weltgeschichte blättert, verschließt er sein Auge geflissentlich der bunten Mannigfaltigkeit, der Eigenart jedes Bildes — nur die Ähnlichkeiten schält er heraus, ein paar Zufälligkeiten, und konstruiert aus ihnen ein „Gesetz". Was in die einfache Formel dieses Gesetzes nicht hineinpaßt, wird aus der Weltgeschichte gestrichen.

Für die Kulturgeschichte hatte man die erlösende Formel gefunden. Sie lautete: Der Zug nach dem Westen. Allein, noch während man sich mühte und quälte, jede Thatsache der Kulturgeschichte aus dem Zug nach Westen zu erklären, während man sich grimmig ärgerte, daß die Kultur sich bisweilen erdreistete, der Formel zuwider eine andere, vielleicht gerade die entgegengesetzte Richtung einzuschlagen, wurde ein neues Schlagwort erfunden. Plötzlich entdeckte man, daß es mit dem Zug nach Westen doch nichts wäre, und probierte es nun einmal mit einer anderen Himmelsrichtung.

Die Kultur geht nach Norden. Das war das erlösende Wort, die neue, unbedingt zuverlässige Formel. Die ganze Schablonenarbeit begann von vorn, die gesammte Kulturgeschichte mußte in diese neue Form hineingepreßt werden. Was sich ihr nicht anpassen wollte, wurde über Bord geworfen. Man war glücklich, ein angeblich sicheres Schema gefunden zu haben. Und da zu jeder mathematischen Formel ein Beweis gehört, so bemühte man sich, allerlei andere Formeln, schöne Leitsätze billiger halber Wahrheiten zusammenzutragen, und durch dieselben den Weg der Kultur vom Äquator zum Nordpol als ewiges Naturgesetz zu begründen.

Das war garnicht so übel; man erfand allerlei hübsche Sprüchlein, die viel Schönes enthielten. Am glänzendsten war das große thermische Gesetz der Weltgeschichte, wie man es wohl genannt hat, das sich eben mit diesem Gesetz des Kulturzuges nach dem Norden, aus der heißen in die kalte Zone, im wesentlichen deckt. Eine schöne, große, einleuchtende und so umfassende Formel, daß man in der That glauben konnte, die ganze Kulturgeschichte hineinzwingen zu können. Auch das treffliche Wort von der Not als Mutter des Fortschritts ließ sich diesem Rahmen zwanglos eingliedern, und so manche andere der Halb- bis Dreiviertel-Wahrheiten, die man in schönen Sprich- und Schlagworten findet.

Rücken wir diesem physikalisch-geographisch-thermischen Gesetz der Kulturgeschichte etwas näher.

Auf der Erdkarte wurden vier oder fünf der wichtigsten Linien gleicher Jahres-Durchschnittswärme, Isothermen, gezogen, von denen jede die verschiedenen großen Weltstädte leidlich genau verbindet, welche in einem bestimmten Zeitalter die Mittel- und Höhepunkte der Kultur bildeten. Diese Brennpunkte der Zivilisation blüten nach einander auf und verfielen in der Reihe, welche durch die Folge der Isothermen vom Äquator nach dem Pol gegeben ist.

In der ältesten bekannten Kulturepoche sehen wir auf derselben Wärmelinie Memphis und Babylon in höchster Blüte; in einer späteren Zeit die Städte der nächsten, nördlicheren Linie: Ninive, Tyrus, Athen, die ersten chinesischen Städte Nanking und Hang-tscheu-fou. Es folgt Rom, sodann Konstantinopel, Venedig, Còrdova, und endlich auf der fünften Linie, in der gemäßigten Zone und in unserer Zeit London, Paris, Berlin, Wien, wozu man wohl noch Peking und Tokio hinzufügt. Nördlich von diesen gegenwärtigen Kulturmittelpunkten folgen als sechste Zone die zivilisierten Teile Skandinaviens und Rußlands, die zuletzt in die europäische Kultur eingetreten sind.

So schön diese Ordnung auch ist, so ungezwungen sie scheint, stellt die Geschichte diesem einfachen Schema doch manche Schwierigkeiten in den Weg. Zunächst in den Mittelmeerländern, die das Gesetz im übrigen am deutlichsten zu bestätigen scheinen; dem Zug nach dem Norden steht hier an einer Stelle ein gerade umgekehrtes Bild gegenüber: in Aegypten, wo die Kultur von der Küste aus nach Süden vorgedrungen ist, von Memphis nach

Theben. Nicht anders in Amerika; ebenso wie in der alten Welt ist die Kultur hier in der heißen Zone entsprungen, in Yukatan und Guatemala, hat sich aber von dort aus noch dem Äquator genähert, ist nach Bogota und Quito vorgedrungen.

Die Verfechter des Wärmegesetzes in der Weltgeschichte wissen sich in diesem Punkte zu helfen, indem sie darauf hinweisen, daß hier der Zug nach Süden Hand in Hand ging mit einem Zug auf das Hochgebirge, also in Gebiete, die, obwohl äquatorial, doch nur eine verhältnismäßig niedrige mittlere Jahrestemperatur haben. Diese scheinbare Ausnahme würde also das Gesetz nur bestätigen, wenn man sich eben nicht an das reine schematische Süd-Nord-Gesetz, sondern an das ihm zu Grunde liegende Wärmegesetz hielte.

So schließt man also, nach Beseitigung dieses Hindernisses, auf eine notwendige und feste Beziehung zwischen dem Zug der Kultur und den Wärmelinien, die mit wenigen, durch besondere Lage bedingten Ausnahmen einem Zug nach Norden entspricht. Allein, wird es dieser Formel anders ergehen als dem einst so laut verkündeten Wort vom Zug nach dem Westen? Dieses letztere, angeblich unerschütterliche Gesetz, diese lange Zeit hindurch festgehaltene Kultur-Schablone, hat man aufgeben müssen, als die Kultur, nach Erreichung eines Höhepunktes in Frankreich und England umschlug, über Deutschland nach Rußland zog, und sogar an ihre alten Quellen zurückging, nach Italien, Griechenland, Indien und bis in den fernen Osten nach Japan.

Freilich, die Kultur ist auch weiter von Osten nach Westen gezogen, von Europa nach Amerika, und in Amerika selbst ist sie dieser Richtung gefolgt. Aber was beweist diese Thatsache gegenüber der immer größer werdenden Zahl entgegengesetzter Beispiele!

Wie aber nun der Zug nach Norden? Die Anhänger dieses Gesetzes glauben und müssen glauben, daß diejenigen Städte, welche in einer folgenden Blütezeit an die Stelle von London, Paris und Berlin treten werden, in kälteren, nördlicheren Zonen liegen müssen. Ziehen wir den Schluß — — der Kulturmittelpunkt eines schönen Tages auf dem Nordpol angelangt, bezw. am Kältepol! Schluß der Weltgeschichte! Weiter geht's nicht. — Doch ernsthaft — ist wohl anzunehmen, daß Rußlands Hauptstadt in späteren Jahrhunderten auf Spitzbergen liegen oder daß Grönland das erste Kulturland der Welt werden wird? Nicht in Spitzbergen sucht Rußland seine künftige Hauptstadt, sondern viel eher am Bosporus. Und was bedeuten die wenigen Polarexpeditionen gegenüber der gewaltigen Kultivierungsarbeit in den Ländern der heißen Zone; nicht um Grönland oder Kamtschatka — um Indien und Afrika tobt der Kampf.

Kurz, mit der Schablone des Zuges nach Norden kommen wir ebenso wenig von der Stelle, wie mit der älteren Schablone des Westzuges. Wir müssen auf die schönen, übersichtlichen Formeln verzichten, und uns klar werden lassen, daß die Kultur von allen Punkten aus, an denen sie Wurzel gefaßt hat, sich nach allen Seiten auszudehnen strebt, nach Süden und Osten ebensogut wie nach Norden und Westen, und daß es von der jeweiligen geographischen Lage und mancherlei anderen Gründen abhängt, ob im einzelnen Falle die Ausdehnung nach Süd, Nord, Ost oder West überwiegt. Auch der Zug der gesamten Kultur unterliegt in erster Linie den Banden des Bodens, er ist bedingt durch die natürlichen Verhältnisse der Lande und Meere.

Auf den bequemsten Straßen und in die relativ besten verfügbaren Länder rücken die kulturbringenden Menschen vor. Die leichte Bebaubarkeit und die Fruchtbarkeit des Bodens, besonders aber die leicht befahrbaren Wasserstraßen geben den Ausschlag. So dehnt sich die Kultur über die Küsten eines großen Meeresbeckens aus, beispielsweise über die Mittelmeerländer, von den Küsten stromaufwärts in das Land eindringend; so verbreitet sie sich, wenn der Mensch auch die Riesenmeere zu überwinden vermag, in gleicher Weise über die an den Ozean grenzenden Länder und Reiche.

Freilich, auf diese Weise erhalten wir für den wirklichen Gang der Kultur von Land zu Land gar keine deutliche Schablone, und es ist nicht gerade leicht, die Bedingungen herauszuschälen, derentwegen nun im einzelnen Falle gerade der bestimmte Weg beschritten, die bestimmte geographische Ausdehnung eingetreten ist. Das Anklammern an eine für alle Fälle festgelegte Himmelsrichtung war wirklich viel leichter und einfacher. Nur schade, daß die Wahrheit nicht so recht auf ihre Kosten kommen konnte! — Ja, die geographische Gesetzmäßigkeit geht vollends verloren, wenn man bedenkt, daß die Kultur sich nicht nur von einem Mittelpunkt aus strahlenförmig über die ihn umschließenden nächsten Zonen ausdehnt, sondern daß sie durch Kolonisation plötzlich in ferne Erdteile getragen wird, ohne Rücksicht auf die Lage derselben, mit keiner anderen Gesetzmäßigkeit als der des Eindringens vom Wasser aus, von der Küste, die Flüsse hinauf, ins Land hinein, den natürlichen Bedingungen des Bodens folgend.

Ist die Ausdehnung der Kultur in früheren Zeiten, je älter, je mehr, auf allerlei Schwierigkeiten gestoßen, so daß oft der Zug nach einer einzigen Richtung überwog, so ist sie mehr und mehr allseitig geworden und heute an keine Himmelsrichtung zu binden. Die Tendenz zu dieser allseitigen Ausdehnung aber geht durch die ganze Geschichte. — Am augenfälligsten ist sie, wie gesagt, in der Gegenwart, da die Kultur sich in gleicher Weise nach Osten wie nach Westen ausdehnt, und mit aller Kraft nach Süden getragen wird, ohne in möglichst weiter Ausbreitung nach Norden innezuhalten. Man denke an Britisch-Indien, die asiatischen und australischen Inseln, an Afrika. Unsere moderne Kultur nimmt denselben Weg nach allen Enden der Erde, wie einst die ursprüngliche Kultur, wie die Sprache sich über unseren ganzen Planeten ausdehnte.

Ein Stück Wahrheit liegt in dem Wort vom Zug nach Norden, ein sehr bedeutendes Stück Wahrheit selbstverständlich auch in dem Worte von der Not als Mutter der Erfindung, des Fortschrittes. Und dennoch kann ihre Verbindung zu mancherlei Irrtümern führen — ist doch die ursprünglichste Kultur in den heißen Regionen entstanden, unter der glühenden Sonne, in der reichen Lebensfülle der Tropen, wo die im Überfluß vorhandenen natürlichen Hilfsquellen den Menschen größere Muße ließen, wo eine reiche Pracht der Tier- und Pflanzenwelt dem menschlichen Geiste ihre unerschöpflichen Reize bot; nicht die Not eines armseligen nordischen Landes, gerade die wunderbare Schönheit des Schauspiels, das die tropische Landschaft bietet, war allein imstande, dem menschlichen Geiste, der menschlichen Einbildungs- und Vorstellungskraft den ersten Anstoß zu geben; seine erste und größte Kulturarbeit war nicht industrieller Natur, nicht aus dem harten Zwange der Notwendigkeit geboren, sondern ästhetisch, aus der üppigen Fülle der tropischen Natur entsprungen. Denn hier haben Sprache und Mythus ihre Quelle zu suchen, und hier entstand auch jene spielende Bethätigung der menschlichen Energie, jene erste künstlerische Thätigkeit, die der organisierten Wirtschaft vorausging.

In buntem Wechsel sehen wir später das Vorwiegen einer bestimmten Himmelsrichtung im Zuge der Kultur. Zunächst das Vordringen aus den Tropen in die kälteren Zonen, verbunden mit einer großen Reihe kultureller Fortschritte; die Ausdehnung der Kultur in Asien; die Vorherrschaft des Mittelmeeres, die hohe Blüte von Ägypten und Phönizien, von Klein-Asien und Karthago, von Griechenland und Italien. Und von Rom aus wieder eine östliche Ausdehnung der Kultur nach Konstantinopel, wie von Spanien durch die Araber über den ganzen christlichen Osten. Dann die Entdeckung Amerikas, das Aufblühen der westeuropäischen Küstenländer, die Ersetzung des Mittelmeeres durch das große Weltmeer, die Weltstellung von Spanien und Portugal, von Frankreich, Holland und England; und wiederum zurück nach Osten, durch Deutschland nach Rußland — endlich unaufhaltsam nach allen Richtungen, nach Afrika und Australien, ein Wiederaufleben Asiens — kurz, keine Grenze, keine vorherrschende Richtung.

Als dauernde Pflanzstätte hochentwickelter Kultur sind nur ganz im allgemeinen die Länder der gemäßigten Zone zu betrachten. Während Klima und Boden im hohen Norden bezw. in den kalten Zonen nur ein Leben voll Mühe und Qual gestatten, gerade nur hinreichend zur Selbsterhaltung der Völker, die jene Regionen bewohnen; während anderseits die üppige Fülle der Tropen dem Menschen alles bietet und die Möglichkeit giebt, die erste Kultur zu begründen, aber nicht zu weiterer Kulturarbeit antreibt, sondern vielmehr seine Thätigkeit erschlaffen läßt — während der zu arme und zu reiche Boden also gleichermaßen die höhere Entwickelung der Kultur hemmen, herrscht in den mittleren Zonen der Zwang zu angestrengter Arbeit, die aber noch derartige Erfolge hervorruft, daß daneben Raum bleibt zu jeder Steigerung der Kultur. Innerhalb dieser weiten Grenzen sind die natürlichen Bedingungen im einzelnen so verschieden, daß wir auf die früher angestrebte Feststellung eines einfachen Schemas füglich verzichten.

Wer sich das ganze große Bild vorurteilslos vergegenwärtigt, vor dessen Augen vollführen die Himmelsrichtungen einen wundersamen Tanz; und er wird bald davon abstehen müssen, ihre Folge in eine Schablone zu zwingen. Zu dem künstlich konstruierten und immer wieder durchbrochenen Zug nach dem Westen wird er auch die halbe Wahrheit des Zuges nach Norden in die Rumpelkammer mathematischer Deutungsversuche der Weltgeschichte legen. Nicht in der knappen Klarheit einer Formel, sondern in der herrlichen, bunten Mannigfaltigkeit der Bilder, nicht in den Äußerlichkeiten, welche die Epochen verbinden, sondern in den tiefen Wesensunterschieden, welche sie trennen, wird er Befriedigung und Ergötzen finden. Wahrlich, die Welt wäre nicht wert zu bestehen, die Menschheit nicht wert, ihre eigene gewaltige Geschichte zu erforschen, wenn dies ganze Sein und Werden sich in eine Schablone einschachteln, durch eine elende Formel auflösen ließe! — —

Welchen Anteil haben nun die modernen Staaten an der Ausbreitung der Kultur und der Wirtschaft über den Erdboden, welche Teile dieses Bodens haben sie sich unterworfen und eingegliedert, in welche Gebiete haben sie mit ihrer Kultur auch ihre eigne Macht getragen, wo haben sie feste Wurzel geschlagen im Boden der Mutter Erde?

Von der halben Milliarde Quadratkilometer, welche unsere Erde insgesamt umfaßt, sind nur 135 Millionen als festes Land dem Menschen zur Ansiedelung verfügbar. Aber auch von dieser ganzen Landfläche der Erde fällt noch ein sehr bedeutender Teil als für den Menschen unbewohnbar weg: Die gewaltigen Wüsten, die starren Eisflächen, die unzugänglichen oder völlig unfruchtbaren Teile der Gebirge; entfällt doch von ganz Afrika allein weit mehr als der dritte Teil (gegen elf Millionen qkm) auf Wüstenland.

Der im Verhältnis zur Gesamtoberfläche der Erde keineswegs große Rest ist bewohntes Land, das der Mensch sich unterworfen hat, und zwar in höchst verschiedenem Maße. Von dem ungeheuren Umfange dieser Verschiedenheit erhalten wir ein deutliches Bild, wenn wir z. B. die beiden geschlossenen Riesenreiche China und Rußland vergleichen; in China müssen 11 Millionen Quadratkilometer nicht weniger als 365 Millionen Menschen aufnehmen und ernähren; Rußland dagegen umfaßt eine mehr als doppelt so große Landfläche (23000000 qkm), die jedoch nur 124 Millionen Menschen trägt. Diese beiden Weltreiche umspannen zusammen gerade den vierten Teil der gesamten Landfläche der Erde! Und doch steht auch Rußland unter den gewaltigen Erdgrößen nicht an erster Stelle; es wird noch übertroffen durch das britische Riesen-Weltreich, das mit seinen zahllosen Kolonien nicht weniger als 27 Millionen Quadratkilometer einnimmt. Fügt man schließlich noch die Vereinigten Staaten mit ihren 11 Millionen hinzu — und weit mehr als die Hälfte alles überhaupt verfügbaren Landes ist an die vier ersten Weltstaaten weggegeben.

Zum besseren Vergleiche der Größenverhältnisse unserer zehn umfangreichsten Staaten sei hier folgende Tabelle eingeschaltet, in der die Gesamtfläche der Länder (mit dem Kolonialbesitz) angegeben ist:

	Millionen:	
Name des Staates.	Quadratkilometer	Einwohner
Britisches Reich	27	360
Russisches Reich	23	124
China	11	365
Vereinigte Staaten	9	64
Brasilien	8	16
Frankreich	5,6	87
Türkei	4	32
Deutschland	3,1	61
Argentinien	2,8	4
Kongo-Staat	2	24 (?)

Eine seltsame Reihe! Da marschiert der ewig „kranke Mann“ stolz vor Deutschland, und für die Weltpolitik so relativ unbedeutende Länder, wie Brasilien und das wirtschaftlich allerdings recht gefährliche Argentinien treten protzig auf, wo einige europäische Großmächte nicht einmal vertreten sind. Die Größe allein thut's eben nicht — das zeigt nichts so deutlich wie ein Rückblick auf die Vergangenheit; da haben wir die weit über die Jahrtausende hinausragende Bedeutung eines kleinen Stadtstaates wie Athen, da geht eine Umwälzung der ganzen Welt aus dem kleinen Palästina hervor; hier beherrscht die für unsere Begriffe kleine Stadt Karthago die Meere und dort macht wieder die Stadt Rom sich zur Beherrscherin der alten Welt. Und auch späterhin, bis weit hinein in unsere Zeit, finden wir wieder die großartige Macht der kleinsten politischen Bezirke, der

Städte; auch verschwindend kleine Länder, wie zeitweise z. B. Holland, üben eine gewaltige Macht aus und treten trotz ihres geringen Umfanges als Erdgrößen ersten Ranges auf. Schließlich, was sind auch heute noch die europäischen Großmächte, auf ihren europäischen Bezirk beschränkt, im Vergleich zu den außereuropäischen Riesen, Sibirien, China, Nordamerika, Brasilien usw.! 3—700000 Quadratkilometer — was will das unter diesen Erdengrößen sagen! Und selbst das europäische Rußland mit seinen 5 Millionen Quadratkilometern vermag den Vergleich nicht aufzunehmen.

Indessen — David erschlug den Riesen Goliath; das winzige Japan schlug das riesige China — die Größe allein thut's eben nicht. Trotzdem freilich ist es von hoher Bedeutung, daß alle modernen Kulturstaaten auch nach einem großen Herrschaftsgebiete streben. In erster Linie suchen sie einen Markt für die Erzeugnisse ihrer Industrie und eine Abflußstätte für ihren heimischen Bevölkerungsüberschuß: da auf fremdem Boden für die Industrie die Konkurrenz zu groß ist und für die Menschen die dringende Gefahr vorliegt, daß sie selbst zu Konkurrenten und schließlich zu politischen direkten oder indirekten Feinden des Mutterlandes werden, suchen die Staaten im Auslande eben eigenen Boden für beides, ihre Menschen und ihre Waren, zu gewinnen. Daher die im Verhältnis zum Stammlande ganz enorme Ausdehnung des britischen, französischen und auch des deutschen Reiches; und nicht anders Rußland, das an sich freilich schon von so stattlichem Umfange ist, aber immer mehr und mehr Boden in Asien zu erschließen und zu gewinnen sucht, und die Vereinigten Staaten von Nordamerika, die nach dem bekannten Schlagworte „Amerika den Amerikanern" eine fortgesetzte Ausdehnung ihres Macht- und Landgebietes anstreben, und nach ihren ersten kriegerischen Erfolgen noch weit über ihren eigenen Erdteil hinauszugreifen versuchen.

Noch hat, der Größe nach, das britische Riesenreich die Führung; aber Rußland ruht nicht, ehe es England überholt hat, und es ist auf dem besten Wege dazu; die 10000 Kilometer lange Eisenbahn, die in wenigen Jahren das gewaltige, russische Reich von West nach Ost durchschneiden wird, die zum Teil mitten durch chinesisches Gebiet führt, die unweit der Grenze von Korea mündet und drohend nach Japan hinüberweist, diese ungeheure

Riesenschlange, die den Transport von der Ostküste Asiens bis Moskau, der bisher Jahr und Tag gedauert, auf zwei Wochen abkürzt, und geeignet ist, den größten Teil des chinesischen Ausfuhrhandels England aus der Hand zu ringen — diese sibirische Bahn bedeutet einen eminenten Machtzuwachs Rußlands in Ostasien, und daß sich Hand in Hand mit ihm der Landzuwachs anbahnt, haben wir bereits genugsam erfahren.

Rußland und England, die beiden gewaltigen Rivalen im Kampf um die Weltherrschaft, deren Größe man vielleicht bald mit je rund 30 Millionen Quadratkilometern wird angeben müssen, umfassen zusammen allein die Hälfte der überhaupt bewohnbaren Erde. Was sind dagegen die alten „Weltreiche" Alexanders oder der mächtigen Roma! Sie verschwinden solchen Riesen gegenüber. Aber auch der eigentliche Kern der heutigen „Großmächte" hält sich, von Rußland abgesehen, in viel engeren Grenzen; ist doch das britische Inselland nur wenig über 300000, Deutschland 540000, Frankreich annähernd ebenso viel, Oesterreich-Ungarn 670000 und Italien gar nicht einmal volle 300000 Quadratkilometer groß. Außereuropäische Staaten von so geringem Umfange entbehren, abgesehen von dem auch nur rund 380000 Quadratkilometer großen Inselreich Japan, jeder weltpolitischen Bedeutung; dort zählen erst die Millionen von Quadratkilometern — und davon hat unsere ganze Erde nur wenig über 100 zu vergeben!

Die gegenwärtigen Größenverhältnisse der alten „Großmächte" und der eigentlichen Großstaaten oder Riesenreiche beanspruchen unsere regste Aufmerksamkeit. Wir übersehen es noch viel zu sehr, daß die meisten europäischen Großmächte heute zu — Kleinstaaten geworden sind gegenüber Groß-England, Groß-Rußland und Groß-Amerika — wenn wir von China in Anbetracht seiner sinkenden politischen Selbständigkeit einmal ganz absehen wollen. Für die Weltwirtschaft spricht indessen auch China mit seiner enormen Menschenmenge ein entscheidendes Wort mit, und wenn es selbst auch gegenwärtig nur noch eine passive politische Rolle spielt, so ist die Bedeutung dieses Landes an sich für die gesamte Politik und Weltwirtschaft doch gerade außerordentlich hoch.

Mehr und mehr tritt in die Reihe der eigentlichen Großstaaten auch das mächtige nordamerikanische Reich, das sich zur

Herrschaft über All-Amerika aufzuschwingen sucht, und nach dem ersten Erfolge nicht ruhen wird, ehe es wenigstens einen möglichst großen Teil seiner hochfliegenden Pläne erreicht haben wird.

Zwei weltstaatliche Großbetriebe von unerhörtem Umfange sehen wir schließlich von Europa aus sich ausdehnen. Das britische Riesenkolonialreich sucht die Hand zu legen auf alles Land, das überhaupt europäischer Kolonisation zugänglich ist oder europäischer Macht unterworfen werden kann. Und noch kühner, mächtiger, voll frischerer Kraft dehnt sich das geschlossene russische Weltreich aus. Da scheint es doch an der Zeit zu sein, auch einmal die großen Schattenseiten der überstarken staatlichen Großmannssucht zu betrachten, die den Vorzügen der einheitlichen, geschlossenen, zu den höchsten quantitativen Leistungen fähigen Weltmacht gegenüberstehen.

Alle drei Riesenreiche, die Vereinigten Staaten, England und Rußland, stehen im Grunde — das unterliegt keinem Zweifel — den alten mittel- und westeuropäischen Großmächten wirtschaftspolitisch in schroffster Feindschaft gegenüber. Am Ende ihrer gegenwärtigen Thätigkeit und Bestrebungen steht die völlige Unterdrückung der alten mitteleuropäischen Kultur: Amerika macht aus dieser Europa-Feindschaft kaum einen Hehl. Groß-Englands Weltpolitik richtet sich nicht minder gegen jede neben Albion sich behauptende Großmacht, und ebenso sucht Rußland seinerseits die wirtschaftliche Machtstellung Westeuropas zu untergraben. Mit ihrer ganz besonderen Feindschaft aber beehren alle drei Riesenreiche Deutschland, da dieses gegenwärtig die wirtschaftliche Führung der übrigen Großmächte in den Händen hat und am entschiedensten in Konkurrenz mit den wirklichen Großstaaten tritt.

Am geschlossensten ist der russische Koloß, der mit der größten Energie und frischesten Kraft vorgeht. Die Riesenflächen Sibiriens werden erschlossen. Die wirtschaftliche Unterwerfung Chinas ist in Angriff genommen. Der politischen Unterwerfung ist rüstig vorgearbeitet. Rußlands Einfluß in Persien ist in dauerndem Steigen. Wird Indien auf die Dauer der slavisch-asiatischen Herrschaft des russischen Weltreiches widerstehen können? Das slavische Übergewicht in Österreich und auf dem Balkan nimmt fortgesetzt zu; die deutsche Politik hat seit 1866 nolens volens der russischen Macht in die Hände gearbeitet; Frankreich hat sich dem Slavenreich in die Arme geworfen. Wenn eines Tages das staunende Europa zu der Überzeugung gelangt, daß es in der That nur noch das Anhängsel Asiens ist, als welches es auf der Erdkarte erscheint, wenn es sich von dem slavisch-asiatischen Weltreich erdrückt sieht — wen soll es sonderlich überraschen?

Es scheint, als müsse es wirklich erst zu dieser ungeheuren Übermacht kommen, damit die westeuropäischen Staaten, die heute noch so viel von dem europäischen Gleichgewicht in süßer Sicherheit faseln, während das slavische Übergewicht von Jahr zu Jahr in bedenklicher Weise zunimmt, aus ihrem tiefen Schlaf erwachen und retten, was dann noch zu retten ist. Oder soll die ganze westeuropäische Kultur nach Amerika flüchten? Sie fände dort wahrlich kein gemütliches Heim!

Kein Zweifel — nach allen Vorbildern in der Weltgeschichte — daß in einem so ungeheuren weltstaatlichen Großbetrieb die Wurzel des Verfalls liegt, daß, wenn Rußland ungehindert zum Ziele gelangt ist, Moskau durch Moskau untergehen muß. Wollen die west-europäischen Staaten dieses Ende mit Schrecken abwarten? Wollen sie das unglückselige Experiment des weltstaatlichen Riesenbetriebes in äußerster Form ruhig ansehen und die Folgen über sich ergehen lassen? Ruhigen Auges blicken sie in den Untergang der westeuropäischen Kultur und schneiden selbst die Balken zu ihrem Galgen. Der Hinweis darauf, daß Rußland im Osten genug zu thun habe und seine Augen nicht nach Westen richte, ist wenig zutreffend. Denn in der That halten die ersten Geister Rußlands es heute für die höchste und heiligste Mission ihres heißgeliebten Vaterlandes, dermaleinst die „dekadente“ Kultur West-Europas abzulösen und der ganzen Welt den Stempel einer neuen, kraftvollen russischen Kultur aufzudrücken. Daß allerdings der russische Baum nicht gar zu hoch in den Himmel wachsen wird, dafür sorgen die großen sozialen Kämpfe, die innerpolitischen und wirtschaftlichen Krisen, die das slavische Riesenreich immer ärger und ärger bedrohen. — Nebenher wollen wir übrigens nicht vergessen, daß wir von den beiden anderen, mit Rußland um die Weltherrschaft ringenden Riesenstaaten für die westeuropäische Kultur nichts besseres zu erwarten haben; entwickelt sich doch auch England immer mehr in der Richtung der „Überkultur“ des A m e r i k a n i s m u s, und die Blüten wahrer

Geisteskultur dürften auf diesem Strauch ebenso wenig wachsen wie auf den wildwuchernden Pflanzen der russisch-asiatischen Kultursteppen.

Es ist ein Gemeinplatz, daß die größten kulturellen und geistigen Fortschritte sich in weltwirtschaftlichen bezw. weltstaatlichen Kleinbetrieben vollzogen haben und vollziehen. Als allererstes Beispiel wird natürlich stets die großartige Blüte der Kultur und des Geistes in den kleinen Stadtstaaten Griechenlands angeführt. Ebenso wie Homer, Aristoteles, Sokrates, wie alle Dichter und Denker des alten Hellas kann man aber auch einen Moses, einen Christus, einen Luther nennen. Und wie die deutsche Litteratur zu den verschiedenen Zeiten in den kleinen Staaten, an den kleinen Höfen ihre höchste Blüte feierte, so ist auch das neue Ringen aus den Kleinstaaten des Nordens hervorgegangen und hat in Deutschland von dort aus die Anregung erhalten. Soll noch besonders an die romanischen Stadtstaaten des Mittelalters oder die deutsche Kunst in den Hansestädten erinnert werden?

Gerade in unserer Zeit, die so sehr auf den weltstaatlichen Großbetrieb ausgeht, die alle Kräfte an die Erhaltung und Ausdehnung der Großmacht setzt und schließlich setzen muß, thut es not, auf die hohe Bedeutung nachdrücklichst hinzuweisen, welche die kleinen Staaten im Geistesleben der Menschheit gehabt haben und behalten. Auch bei uns Deutschen mischt sich in die Freude über die endlich errungene Einigung Deutschlands der Schmerz über die Gefährdung der kulturellen und geistigen Eigenart der einzelnen Lande, die Gefährdung des geistigen, künstlerischen, litterarischen Fortschritts. Weltmacht, Welthandel, Weltheer, Weltflotte, — alles für den Politiker sehr schöne und dringend notwendige Dinge. Aber nicht das einzige, was den Fortschritt des Landes, den Fortschritt des Menschengeistes bestimmt. Die wahrhafte geistige Blüte geht unter der Schablone nur zu schnell in die Brüche. Und das ist der berechtigte Kern des in anderen Punkten mit Recht so gehaßten Partikularismus: Eins nach außen hin, aber eine Menge von Individualitäten, von geistigen Sonderheiten im Innern; keine Großmachtschablone in geistigen Dingen! Ist doch nicht Schablonisierung, sondern Differenzierung das Wesen alles wahren Fortschritts.

Gewiß können die mitteleuropäischen Staaten den Riesenreichen nicht entgegentreten, wenn sie nicht alle Kräfte sammeln, und wenn sie vor allen Dingen sich nicht wirtschaftlich fest zusammenschließen, gewiß wollen wir der Kleinstaaterei nicht das Wort reden und am allerwenigsten dem Streben entgegentreten, auch das Deutsche Reich in der Reihe der wirklichen Großmächte, d. h. heute in der Reihe der Großstaaten zu erhalten, das „größere Deutschland" dem größeren England, Rußland und Amerika an die Seite zu stellen. Nur soll daneben die geistige und kulturelle Bedeutung der kleinen Verbände nicht vergessen werden. Auch des neuen deutschen Reiches erster Kanzler hat, das wollen wir nicht übersehen, stets diese gesunde und berechtigte Seite des Partikularismus vollauf gewürdigt und besonders betont. Wir müssen in dieser Beziehung dem entschiedensten neueren Vertreter der kleinen Staaten, Björnstjerne Björnson, so oft und so arg er sonst auch in seinem politischen Auftreten vorbeigehauen hat, durchaus beistimmen, wenn er im Hinblick auf die weltstaatlichen Riesenbetriebe, die mit der Zeit die alte mitteleuropäische Kultur völlig zu erdrücken drohen, eine Lanze einlegt für den Wert der kleinen Staaten, für den er u. a. folgende Thatsachen der Kulturgeschichte anführt:

„Auch die Litteratur legt hier ihr Zeugnis ab. Aus leicht begreiflichen Gründen ziehe ich die norwegische nicht zum Beweis heran. Noch geeigneter wäre die dänische, wenn sie bekannt wäre. Aber ich beschränke mich darauf, den Schweizer Gottfried Keller zu nennen, den alle kennen. Seine Schriften, meine ich, erzählen eindringlich von dem Einfluß, den eine kleine Volksgemeinschaft auf den schaffenden Geist ausübt. Mir scheint seine Kunst etwas von der Art der alten holländischen Maler zu haben. Sollten wirklich die großen Völker der „Weltpläne", der „Weltgedanken", des „Welthandels", der „Welthast" der gewissenhaften, sinnvollen Beiträge der kleinen Völker entbehren können — sei es nun in Form von Charaktereigenschaften, von sozialer Arbeit, von litterarischen, künstlerischen Studien und Übersichten, oder endlich von wissenschaftlichen und industriellen Entdeckungen? Wir gehen in die Länder der Ägypter, Assyrer, Griechen und Juden, als in unsere Studierkammer, und wir vergessen beständig, wie klein die beiden letzteren waren und wie wenig groß die beiden ersteren, als sie dem Menschengeiste ihre besten Schätze gaben. Sollten nicht die italienischen Republiken, das kleine Holland oder England, als es alles andere als groß war, sollten nicht die deutschen Staaten vor ihrem Zusammenschluß daran erinnern, daß ein Staat keineswegs 40 Millionen zu zählen braucht, um der Kultur die größten Beiträge zu schenken, die überhaupt geschenkt werden können? Es giebt Werke, die nur von gesammelten Massen, wenn ich so sagen darf, von „Großmachtsgeist" geleistet werden können. Aber niemand, durchaus niemand, der historisches und inneres Wissen hat, darf behaupten, daß man die besonderen Beiträge der kleineren Volksgemeinschaften entbehren könnte."

Zur Ergänzung könnten wir die Worte des feinsinnigen Denkers und glänzenden Redners Ulrich v. Wilamowitz-Möllendorff anfügen: „Wenn wir in Gottfried Keller und Arnold Böcklin unser deutsches Wesen mit stolzer Bewunderung wahrnehmen, so können wir nicht umhin, uns gleichzeitig einzugestehen, daß sie die Blüte ihrer Kunst nur entfalten konnten, weil sie nicht in einem deutschen Bundesstaate, sondern in einem deutschen Kantone der Schweiz geboren wurden. Das thun wir nicht mit Beschämung oder Bedauern, nein, wir freuen uns dessen, daß unser Volk noch einen weiteren Kreis umspannt als unser nationaler Staat. Wir wenigstens, die wir die Sprache der Völkergeschichte verstehen und dabei das Deutschtum und das preußische Staatsgefühl im Blute haben, wollen wünschen, daß die deutsche Kultur allezeit zu reich und zu mächtig bleibe, als daß sie ein Staat umfasse oder gar beherrsche."

Auch ein geistvoller Kulturhistoriker wie Vierkandt kann sich ähnlichen Betrachtungen nicht verschließen; es sei gestattet, seine vielleicht etwas pessimistischen Ausführungen zur Vervollständigung hier anzuschließen; auch er, der allerdings Groß-England übersieht, erkennt die Gefahren des Pan-Amerikanismus und des Pan-Slavismus bezw. der amerikanischen und asiatischen Riesenherrschaften:

„Fragen wir uns, wie es in der Zukunft der Menschheit mit den Aussichten des rein geistigen Elements in der Vollkultur bestellt ist, ob in Zukunft die Erde sich in eine Pflegestätte dieser Interessen umwandeln und so das Ziel verwirklichen lassen wird, daß alle körperlichen Dinge und Vorgänge in den Dienst rein geistiger höherer Interessen treten, so können wir nur mit einer gewissen Wehmut an den Optimismus des vorigen Jahrhunderts denken, der zum Teil auf der Enge des geographischen Gesichtskreises beruhte. Das koloniale Leben unseres Jahrhunderts hat uns zunächst mit der Thatsache des Amerikanismus beschenkt, in dem sich die aus der einseitigen Pflege der wirtschaftlichen Aufgaben ergebende Verengung des geistigen Gesichtskreises in bedauerlicher Weise darstellt. Die Billigkeit ostasiatischer Arbeitskräfte für den Weltmarkt droht in ihnen ein neues Proletariat neben dem europäischen zu schaffen und die soziale Frage noch mehr zu komplizieren.

„Unser erweiterter geographischer Gesichtskreis läßt uns ferner für die Zukunft eine Politik der Erdteile und der Rassen voraussehen, gegen welche die bisherige Politik der Länder und der Völker wie ein Kinderspiel erscheint. Drohend taucht heute auf der Bildfläche das asiatische Element, einesteils in Gestalt der russischen, anderenteils in Gestalt der chinesischen Halbkultur auf, von denen die letztere über den vierten Teil aller die Erdoberfläche bewohnenden Menschen verfügt. Gelingt es, diese beiden Elemente zurückzuschlagen, so wird dazu die höchste Anspannung aller Kräfte der europäischen Vollkultur nach der wirtschaftlichen und militärischen Seite hin unvermeidlich sein. Und welche trüben Aussichten eröffnen sich uns für die Zukunft für die Pflege des rein geistigen Elements, wenn wir diese Politik der Erdteile vergleichen mit der politischen Stille, in der das klassische Leben Weimars im vorigen Jahrhundert sich entfaltete."

Die geistigen Interessen erfordern, daß die gehaßte Kleinstaaterei bis zu einem gewissen Grade erhalten bleibe, daß die Individualitäten der „kleineren Volksgemeinschaften" nicht völlig erdrückt werden. Der große Vorzug dieser kleinen Verbände nach Art der alten Stadtstaaten ist es, daß in ihnen die Interessen des Einzelnen und die der Gesamtheit fast völlig zusammenfallen, daß der Egoismus des Einzelnen dem kommunal-nationalen Egoismus nicht zuwiderläuft, sondern sich mit ihm deckt, daß hier in der That Einer für Alle und Alle für Einen arbeiten. Wo diese Interessengemeinschaft des Ganzen und seiner Teile am klarsten zum Ausdruck kommt, da hat der wahre Fortschritt seine beste Stätte. Der weltstaatliche Riesenbetrieb, wie er im Osten und Westen droht, ist schließlich das Ende der Kultur. Freilich, um ihm entgegenzutreten, bedarf es anderer Weltgroßmächte; nur, daß die Großmacht nach außen hin nicht zur völligen Geistesschablone im Innern führen muß. Ist das der Fall, dann muß der Geist dorthin flüchten, wo er noch einen weltstaatlichen Kleinbetrieb, einen Kleinstaat mit weltumfassendem geistigen Einfluß, nach dem Muster der alten Griechen und Juden, der heutigen Schweizer und Nordländer findet.

Eine wirkliche Wahrung der europäischen Kulturinteressen und Erhaltung der kleineren Staaten auf angemessener Höhe dürfte aber auf die Dauer gegenüber den drei die wirtschaftliche Alleinherrschaft anstrebenden Riesen nur möglich sein, wenn die mittel- und westeuropäischen Staaten der Gefahr gemeinsam Trutz bieten. Über das Wie? wird weiterhin noch kurz zu reden sein. Einstweilen soll nur die Aufmerksamkeit überhaupt auf diese Frage gelenkt werden, die theoretisch wohl schon mehrfach behandelt ist, in weiteren Kreisen aber leider noch immer nicht die geringste Beachtung findet, obwohl es sich hier um die höchsten Kulturinteressen sowohl wie um den wirtschaftlichen Bestand der alten Großmächte handelt. —

Besonders groß ist die Gefahr wieder für jene Staaten, die nicht Herren des Bodens sind, von dem sie leben, und nicht Herren des Bodens, für dessen Bewohner sie arbeiten. Die Hauptsorge der Riesenreiche ist es, einen ungeheuren, in letzter Linie geschlossenen Handelsstaat zu gründen, einen Staat, der seinen Boden völlig beherrscht und vom fremden Boden unabhängig ist. Deutschland hat, wie Dr. Paul Voigt treffend sagt, etwa zwei Fünftel seiner industriellen Bevölkerung „gewissermaßen auf gemietetem Grund und Boden angesiedelt und sie der furchtbaren Gefahr einer Kündigung seitens der Ackerbaustaaten ausgesetzt!“ Darum haben wir und nicht minder ganz Mitteleuropa das dringendste Interesse, einmal völlig Herren des Bodens zu werden, von dem wir leben, indem wir durch Ackerbaukolonien, durch Kolonien für den Absatz unserer industriellen Erzeugnisse, durch eine starke Flotte und hinreichende Flottenstationen diese Selbständigkeit zu begründen suchen, daneben aber ganz besonders durch einen engen Zusammenschluß der sich gegenseitig ergänzenden mitteleuropäischen Nachbarstaaten, die gemeinsam ein festes, selbstständiges wirtschaftliches Ganzes bilden und jedem Riesenreich

Stand halten können, während sie im Innern dann um so sicherer die alte mitteleuropäische Kultur zu wahren und zu fördern vermögen.

Deutschland ist ein Industriestaat und muß ein Industriestaat bleiben, um dem im Interesse der nationalen Macht notwendigen Volksüberschuß ausreichende Beschäftigung zu geben und in der Reihe der ersten Kulturstaaten zu verharren. Aber gerade weil es ein Industriestaat ist, gerade im Interesse seiner ausgedehnten und hochentwickelten Kultur muß es sich den Boden sichern, von dem die Existenz seiner Industrie abhängig ist, den Boden, der die Gesamtbevölkerung ernährt und der Industrie die Rohprodukte und Absatzgebiete liefert. Nicht die Gefahr der Aushungerung Deutschlands bei einem Kriege ist das Drohende, sondern die Gefahr einer hermetischen wirtschaftlichen Abschließung der Riesenstaaten. Dieser Gefahr sollte ganz Mitteleuropa entgegentreten, indem es bei Zeiten nach dem Muster jener Riesenstaaten zu einem in sich gefestigten, sich selbst genügenden, vom eigenen Boden lebenden Handelsgebiet sich zusammenzuschließen sucht.

Nachdem wir in den letzten Abschnitten einen Blick geworfen haben auf die Verteilung des Erdbodens unter die verschiedenen Staaten, müssen wir noch etwas weiter zurückschauen und uns fragen, in welcher Weise denn überhaupt historisch diese Teilung vor sich gegangen, wie insbesondere die einzelnen Bodenteile von einander abgetrennt und gegen einander begrenzt wurden.

Je weiter die Teilung der Erde fortschreitet, je dichter der Boden bewohnt ist und je weniger Neuland verfügbar bleibt, eine um so wichtigere Rolle spielt die genaue Begrenzung der einzelnen Staaten. Die Grenze im modernen Sinne ist ein Produkt relativer Übervölkerung, wie der Übergang zur Seßhaftigkeit, ohne den es keine Grenze geben würde, eine Folge relativer Übervölkerung ist. Je wichtiger und kostbarer der Boden wird, je fester ein Volk mit seinem Boden verwächst, um so größer wird die wirtschaftliche und politische Bedeutung der Grenze.

Um die Grenzgebiete tobt der politische Kampf der nach

Ausdehnung ihres Bodens trachtenden Staaten, an die Grenzen sind die wirtschaftlichen Maßnahmen zur Förderung der nationalen Gütererzeugung in wesentlichen Teilen gebunden. Wirtschaftskriege und Waffenkriege haben ihren Schauplatz wesentlich an den Grenzen, die darum für das gesamte wirtschaftliche Leben eines Kulturvolkes von größter Wichtigkeit sind.

Unkultivierte Stämme in wenig bevölkerten Ländern kennen keine Grenze; auch wenn sie kein Nomadenleben mehr führen, sondern an bestimmten Orten seßhaft geworden sind, dehnt sich ihr Land um den Mittelpunkt ihrer Ansiedelungen nach allen Seiten aus, um sich allmählich ins Ungewisse zu verlieren, in den Urwald, der nicht eigentlich mehr zu ihrem Gebiete gehört, aber doch noch ihrer Jagd dient. Wird die Bevölkerung dichter, stoßen die einzelnen Stämme näher zusammen, so bleibt zwischen ihren Machtgebieten immer noch ein breiter Raum, der sich mit zunehmender Bevölkerung mehr und mehr verengt, um schließlich zu einem Grenzsaum zusammenzuschrumpfen, bis endlich die moderne Welt auch nicht mehr den schmalsten Grenzsaum kennt. Das Land ist zu kostbar geworden, jeder Staat hat sich so weit wie irgend möglich ausgedehnt, es blieb kein Raum mehr zwischen zwei Staaten, der keinem von beiden zu eigen war — die Grenze wurde aus einem Landstreifen zu einer Luftlinie, die aufs Genaueste bestimmt ist.

Der wesentliche Unterschied zwischen dieser modernen Grenze, die in einer mit absoluter Sicherheit festgelegten Luftlinie besteht, und den breiten Landflächen, die sich zwischen weniger kultivierten Staaten in schwach bevölkerten Ländern erstrecken hat übrigens viel Unheil, viel Blutvergießen verursacht; der kolonisierende Europäer vermochte es nicht, sich mit seiner scharfen Grenzauffassung in die ganz anderen Verhältnisse hineinzufinden, er verstand es nicht, daß jenen Völkern der Begriff der Grenzlinie völlig unbekannt ist, daß es für sie bisher selbstverständlich war, über ihr eigentliches Gebiet hinaus in das weite Grenzland ihre Jagdzüge zu unternehmen; diese Ausübung alter, durch die unvollkommene Verteilung des Landes bedingter Gewohnheiten hielt er für böswillige Grenzverletzung und bezichtigte die „Barbaren“ der Treulosigkeit und des Verrates, obgleich sie nur handelten, wie es durch ihre alte Auffassung von der Grenze als selbstverständlich gegeben war. In dieser

Richtung aufklärend gewirkt zu haben, ist ein Verdienst von Ratzel, der auch in seiner vortrefflichen „Politischen Geographie" der Frage der Grenzen eine eingehende Würdigung geschenkt hat.

Noch heute finden wir z. B. zwischen den südamerikanischen Staaten keine festgelegten Grenzlinien, sondern nur weite Flächen, die zunächst keinem von beiden zugehören. Je kostbarer nun der Boden wird, um so mehr sucht jeder Staat von dem Grenzlande für sich zu gewinnen, um so heftiger werden die Grenzstreitigkeiten, die dort jetzt ununterbrochen toben (siehe Chile). Daß auch den europäischen Staaten noch in unserer Zeit manches Menschliche bei der Grenzregulierung passiert ist, daß auch sie sich nicht immer in die Grenzlinie gefunden und bei ihrer Festlegung manchen Schnitzer gemacht haben, dafür sehen wir den besten Beweis in dem Fürstentum Liechtenstein; dieses 159 Quadratkilometer große Ländchen ist seiner Zeit bei der Festlegung der Grenze einfach übersehen worden, so daß es jetzt als selbständiger Staat dasteht.

Weniger bekannt dürfte es sein, daß auch zwischen Preußen und Belgien ein in ähnlicher Weise bei der Grenzreglung vergessener Landstreifen liegt; es ist der Flecken Moresnet bei Aachen, der seiner Zeit übersehen wurde und nun weder zu Preußen noch zu Belgien gehört, sondern sozusagen in der Luft schwebt. Die beiden Staaten haben sich zu einer gemeinsamen, Verwaltung geeinigt, und noch heute besteht dieser Zustand, der übrigens auch innerhalb der verschiedenen deutschen Bundesstaaten vorkommt, ein Beweis, daß man es bei Friedensverträgen und dergl. mit der Grenzregulierung nicht immer ganz genau genommen hat. Jene alten Grenzfehler beschäftigen noch heute die beteiligten Regierungen, in deren Interesse es natürlich liegt endgiltig Ordnung in den seltsam zwischen zwei Staaten schwebenden Gebieten zu schaffen. Die nachträglichen Regulierungen machen jedoch immer besondere Schwierigkeiten, so daß ihre Ausführung Jahrzehnte lang auf sich warten läßt.

Zur Frage wegen der Aufteilung des neutralen Gebietes von Moresnet zwischen den beiden Mitbesitzern Preußen und Belgien wird von belgischer Seite hervorgehoben, daß, da der Neutralisierung dieses kleinen Landstriches nicht sowohl politische als industrielle Erwägungen zu Grunde gelegen hätten, die jetzt im wesentlichen hinfällig geworden seien, die endgiltige Auseinandersetzung darüber jetzt bessere Aussichten biete, als die seit 1816 schon mehrmals, aber immer erfolglos unternommenen Anläufe. In diesem Sinne sind der belgischen Regierung neuerlich Eröffnungen von der preußischen Regierung gemacht worden. Letztere stützt ihren Wunsch einer endgiltigen Beseitigung des jetzigen Zustandes darauf, daß unter den obwaltenden Verhältnissen der Grenzschmuggel einen Umfang angenommen habe, der nicht länger geduldet werden könne.

Dieser nun schon seit mehr als acht Jahrzehnten bestehende Zustand zeigt, wie auch zwischen modernen Kulturstaaten die Festigkeit und Genauigkeit der Grenzlinie bisweilen zu wünschen übrig läßt. Im allgemeinen freilich ist zwischen diesen Staaten die Grenze überall zu einer ganz scharf bestimmten Luftlinie zusammengeschrumpft, auch dort, wo faktisch zwecks besserer Bewachung von beiden Seiten ein schmaler Landstreifen freigehalten wird.

Für die politische Lage und Sicherheit eines Staates ist natürlich die Lage, Größe, Form und Art seiner Grenzen von größter Wichtigkeit. Gewöhnlich weicht die Grenzlinie von der kürzesten Linie stark ab, besonders in den alten Kulturländern. Anders in den neueren Staatenbildungen und Kolonien; dort verläuft die Grenze bisweilen auf Hunderte von Kilometern in schnurgerader Linie; so die Grenze zwischen den einzelnen australischen Kolonien und besonders diejenige zwischen den Vereinigten Staaten und Britisch-Nordamerika. Auch Deutschlands Grenzen gegen Frankreich und auch gegen Rußland sind verhältnismäßig schwach gegliedert, sehr viel stärker die gegen Oesterreich, während z. B. die Landgrenze Italiens eine besonders starke Gliederung aufweist. Je zerrissener die Grenze, je mehr Aus- und Einsprünge, um so schwächer ist sie natürlich, um so stärkeren künstlichen Schutzes bedarf sie.

Am besten läßt sich die relative Länge der Grenze ausdrücken, wenn man berechnet, wie viel Quadratkilometer der gesamten Bodenfläche etwa auf einen Kilometer der Grenzlänge entfallen; es zeigt sich dann am deutlichsten, welche Länder eine verhältnismäßig günstige Grenzlinie haben. So entfallen z. B. in Deutschland auf 1 Kilometer Grenze 71 qkm Bodenfläche, und während Deutschland im Jahre 1871 um 3 Proz. seiner

Fläche und um 4 Proz. seiner Volkszahl vermehrt wurde, verlief die neue Grenze so günstig, daß die Gesamtgrenze des Reiches relativ — im Verhältnis zur Bodenfläche — eine Verminderung erfuhr. Je kleiner ein Staat ist, um so ungünstiger gestaltet sich seine relative Grenzlänge, die im Übrigen natürlich davon abhängt, wie weit die Grenzlinie von der geraden Linie abweicht. Welche gewaltigen Unterschiede in der relativen Grenzlänge eintreten können, dafür mögen folgende Beispiele genügen: Es entfallen nach Ratzel auf 1 Kilometer Grenze in Deutschland, wie gesagt, 71 Quadratkilometer Bodenfläche, im Kanton Basel nur 0,86 qkm, in Baden 9,85, in Sachsen 10,9, in Montenegro 16, in der Schweiz 22, in den Vereinigten Staaten aber 504 qkm! Der enorme Vorteil dieser günstigen Grenzverhältnisse für die Sicherheit des Landes ist ohne weiteres klar. Ebenso selbstverständlich ist das Bestreben der Staaten, ihre zu schützende Grenze gewissermaßen abzukürzen, indem sie mit Nachbarstaaten Bündnisse schließen. Während Deutschland z. B. seine Grenze durch den Dreibund um die österreichische Grenzlinie verkürzt hat, bewirkt das italienische Bündnis nur eine indirekte Grenzverkürzung insofern, als es einen Teil der französischen Macht von der deutschen Grenze ab- und nach Italien hinlenkt. Ebenso gestaltet sich die indirekte Grenzverkürzung durch den Zweibund gegenüber Deutschland. Die günstigste Grenze aber hat das meerumspülte Albion — darum genügt es sich selbst zur Not als „Einbund".

Je weniger aber die Natur die Grenzen eines Staates durch ihren Schutz begünstigte, um so mehr hat der Staat die unabweisbare Aufgabe, den natürlichen Schutz durch künstlichen Schutz zu Lande und zu Wasser zu ergänzen.

Eine ganz neuartige Erscheinung sehen wir allmählich am weltwirtschaftlichen Horizont auftauchen, wenn wir beobachten, daß für die modernen Völker die Landgrenze mit der Zeit zu eng werden kann, daß sie ihre wirtschaftliche Thätigkeit mehr und mehr auch auf das Meer auszudehnen streben, um auch dieses vielleicht dermaleinst in die staatlichen Grenzen hineinzuziehen. Wir haben bisher immer nur von dem Boden im engeren Sinne, von dem Festlande, der Ackerscholle gesprochen;

es ist aber notwendig, den Blick auch einmal hinauszurichten auf jene ungeheuren Flächen, die den größten Teil der Erdoberfläche bilden und weder in die staatliche Begrenzung noch in die wirtschaftliche Kultur hineingezogen sind, auf die Weltmeere, den Meeresboden.

Es giebt in der Entwicklungsgeschichte wohl keine größere Umwälzung als diejenige, die eintrat, da der Mensch nicht mehr die Früchte pflückte, die er in der Natur vorfand, sondern den Baum pflanzte und die Natur zwang, ihm bestimmte Früchte zu geben. Wo der Mensch unmittelbar aus dem reichen Urquell der Natur schöpfen kann, ist nichts von der Kultur und Wirtschaft zu wissen, die erst eine Folge relativer Übervölkerung ist. Noch heute ist die Kultur nicht auf alle Zweige der Gütergewinnung übertragen. So früh der Mensch auf dem Festlande zu einer bewußten, weisen Leitung der organischen Produktion übergegangen ist, so lange hat die Kultur vor dem Wasser Halt gemacht.

Die Fischerei ist einer der ältesten Erwerbszweige der Menschheit, aber noch heute ist sie über eine planlose Raubfischerei kaum hinausgekommen, noch heute überläßt der Mensch die Bewohner des Meeres sich selbst, unbekümmert, ob die scheinbar unerschöpflichen Quellen nicht auch einmal versiegen. Den Seefischen gegenüber verhält sich der Mensch noch heute nicht anders, als einst gegenüber den gewaltigen Büffelherden der Prärien, den Elefantenherden Afrikas, den Robben- und Walroßherden der nordischen Eisinseln. Aber wie jene vernichtet oder der völligen Ausrottung nahe sind, so steht auch den Seefischen ein gleiches Schicksal bevor, wenn die planlose Raubwirtschaft noch lange beibehalten und nicht auch das Meer der Kultur unterworfen wird.

Es ist heute kein Zweifel mehr: Wir haben das Kapital unserer Meere angegriffen, wir sind im Begriff, die reichen Fischbestände zu vernichten. Als in der hohen See ein ganz neues Produktionsgebiet erschlossen, als bisher völlig unberührte, wahrhaft jungfräuliche, lebensreiche Gründe des offenen Meeres entdeckt und ausgenutzt wurden, da nahm die Seefischerei einen gewaltigen Aufschwung. Nachdem sich aber einmal die Seefischerei der hohen See bemächtigt und hier eine wüste Raubwirtschaft begonnen hatte, mußte sich's bald zeigen, daß auch die Schätze des Meeres nicht unerschöpflich sind; neue Fischgründe mußten gesucht, auf Schonmaßregeln mußte gesonnen werden.

Seit etwa 100 Jahren ist der Mensch wenigstens in der Binnenfischerei zu den Anfängen einer Wasserkultur übergegangen, zu Teichanlagen und künstlicher Fischzucht. Abgesehen von den Austernbänken an den Küsten ist aber auf dem offenen Meere von einer Wasserkultur noch nicht die Rede. Noch ist der Glaube zu tief gewurzelt, daß das Meer an organischem Leben ebenso reich und unerschöpflich sei, wie seine Ausdehnung gewaltig und seine Tiefe grenzenlos. Die wissenschaftliche Forschung jedoch hat diese Annahme völlig widerlegt; sie hat dargethan, daß die Flachsee unendlich viel lebensreicher als der Ozean ist, daß aber nach einer Zerstörung des Fischbestandes in den Flachseen auf einen Ersatz aus dem Ozeane nicht zu rechnen ist. Wir werden daher für alle Zukunft auf die Flachseen als die reichsten Teile des Meeres und die einzig möglichen Gebiete einer künftigen Meereskultur hingewiesen.

Die Armut des Ozeans ist in überraschender Weise durch die hervorragenden wissenschaftlichen Untersuchungen von Hensen im Jahre 1889 dargethan, und zwar durch die berühmte deutsche Plankton-Expedition.

Ist damit auf der einen Seite die Hoffnung auf den unerschöpflichen Fischreichtum des Ozeans glatt abgeschnitten, so stehen wir anderseits vor der Überfischung der Flachseen. Die Frage beginnt so brennend zu werden, daß bereits im Jahre 1891 eine internationale Konferenz in London zusammentrat, um über internationale Schonmaßregeln in der Nordsee zu beraten. Da die Frage damals wissenschaftlich noch nicht hinreichend geklärt war, wurden in der Folgezeit durch eine vom englischen Parlament eingesetzte Untersuchungskommission umfangreiche Erhebungen angestellt, deren Ergebnisse im Jahre 1893 in einem Blaubuch veröffentlicht wurden. Die Untersuchung führte allgemein zu der Überzeugung, daß die ersten Zeichen beginnenden Verfalls der kostbaren Fischbestände der Nordsee deutlich zu erkennen sind, daß es wie bisher nicht weitergehen kann, wenn jene Fischbestände nicht demselben Schicksal entgegengehen sollen, das einst die reichen Walgründe der nordischen Meere gehabt haben. Eine durchgreifende gesetzliche Regelung der Nordseefischerei ist früher oder später unabweisbar.

Die Überfischungsgefahr wird um so bedenklicher, je mehr der Seefisch als billiges Volksnahrungsmittel an Bedeutung gewinnt. Der deutsche Seefischereiverein sucht darauf hinzuwirken, daß durch das ganze Land Seefische das ganze Jahr hindurch in tadellos guter Ware zu einem solchen Preise zu kaufen sein sollen, daß auch die unbemittelten Schichten der Bevölkerung das billigste Fleisch, welches existiert, zur Ernährung benutzen können. An diesem Punkte setzt eine hochwichtige sozialpolitische Aufgabe ein, welche die deutsche Seefischerei zu erfüllen hat, und deren Bedeutung in demselben Maße wachsen wird, wie die Dichtigkeit der Bevölkerung zunimmt und der Anspruch an die Lebenshaltung steigt.

Die Frage ist von allgemeinen Gesichtspunkten aus wichtig genug, um sie gleich an dieser Stelle einer näheren Untersuchung zu unterziehen und zu prüfen, welche Aufgaben dem Staate erwachsen, wenn er seine notwendige Herrschaft über den Boden auch in dem erforderlichen Maße auf den Meeresboden ausdehnen soll. Es ist ein großer Irrtum, zu glauben, daß die deutsche Seefischerei für das Binnenland kein besonderes Interesse habe und daß aus ihrer Förderung nur die Küstenstriche Vorteile ziehen. Die Hebung der Seefischerei ist vielmehr eine sozialpolitische und auch nationalpolitische Aufgabe des ganzen Reiches von nicht zu unterschätzender Bedeutung; sozialpolitisch insofern, als die Seefischerei dem ganzen Volke bis an die entferntesten Grenzen des Binnenlandes ein gutes und sehr billiges Nahrungsmittel zu liefern vermag, und nationalpolitisch, weil wir für unsere Kriegsflotte zum großen Teil auf die Mannschaften angewiesen sind, die aus der Schule der Seefischerei hervorgehen.

Wenn wir besonders die Beziehungen zwischen der Seefischerei und der Kriegsflotte ins Auge fassen, so ist ein Blick auf Frankreich recht interessant. In Frankreich legt man das stärkste Gewicht auf den Wert, den die Seefischerei durch die Ausbildung guter Seeleute hat; diesem Gewerbe, das mit Mangel an Geldmitteln, mit einem ungünstigen Klima, mit großen Anstrengungen und Gefahren zu kämpfen hat, wird daher rege Förderung zu Teil, besonders durch Steuerfreiheit, Ausrüstungs- und Produktionsprämien. In Frankreich besteht auch die besondere Einrichtung der sogenannten „Marineeinschreibung“, durch welche ein großer Teil der Küstenbevölkerung Frankreichs zum Dienst in der Kriegsflotte verpflichtet wird, und zwar gegen Gewährung gewisser Vergünstigungen. Der Staat sichert sich auf diese Weise die Heranbildung einer großen Zahl von Matrosen. Allerdings ist zu bedenken, daß die Bevormundung der Seefischerei durch die Kriegsmarine in Frankreich so weit geht, daß bei einer etwaigen Anwendung ähnlicher Maßnahmen in Deutschland mit größter Vorsicht und weiser Beschränkung vorgegangen werden müßte.

Einige Zahlen über den Umfang der Seefischerei mögen die Lage in Deutschland kurz illustrieren. (Für eingehendere Beschäftigung mit dieser Frage muß ich auf meinen Aufsatz über „Die Aufgaben des Deutschen Reiches gegenüber der Seefischerei" in Schäffles Zeitschrift f. d. ges. Staatswissenschaften, Tübingen 1898, verweisen.)

Nach der Berufszählung vom 14. Juni 1895 sind im Deutschen Reiche in der Seefischerei 10114 Personen erwerbsthätig, einschließlich der Dienenden und Angehörigen 33691 Personen. An der Seefischerei besonders stark interessierte, bezw. lediglich für sie arbeitende oder wesentlich von ihr beschäftigte Berufe sind neben den Fischern selbst die Fischhändler, die Fischereigerätschaften-Fabrikanten und -Händler, die Fischkonserven-Fabrikanten, die Fischerzeugstricker, die Fischkrämer, die Fischleimfabrikanten, die Fischmarinieranstalten, die Fischnetzmacher und Stricker, die Fischpökler, die Fischräucherer, -Röster und -Salzer, ferner besonders die Fabrikanten von Fischereifahrzeugen. Sie alle gehören zu der Zahl derer, die von der Seefischerei leben.

Was den Handel mit Seefischen in Deutschland anlangt, so hat die Einfuhr einen Wert von 50—60 Millionen Mark, während sich die Ausfuhr nur auf 7 Millionen Mark beläuft. Demnach muß Deutschland für ein Volksnahrungsmittel, das allen an das Meer angrenzenden Staaten in gleicher Weise zugänglich ist, rund 50 Millionen Mark jährlich an das Ausland abführen, weil es versäumt, sich selbst an der Ausbeutung der reichen Schätze des Meeres im notwendigen Maße zu beteiligen.

Die Einfuhr kommt in erster Linie aus Großbritannien, und zwar beziffert sich allein der Wert der von dort eingeführten Heringe auf 12½ Millionen, der Wert der anderen Seefische auf 3 Millionen; es folgen die Niederlande, Norwegen u. s. w.

Die Fangergebnisse der deutschen Seefischerei sind nur sehr schwer zu ermitteln und können im allgemeinen nur annäherungsweise geschätzt werden; der Ertrag der Ostseefischerei hat etwa einen Wert von 6 Millionen Mark, und auf dieselbe Summe beläuft sich der jährliche Erlös der großen Fisch-Auktionen in Geestemünde, Bremerhaven, Altona und Hamburg.

Um von der Bedeutung und dem Umfange der Seefischerei überhaupt ein kleines Bild zu geben, sei erwähnt, daß die gesamte Ernte aller an der Nordseefischerei beteiligten Nationen auf eine halbe Milliarde Mark, der Gesamtverbrauch der Erde an Fischen auf eine halbe Million Tonnen geschätzt wird — eine Menge Nahrungsstoff, die dem Fleisch von $1^1/_2$ Millionen Rindern gleichkommt. In Großbritannien allein liegen etwa 120000 Fischer in 37000 Fahrzeugen der Fischerei ob, die übrigens auf dem Lande mittelbar noch weitere 80 000 Menschen beschäftigt. Während in England in der Fischerei ein Kapital von etwa 100 Millionen Mark angelegt ist, verhält sich bei uns gerade das Kapital der Seefischerei gegenüber äußerst zurückhaltend, sehr zum Schaden dieses Gewerbes, sowie der breiten Massen des Volkes überhaupt, dem das billige und gute Massennahrungsmittel „Seefisch" in viel höherem Maße zugänglich gemacht werden müßte. Erst in allerjüngster Zeit hat hierin eine kleine Wandlung begonnen, und der außerordentliche Erfolg des ersten Unternehmens dürfte bald zur Nachahmung reizen. —

Zur Förderung der Hochseefischerei in Deutschland trug schon vor 130 Jahren Friedrich der Große durch mannigfache Unterstützung einer Heringsfischereigesellschaft bei. Dann trat jedoch eine lange Pause ein, und erst in den letzten Jahrzehnten sind wieder neue Schritte von Bedeutung gethan. In erster Linie ist bei uns der bereits oben genannte deutsche Seefischereiverein unablässig bestrebt, die deutsche Seefischerei zur Erfüllung ihrer wachsenden Aufgabe zu befähigen, indem er die Produktion hebt und die Lage der Fischer zu bessern sucht. Mancherlei Einrichtungen zur Abwendung oder Milderung der mit dem Fischereiberuf zusammenhängenden Gefahren; Belehrung der Fischer mittels Fischerschulen, Vorträgen und Ausstellungen; Verbesserung bestehender und Einführung neuer Betriebsarten; Aufsuchung und Untersuchung neuer Fischgründe; Hebung der sozialen Stellung des Seefischerstandes durch Wohlfahrtseinrichtungen; Beförderung von Maßnahmen zur Erleichterung und Verbilligung des Fischtransportes — das sind in der Hauptsache die Mittel, durch die das Endziel zu erreichen gesucht wird.

Von hervorragender Bedeutung für die Verbreitung der Seefische als Volksnahrungsmittel ist besonders die Hebung des Fischtransportes. Zunächst ist für denselben dadurch gesorgt, daß die Produkte der Seefischerei zum einfachen Frachtsatz als Eilgut befördert werden; freilich wird noch darüber geklagt, daß diese Maßnahme nicht weit genug ausgedehnt ist und daher einige Erzeugnisse vom binnenländischen Markte ausgeschlossen sind. Der Seefisch ist, als Transportobjekt betrachtet, ein leicht verderbliches, in den wichtigsten seiner Arten billiges; allgemeines Nahrungsmittel, das nur aus der See zu beziehen, für einen Massenabsatz aber auf die dicht bevölkerten Teile des Binnenlandes angewiesen ist. Er bedarf also, um nicht zu verderben, eines möglichst raschen Transportes bezw. künstlicher Mittel zur Erhaltung, sodann eines billigen Transportes, da er sonst nicht mehr als Volksnahrungsmittel dienen kann. Die Billigkeit des Transportes wird dadurch erschwert, daß der Transport stets nur in einer Richtung (landeinwärts) erfolgt, daß die Wagen daher oft leer zurückgehen müssen.

Ist der Seefisch also einmal auf schnellen und billigen Eisenbahntransport angewiesen, so macht er doch gleichzeitig für die Eisenbahnen besondere Schwierigkeiten, da er besonders gebaute Wagen erfordert, die obendrein nur während des halben Laufes benutzt werden. Gleichwohl zeigt ein Blick auf England, daß dort jährlich Seefische im Werte von mehreren 100 Millionen Mark befördert werden; und zwar zum großen Teil auf Entfernungen, welche derjenigen von Hamburg nach München gleichkommen; z. B. werden von Aberdeen nach London während der Hauptheringszeit täglich mehrere Spezialfischzüge mit Schnellzugsgeschwindigkeit befördert.

Die Transportfrage ist in Deutschland überhaupt noch sehr weit von einer befriedigenden Lösung entfernt. Das gilt gerade für Produkte, die als Volksnahrungsmittel in ausgedehntestem Maße Verwendung finden könnten; ich erinnere beispielsweise nur an den Obstbau, dessen Förderung in gleicher Weise den Konsumenten und den landwirtschaftlichen Produzenten die größten

Vorteile brächte. Nur darf der Transport von Ost- nach Westdeutschland nicht teurer und unbequemer sein, als von Amerika nach Deutschland! Durchgreifende Transporterleichterung könnte auf diesen Gebieten unübersehbaren wirtschaftlichen Nutzen schaffen, den gesamten Bodenwert, den Volkswohlstand, die Volksernährung, die nationale Produktion und die Unabhängigkeit vom fremden Boden bedeutend heben und fördern.

Die ungenügend entwickelten Transportverhältnisse tragen auch die Schuld daran, daß bei uns im Binnenlande der Fischkonsum noch sehr zurückgeblieben ist. Dr. Ehrenberg schätzt — in einem auf dem letzten Seefischereitage gehaltenen Vortrag — den Seefischkonsum in Berlin auf etwa 3—4 Pfund für den Kopf der Bevölkerung, den von London dagegen auf 72 Pfund. Der Umstand aber, daß London einen großen Teil dieser Fische auf dem weiten Weg von Aberdeen bezieht, thut dar, daß wir auch in ganz Süddeutschland eine weite Verbreitung dieses Volksnahrungsmittels ermöglichen könnten. Die lediglich dem Transport von Seefischen dienenden Sonderzüge in England erreichen bisweilen die Geschwindigkeit unserer besten D-Züge. In Deutschland haben wir eine befriedigende Verbindung von der Küste nach Berlin, aber gerade die Verbindung mit dem Westen und Süden, also mit dem — wegen des katholischen Glaubens der Bevölkerung — wichtigsten Absatzgebiete für Fische läßt noch viel zu wünschen übrig. In noch weit höherem Grade ist die Art der weiteren Verteilung der Seefische von den großen Hauptorten auf die kleinen Plätze mittels der Seitenlinien verbesserungsbedürftig.

Soweit ein täglicher Fischtransport durch besondere Fischzüge mit Schnellzugsgeschwindigkeit heute noch nicht thunlich oder angebracht ist, wäre es mindestens erforderlich, solche Züge in jeder Woche derartig zu befördern, daß nach allen Teilen Deutschlands und darüber hinaus nach der Schweiz, Oberitalien, Österreich frische Fische zu dem Hauptkonsumtage, dem Freitag, gelangen. Durch eine derartige massenhafte Einführung des billigen Seefisches würde eine weitere Einbürgerung und demgemäß ein gesteigerter Bedarf von selbst herbeigeführt werden. Daß der Konsum von Seefischen im Binnenlande noch einer sehr bedeutenden Steigerung fähig ist, wenn auch in Süddeutschland der Seefisch überall leicht und billig erhältlich ist, unterliegt keinem Zweifel. Gleichzeitig wird durch die Förderung des Konsums auch die Lage der deutschen Seefischer selbst gehoben, es werden also gleichzeitig zwei wichtige sozialpolitische Aufgaben erfüllt: Ein ganzer Stand von Leuten, die sich unter besonders großen Mühen und Gefahren ihr kärgliches Brod verdienen, wird gehoben, und dem Volke ein vortreffliches billiges Nahrungsmittel zugeführt.

So alt die Binnen- und Küstenfischerei ist, so jung und unentwickelt ist die deutsche Hochseefischerei; wenn ihre Entwicklung gefördert wird, vermag sie noch große Quellen billiger und guter Volksernährung zu erschließen und Tausenden einen, wenn auch keineswegs leichten Erwerbszweig zu erschließen.

Insbesondere ist die Entwicklung der großen Heringsfischerei in Deutschland bis zu dem Umfange, daß sie den Eigenbedarf Deutschlands ganz oder zum größten Teil deckt, im wirtschaftlichen und nationalen Interesse sehr wünschenswert, besonders angesichts der ungünstigen Lage der Küstenbevölkerung infolge des Rückganges der Segelschifffahrt, auch im Interesse der Kriegsflotte. Von diesem letzten Gesichtspunkte aus, den wir schon oben erwähnten, steigt natürlich die Bedeutung der Seefischerei mit dem wachsenden Bedarf unserer Kriegsflotte.

Die Sorge des Staates für den Boden, von dem das Volk sich ernährt, kann schließlich vor dem Meeresboden nicht Halt machen, sie muß auch in jenes weite und unsichere Gebiet hinausgehen.

Heute wenden wir diesen Dingen nur eine ungemein geringe Aufmerksamkeit zu, und unbesorgt nehmen die Völker von den natürlichen Gaben des weiten Meeres soviel, wie sie erhaschen können, oder überlassen einander eine beliebige Ausbeute.

Unsere Aufgabe aber ist es, die Schätze des Meeres nicht zu zerstören, sondern sie zu erhalten und dauernd anwachsen zu lassen. Die Meereskultur wird mit der Zeit eine unabweisbare Aufgabe der Menschheit.

Die erste Grundlage der Meereskultur ist eine wissenschaftliche Durchforschung der Meere. Sie hat uns zuerst gezeigt, daß wir auf die Flachseen angewiesen sind, daß der Ozean nicht den vermuteten Fischreichtum birgt, daß wir im Begriff stehen, die Fischbestände zu vernichten. Sie wird uns auch die Mittel zeigen, der Überfischung vorzubeugen und die Meere neu zu bevölkern. Die Untersuchung der Meere wird in Deutschland von einer zu diesem Zwecke eingesetzten königlichen Kommission, von der Biologischen Anstalt auf Helgoland und vom Deutschen Seefischereiverein gepflegt. Verschiedene Teile der Ost- und Nordsee sind wiederholt von eigens für die Untersuchung nach Fischgründen, Laichplätzen und dergl. ausgerüsteten Expeditionen durchforscht worden.

Von allgemeinem Interesse ist die erste deutsche Tiefsee-expedition, die am 1. Aug. d. J. unter Führung von Prof. Carl Chun ausgezogen ist. Dieselbe wird sich über ein weites Gebiet erstrecken und voraussichtlich sehr wertvolle Ergänzungen der bisher von anderen Staaten unternommenen Tiefseeforschungen sowie der deutschen Plankton-Expedition liefern. Nach den Ergebnissen jener älteren Forschungen ist jedoch anzunehmen, daß das Resultat, so wertvoll es für die Wissenschaft sein wird, für die Wirtschaft nur die Lehre bestätigen dürfte, daß wir auf eine Ergänzung unserer Fischbestände aus der Tiefsee nicht rechnen können und darum sparsam ausnutzen und wirtschaftlich pflegen müssen, was uns auf dem beschränkten Boden der Flachseen zur Verfügung steht.

Nur wenn Lebensweise und Wanderungen der einzelnen Fischarten bekannt sind, ist es möglich, ein wenig System in die alte Raubwirtschaft zu bringen, wirksame Schonmaßregeln zu treffen und Meereskultur zu treiben. —

Giebt man erst einmal der Überzeugung Raum, daß der Übergang zur Meereskultur mit der Zeit notwendig eintreten muß, wenn die Menschen sich nicht selbst der billigsten und reichsten Nahrungsquelle berauben wollen, so wird man sich aber auch einer weiteren Forderung nicht verschließen können, die übrigens bereits von der oben erwähnten englischen Parlaments-Kommission aufgestellt ist und auch auf deutscher Seite nur gebilligt werden kann. Es ist dies die Forderung einer Ausdehnung der Territorialgrenze auf dem Meere. Ein vorzüglicher Kenner der Seefischereiverhältnisse, Prof. Heincke, der Leiter der Biologischen-Anstalt auf Helgoland, ist mit den Urhebern des Planes der Ansicht, daß zunächst eine verhältnismäßig geringe Ausdehnung vollauf ihren Zweck erfüllen würde. Wenn die Grenze der Territorialmacht auf See, die gegenwärtig drei Seemeilen vom äußersten Punkt des Landes beträgt, auf zwölf Seemeilen vorgeschoben wird, und zwar nur in Bezug auf die Ausübung der Seefischerei, so erhält jeder Staat freie Hand in einem ziemlich großen und namentlich für die Fortpflanzung vieler Nutzfische und das Heranwachsen der Jungfische wichtigen Gebiete, und kann selbständig Schongesetze erlassen, die den örtlichen Verhältnissen angepaßt sind und bei den heimischen Fischern — die dann in diesem Gebiet das alleinige Fischereirecht haben — leicht durchgeführt werden können.

Es ist natürlich, daß an eine wirksame Meereskultur nicht gedacht werden kann, solange das Meer für die Fischerei in seiner ganzen Ausdehnung allen Staaten offen steht, so lange alle Völker ernten, was eins erarbeitet hat.

Heute klingt es utopisch, in irgend einer Weise an dem internationalen Charakter des Meeres rütteln zu wollen, allein ebensogut war es utopisch, an eine Landesgrenze zu denken, so lange keine Landeskultur nötig war. Ist doch, wie wir gesehen haben, zwischen unkultivierten Völkern auch jetzt noch von einer eigentlichen Grenzlinie keine Rede; die zu einer Luftlinie zusammengeschrumpfte Landesgrenze ist vollends erst ein Produkt höchster Kultur und relativer Übervölkerung. Wenn die Kultur aufhört, vor dem Meere halt zu machen, dann muß auch der völlig internationale Charakter des Meeres aufhören und für die Zwecke der Meereskultur eine nationale Grenze geschaffen werden. Soll der Raubwirtschaft auf dem Meere ein Ende gemacht werden, so muß die alte drei Meilen-Grenze fallen und für die Seefischerei die Grenze der nationalen Gebietshoheit beträchtlich weiter gezogen werden. Und mit der alten Raubfischerei muß gebrochen werden, wenn die Menschen nicht eins ihrer ältesten Gewerbe vernichten, eins der billigsten Nahrungsmittel zerstören wollen. In der Binnenfischerei ist der Anfang mit einer Wasserkultur gemacht, nachdem die Kultur viele Jahrhunderte lang auf das Land beschränkt gewesen. Doch bei dem Binnenmeer darf es nicht bleiben, auch die Flachsee als reichste Quelle der Fischproduktion muß kulturell gepflegt werden. Für die wachsende Menschheit werden die Grenzen der Landeskultur eines Tages zu eng, und sie muß ihr Auge richten auf das große neue Gebiet der Meereskultur.

Die Staaten müssen ihre Grenzen erweitern, neuen Boden

gewinnen und ihn auch dort der Mutter Erde abringen, wo das Meer ihn bedeckt — eine großartige friedliche Eroberung, bei der niemand verliert, sondern jeder Teil gewinnt, ein neuer Schritt auf dem weltgeschichtlichen Wege der Kultur und der wirtschaftlichen Eroberung des ganzen Erdballes und Erdbodens durch die Menschen.

Nachdem wir nunmehr den Anteil der einzelnen Staaten an der Verteilung des Erdbodens näher betrachtet und auch den Meeresboden in den Kreis unserer Untersuchungen hineinbezogen haben, bleibt noch die schon oben aufgeworfene Frage zu berücksichtigen, wie innerhalb der einzelnen Staaten der Boden unter die einzelnen Glieder der Volkswirtschaft verteilt ist, und welche Erscheinungen bei der Ausbreitung des Menschen über den Boden besonders zu beachten sind. Diese Frage führt uns im wesentlichen auf die Wanderungspolitik, die in der gesamten Politik und Wirtschaftsgeschichte eine führende Rolle spielt.

Da einzelne Teile dieses ungemein weiten Gebietes noch in den späteren Abschnitten zu berühren sein werden, andere von mir übrigens auch schon in der Schrift „Die Völkerwanderung von 1900" (Leipzig, Freund & Wittig) eingehender behandelt sind, bleiben hier nur einige bestimmte Punkte in Kürze zu erwähnen.

Die durch die wirtschaftlichen Verhältnisse bedingten Wanderungen einzelner Volksteile und ganzer Stämme von Scholle zu Scholle, wie sie die ganze Weltgeschichte durchziehen, haben die Entwickelung der Kultur entscheidend beeinflußt, weit über die wirtschaftlichen Verhältnisse hinaus, in alle Gebiete des menschlichen Lebens hineingreifend, insbesondere das gegenseitige Verhältnis der Geschlechter und das religiöse Leben bestimmend.

Die alten arischen Völker zumal waren völlig für die regelmäßigen Wanderzüge organisiert. Alljährlich wird zum Frühjahr die Scholle gewechselt. Da es gilt, neuen Boden für die Wirtschaft zu gewinnen, wobei Zusammenstöße mit fremden Stämmen unvermeidlich sind, sind diese Wanderzüge Kriegszüge. Der März, der Marsmonat, Kriegsmonat, ist die Zeit des Aufbruchs, der Wanderungsmonat, namentlich für den römischen Volksüberschuß (ver sacrum!), während im höheren Norden, für die germanischen Hirten und primitiven Ackerbauvölker, eine Verschiebung in spätere Zeiten eintritt (Maifeld). Der Soldat, der wehrfähige Mann beherrscht naturgemäß diese Züge. Diese Thatsache ist ausschlaggebend für die Stellung der Frau zu jener Zeit, und in den Folgen bis weit in unsere Tage hinein. Die Wanderzüge, mit denen die alte Wirtschaft steht und fällt, die für die primitiven Stämme unentbehrlich sind, müssen, wie gesagt, Kriegszüge sein. Demnach ist der Krieg eine mit notwendiger Regelmäßigkeit wiederkehrende Erscheinung und die Grundlage jener alten Volks- und Wirtschaftsverfassung.

Der Wehrstand ist der Urstand des deutschen Volkes. Die Organisation der alten deutschen Stämme, wie Tacitus sie uns schildert, war durch und durch auf den zur regelmäßigen Eroberung neuen Bodens notwendigen Krieg eingerichtet; der Soldat regierte den Staat, er war der Vater des Vaterlandes. Und wie sollte es anders sein! Ist doch der Krieg in alten Zeiten schließlich nicht der Feind und Zerstörer der Kultur, sondern der Kulturgründer; der Krieg hat die Zustände geschaffen, auf deren Grund erst eine neue Kultur zu erwachsen vermochte, der Krieg hat die Stämme in fortgesetzter Thätigkeit erhalten, sie gezwungen, sich zu rüsten und dauernd alle Kräfte aufs Äußerste anzuspannen. Wie die modernen Staaten für die Wirtschaft organisiert sind, wie die Nationalwirtschaft die Kräfte jedes Einzelnen fortwährend in Thätigkeit setzt und in Anspruch nimmt, wie die Nationalwirtschaft das Gedeihen und die Kultur des Volkes bestimmt, so bestimmte der Krieg das Wesen und Sein der alten Staaten.

Nun ist aber durch die wirtschaftliche Organisation die kriegerische keineswegs völlig abgelöst, der Wehrstand ist nicht einfach durch den Nährstand ersetzt — der Nährstand kann den Wehrstand auch heute nicht entbehren, da der Wehrstand ihm die Herrschaft über den Boden sichert und die teilweise Abhängigkeit vom fremden Boden ausgleichen muß; nach wie vor muß der Wehrstand eine wichtige Stellung einnehmen, wenn auch nicht mehr die einzig führende, wie vor Jahrhunderten.

Damals war der Staat der Inbegriff der wehrfähigen Männer; in ihrer Hand lag die Regierungsgewalt, ja in ihrer Hand lag das Recht überhaupt. Nur der Wehrfähige war mündig. Das ist das Charakteristische jener Zeit, daß auch das Privatrecht ebenso durch die Wehrfähigkeit bestimmt war, wie das öffentliche Recht, die Teilnahme an der Regierung. Entsprechend der neben die Kriegsorganisation tretenden Wirtschaftsorganisation des modernen Staates hat sich das Privatrecht von dem öffentlichen Rechte losgelöst, ist es von der Wehrfähigkeit völlig unabhängig geworden. Das Privatrecht kennt keinerlei Schranken oder sollte zum mindesten keinerlei Schranken kennen. Anders das öffentliche Recht, das noch heute in vollem Umfange nur dem zukommt, der zur Erfüllung seiner öffentlichen Pflichten in vollem Umfange herangezogen werden kann.

Wem wollte es wohl einfallen, die unentbehrlichen Dienste, die die Frau dem Vaterlande leistet, bestreiten oder herabsetzen zu wollen? Gleichwohl bleibt die Grenze der Wehrfähigkeit bestehen, und sie bildet noch heute, wenn auch bei weitem nicht in jenem strengen Maße wie vor Zeiten, für uns Deutsche die Grenze der Frauenfrage.

Während der Frau im Privatrecht *restlose Gleichberechtigung* zukommt, bleibt das öffentliche Recht in seinen *wesentlichsten* Teilen das Recht der zu des Vaterlandes Wehr berufenen Männer, solange der Krieg nicht aus der Welt geschafft ist. Die *politische* Gleichberechtigung der Frau ist für die aktiv am wechselvollen Laufe der Weltgeschichte beteiligten Staaten eine Utopie, die sich absolut deckt mit der Utopie des ewigen Friedens: Sobald kein Wehrstand mehr nötig, sobald diese höchste Pflicht des Mannes, sein Vaterland mit seinem Blute zu verteidigen, verschwunden ist, alsobald hört auch jeder öffentlichrechtliche Vorzug des Mannes von selbst auf. Es ist kein Zufall, daß die extremsten Frauenrechtlerinnen beiderlei Geschlechts zugleich die eifrigsten Verfechter der Idee des ewigen Weltfriedens sind. Ob dementsprechend auch Graf Murawiew den Frauen Rußlands das politische Stimmrecht zugedacht hat, ist noch unaufgeklärt — — —

Einstweilen aber haben wir trotz des Überwiegens der wirtschaftlichen Organisation nach wie vor unsere starke kriegerische Organisation; einstweilen ist der wehrfähige Mann noch der Schutz und der Kern des Volkes; er kann ebensowenig auf sein Vorrecht im öffentlichen Leben verzichten, wie er auf privatrechtlichen Vorrechten noch irgend einen triftigen Grund hat zu bestehen. Diese u. a. von *Sohm* vertretene scharfe Scheidung bleibt in Deutschland in dem Grade ausschlaggebend, als der Wehrstand seine Bedeutung behält, als das Reich seinen Boden verteidigen und bestrebt sein muß, seine gesamte Wirtschaft in letzter Linie auf den eigenen Boden zu stützen — wo immer er auch liegen mag.

Eine ungleich höhere Bedeutung hatte diese Scheidung der Geschlechter natürlich, als das Volk sich noch fortdauernd auf seinen Wander- und Kriegsfahrten befand, als sich alljährlich der Kampf um den ganzen überhaupt zu besetzenden Boden wiederholte.

Sobald auf niedrigster Kulturstufe eine gewisse Übervölkerung eintrat und den Stamm nötigte, vom Nachbarstamme Land zu erzwingen, wurden die Weiber für die notwendigen Kriegszüge ein unbequemer Ballast, und es war erklärlich, daß man bald zur Tötung besonders der neugeborenen Mädchen überging. Dadurch aber entstand die vielfach anzutreffende große Differenz zwischen der Zahl beider Geschlechter bei dem einzelnen Stamme, die nun zu dem allbekannten Weiberraub zwang. — So erzählt auch Heinrich Zimmer in seinem „Altindischen Leben“:

„Töchter zu haben ist ein Jammer, Söhne bilden den Ruhm und Stolz des Vaters.“ In der Aussetzung der Töchter erblickt die Volksmoral nichts anstößiges. Selbst so tiefgreifende Wandlungen, wie den Übergang von der Vielweiberei zur Monogamie hatten die steten Wanderzüge zur Folge; auch dieser große Umschwung vollzog sich während der arischen Wanderungen, da, um das Vordringen zu erleichtern, eben nur möglichst wenig Frauen mitgenommen werden durften.

Während im allgemeinen die Mitnahme der lästigen Jungfrauen verpönt war, wurde mit einigen wenigen eine Ausnahme gemacht; es waren das solche, die sich auf die damals noch wenig verbreitete Kunst des schnellen Feuermachens verstanden. Zu diesem Amte waren, wie Ihering geistvoll schildert, gerade Jungfrauen nötig, da die Männer sowohl wie die Mütter nicht die Zeit dazu fanden. Diese Feuermacherinnen genossen in der Ausübung ihrer schwierigen Kunst großes Ansehen — sie bilden den Ursprung der spätern römischen Vestalinnen.

Hier sehen wir bereits den Zusammenhang religiöser Bräuche

mit den alten Wanderzügen. Noch deutlicher tritt derselbe hervor, wenn wir an die alten Priester denken. Die Pontifices waren, wie schon der Name sagt, nichts anderes als — Brückenmeister. Für das wandernde Volk ist die Kunst des Brückenschlagens von hoher Wichtigkeit, und der sie versteht, genießt ganz besondere Verehrung. Erklärt sich schon hieraus seine Würde, so lassen sich auch seine weiteren priesterlichen Ämter auf dieselbe Quelle zurückführen. Zunächst verletzt in den Augen des sinnig alles belebenden Heiden das Brückenschlagen den Flußgott, weshalb demselben Opfer gebracht werden müssen. Erklärlicher Weise werden in erster Linie die Greise geopfert, die er ohnehin am leichtesten erhaschen würde und die dem Stamm am unbequemsten sind.

Ohne auf weitere Bräuche einzugehen, mag nur darauf aufmerksam gemacht werden, daß die Brückenmeister der Zeichenkunst kundig sein mußten, woraus sich leicht ergiebt, daß die Pontifices mit zu den ersten Schreibkundigen wurden, auch durch diese hohe Kunst fernerhin ihre Stellung behauptend und festigend.

In gleicher Weise steht — auch hierin folgen wir Ihering — das Amt der Vogel- und Eingeweideschauer, stehen die Auguren und Auspizien in engstem Zusammenhange mit den Wanderzügen. Aus dem Zuge der Vögel wird die Richtung erspäht, die voraussichtlich in gute Gegend führen wird, während aus dem Inhalt der Eingeweide des Viehs der eben gewonnene Boden auf die Gesundheit seiner Futterpflanzen, aus der allgemeinen Beschaffenheit des Schlachtviehs auf die Fruchtbarkeit des Bodens und Klimas geschlossen wird. Es liegt, wenn man auf den Ursprung, auf die alte Wanderzeit zurückgeht, ein tiefer Sinn in diesen so oft als eitel Humbug betrachteten religiösen Übungen.

Fassen wir speziell wieder die altgermanischen Wanderjahre ins Auge, so finden wir in ihnen auch neben der öffentlich-rechtlichen Stellung der beiden Geschlechter die wesentlichsten Grundlagen der deutschen Verfassung, wie sie im innersten Kern bis auf unsere Tage erhalten und fortgebildet ist. Wenn das Volk auszog zur neuen Wanderung, zum neuen Kampf, dann trat die Gemeinschaft aller Wehrfähigen zusammen; solange die Stämme noch so klein waren, daß eine Versammlung des ganzen Stammes unschwer erfolgen konnte, so klein, daß die Stimme eines Redners in der allgemeinen Sitzung noch durchzubringen vermochte, bedurfte es keiner besonderen Vertretung des Volkes; das ganze Volk, die Gesamtheit der freien Männer, beriet gemeinsam über die Haupt- und Staatsangelegenheiten der bevorstehenden Wanderung. Mit dem Wachsen des Stammes und Staates ergab es sich von selbst, daß nicht mehr die ganze Schar der freien Männer sich versammelte, und daß die Vertretung des Volkes immer mehr in die Hände Einzelner gelegt wurde, der Männer, die den größten Einfluß, die überzeugendste Redekraft, das größte Ansehen besaßen. Die Häuptlinge als geborene Vertreter des Volkes bildeten, wenn man so sagen will, das Parlament.

Bei allen Wandlungen seiner Verfassung ist das deutsche Volk dieser alten Art der Herrschaft im Grunde doch treu geblieben, auch heute ist der Kern der alte, so sehr er auch durch die neue Schale verhüllt ist. Auch unsere Volksvertretung hat, so seltsam es zunächst klingen mag und so sehr die Thatsache heute verwischt ist, doch einen aristokratischen Kern; ihre Grundidee ist, daß sie die geborenen Volksvertreter umfassen soll, nicht die von bestimmten Gruppen abgesandten automatischen Puppen, die nur einen engen Wählerkreis und beschränkte Interessen vertreten. Die Abgeordneten werden zwar von bestimmten Gruppen gewählt, sie sind aber an Aufträge und Instruktionen nicht gebunden. Sie sind Vertreter des ganzen Volkes, der ganzen deutschen Nation — Vertreter des größeren Deutschlands! Der Wähler ist kein Auftraggeber; er hat nur die Auswahl zu treffen, seine Aufgabe ist es, den geborenen Volksvertreter herauszufinden, der weit über dem beauftragten Vertreter einzelner Interessen steht.

Freilich, wir haben diesen von den Urvätern überkommenen Gedanken heute leichten Herzens vergessen und schicken nicht die wahren, großen Vertreter des ganzen Volkes, sondern mit Vorliebe die Vertreter einer bestimmten Interessengruppe, sei sie groß oder klein, in unsere Parlamente. Das Ansehen der Volksvertretung würde wahrlich nicht wenig gewinnen, wenn wir uns wieder mehr ihres Ursprunges aus der Zeit der Wanderungen erinnerten, und die geborenen „Häuptlinge", die großen, zur Führung berufenen Geister anstatt kleinlicher

Interessenvertreter wählten. Der ungeheuer komplizierte Regierungsapparat der modernen Großstaaten erfordert ohnehin durchaus und in allen Teilen den Fachmann, neben dem der Parlamentarier nur ein Kontrolle auszuüben und als Sprachrohr der Volksseele und des Zeitgeistes Anregungen zu geben vermag. Der einzelne „Bürger“ aber ist weiter denn je davon erntfernt, das Ganze übersehen zu können und über die politische Kannegießerei hinauszukommen. Der Hauptkreis seiner „staatsmännischen“ Bethätigung liegt in den Gemeinden. Nichts ist verkehrter als den Maßstab der alten griechischen Stadtstaaten immer noch an die riesigen Verhältnisse des heutigen Weltstaates zu legen. Der einzelne Bürger hat keinen direkten Anteil an der Regierung und kann ihn nicht mehr haben — wohl aber kann und soll er dem regierenden Fachmann den geborenen Volksvertreter an die Seite stellen. — — —

Wenn die Wanderungen in späterer Zeit auch nicht mehr in der oben skizzierten Weise das gesamtpolitische, wirtschaftliche und religiöse Gebiet beherrschen, so bleibt ihre wirtschaftliche, politische und soziale Bedeutung doch zu allen Zeiten sehr groß. Auch wenn die Völker längst seßhaft geworden sind, geht doch stets der Strom der Menschen hinüber und herüber, wechseln doch stets Millionen ihre Scholle, verlassen Hunderttausende ihr Vaterland. Wir brauchen garnicht einmal an die ganz großen Züge zu denken, die Völkerwanderung, den Zug des Islam, die Kreuzzüge — auch die heutige innere und äußere Kolonisation, die Binnen- und Auswanderung genügen vollkommen.

So schädlich diese Wanderzüge wirken können, wenn sie sich ohne Plan und in verkehrter Richtung bewegen, so sehr waren stets die Zeiten planmäßiger Wanderung, planmäßiger innerer und äußerer Kolonisation, energischer Besiedelung des für die Nationalwirtschaft notwendigen Bodens, eine Zeit reichsten Segens, größter Kulturfortschritte, höchster wirtschaftlicher und sozialer Blüte. Es sei nur an die wirtschaftliche Glanzepoche in den ersten Jahrhunderten unseres Jahrtausends erinnert, eine Glanzzeit, die ihren Grund lediglich darin hat, daß die europäischen Völker damals den größten Teil ihrer wirtschaftlichen Arbeitskraft auf die Kolonisation ihrer Länder verwenden konnten.

Ich übergehe weitere Einzelheiten und möchte nur noch einen ganz kurzen Blick werfen auf die Bodenbesiedelung in dem ersten Jahrzehnt der Regierung unseres gegenwärtigen Herrschers. Bei unbefangener Betrachtung müssen wir erkennen, daß die Wanderungspolitik in diesem Abschnitte wieder eine ganz besondere Beachtung verdient. Sie selbst ist jetzt an einen gewissen Abschnitt gelangt, der aber durchaus nicht etwa einen, wenn auch nur vorläufigen, Abschluß bedeuten soll. Es ist im Gegenteil in diesem Abschnitt erst ein Fundament geschaffen, auf dem nun rüstig weiter gebaut werden soll, der allgemeinen Bedeutung der Wanderungspolitik entsprechend. Wenn ich nur zwei für die beiden Teile der Wanderungspolitik — die innere und die äußere Kolonisation, Binnenwanderung und Auswanderung — besonders wichtige Punkte aus dieser Zeit herausgreifen soll, so nenne ich auf der einen Seite die Erwerbung von Kiautschau, auf der anderen die Erneuerung des 100-Millionen-Fonds für die Ansiedelungen im Osten. Neben diesen wesentlichsten Thatsachen ließe sich noch manche andere anführen; so für die äußere Kolonisation das Auswanderungsgesetz mit unverkennbarer Anbahnung künftiger Erwerbungen in Südamerika, und die enge Verbindung mit der Türkei, für deren Unterstützung im letzten Kriege wir den Lohn in der weiteren Erschließung des Weges durch Kleinasien und nach dem Persischen Meer suchen, wie wir den Lohn für die Unterstützung Chinas nach dem Kriege mit Japan in Kiautschau gefunden haben — so für die innere Kolonisation der betreffende Teil des Bielefelder Programms, die Unterstützung des ländlichen Genossenschaftswesens mit besonderer Rücksicht auf die neuen Ansiedlungen u. s. w.

Den Wanderungen der Volksmassen, die in der Geschichte aller Zeiten und Völker eine überragende Rolle spielen, sind durch diese Politik gewisse Bahnen gewiesen, die im nationalen und sozialen Interesse gerade wegen der allgemeinen, hohen Bedeutung dieser Wanderungen von größerer Wichtigkeit sind, als vielleicht irgend ein anderer Zug der Politik des neuen und neuesten Kurses.

Nationalen Interessen dient nicht nur die planmäßige Leitung der Auswanderung, die bisher so schmerzlich vermißt wurde und deren Mangel dem deutschen Reiche Millionen seiner Bürger gekostet hat, sondern nicht minder auch die Leitung der

Binnenwanderung durch die innere Kolonisation. National ist diese Maßnahme zunächst in demselben Sinne, wie überhaupt jedes Mittel zur allgemeinen Förderung der nationalen Wirtschaft oder eines ihrer wesentlichen Zweige, national aber auch im engeren Sinne dadurch, daß sie in den Dienst der Förderung des Deutschtums in der Ostmark gestellt ist, der Polonisierung direkt entgegentritt und durch maßvolle Beschränkung des vielfach auf slavische Zuwanderung angewiesenen Großgrundbesitzes auch indirekt dem weiteren Eindringen slavischer Elemente Einhalt thut.

Ferner ist diese Wanderungspolitik durch und durch sozial. Die äußere Kolonisation erschließt der deutschen Industrie neue Märkte und beschäftigt Tausende und Abertausende von Händen im Mutterlande; die innere Kolonisation ist vollends unbestritten eine der wertvollsten Maßregeln zum sozialen Ausgleich, zur Hebung der sozialen Lage weiter Kreise nicht nur auf dem Lande, sondern ebensogut in den Städten — infolge der Verminderung des Stromes nach der Stadt, der Landflucht und der Arbeiterreservearmee.

An kaum einem anderen Punkte in der gegenwärtigen Politik können wir so befriedigt in die Vergangenheit und so zuversichtlich in die Zukunft blicken, wie gerade in Sachen der nationalen und sozialen Wanderungspolitik; vielleicht mehr zuversichtlich in die Zukunft, als befriedigt in die Vergangenheit — denn noch ist auf diesem Gebiete viel, sehr viel zu thun übrig. Die Hauptsache aber ist doch schließlich, daß der rechte Weg eingeschlagen ist und hoffentlich auch fernerhin beschritten wird — obschon wir uns der Befürchtung nicht verschließen können, daß in der äußeren Wanderungspolitik auch neuerlich wieder verhängnisvolle Schwankungen drohen mögen.

Fassen wir besonders den Teil der Wanderungspolitik ins Auge, der sich auf die Binnenwanderung erstreckt — die innere Kolonisation —, so unterliegt es keinem Zweifel, daß die Resultate bisher doch noch recht gering sind und daß noch sehr rüstig auf dem Felde weiter gearbeitet werden muß. Indessen wollen wir eins nicht übersehen: So außerordentlich hoch wir auch die innere Kolonisation schätzen, so sehr wir auch einen energischen Fortgang wünschen — auch hier haben wir allen Grund zu sagen: Herr behüte uns vor unseren Freunden! D. h. vor jenen übereifrigen Freunden, die ihren Blick ganz ausschließlich auf diesen einen einmal ins Auge gefaßten Punkt richten und wild auf das Ziel losstürmen, gleichviel, welche Verwüstungen sie auf dem Wege anrichten, über wie viel Leichen sie hinwegstürzen.

Diese gefährlichen Freunde sind diejenigen Politiker, die von heute auf morgen das ganze Land an viele Millionen kleiner Bauern verteilen, den größeren Grundbesitz absolut vertilgen wollen und kein Mittel zu diesem Zwecke scheuen. Gerade diejenigen, denen an einem wirklich gedeihlichen Fortgang des Werkes gelegen ist, haben Grund genug, gegen diese gefährlichen Freunde aufzutreten, die nur geeignet sind, das ganze Werk der inneren Kolonisation in Mißkredit zu bringen. Aus dieser Veranlassung sehe ich mich gezwungen, abermals auf die hier behandelten Fragen einzugehen, obwohl ich mich früher bereits in der oben genannten Broschüre des längeren damit beschäftigt habe.

Man kann der inneren Kolonisation so sympatisch als irgend möglich gegenüberstehen, eine gewisse Vorsicht und ein Maßhalten ist doch unter allen Umständen angebracht. So erwünscht auch der Ankauf und die Parzellierung der wirtschaftlich rückständigen Großgüter ist, so bedenklich ist es, auch den wirtschaftlich fortgeschrittenen Großgrundbesitz in Bausch und Bogen aufteilen und gar zwangsweise expropriieren zu wollen. —

Gerade als entschiedener Freund einer sehr ausgedehnten inneren Kolonisation hat man, wie gesagt, doppelt die Pflicht, derartigen „uferlosen" Übertreibungen scharf entgegen zu treten. Mit der gewaltsamen Ausrottung des Großgrundeigentums ist die soziale Frage noch lange nicht gelöst! Diese Ideen müssen abgeschüttelt werden, wenn der vernünftige Fortgang des Werkes nicht gefährdet werden soll. Und ein vernünftiger, entschiedener Fortgang der inneren Kolonisation ist und bleibt ein Ziel, aufs innigste zu wünschen.

Durch die innere Kolonisation wird der Staat erst völlig Herr seines eigenen Bodens, während er durch die äußere Kolonisation ergänzt, was dieser ihm nicht zu bieten vermag, teils für die unmittelbare Ernährung des Volkes, teils für seine industrielle Beschäftigung, den Absatz seiner Erzeugnisse. Um schwere Mißverständnisse zu vermeiden, mag es nochmals ausdrücklich betont sein: Wir wollen, wenn wir die fundamentale

Bedeutung des Bodens immer wieder in den Vordergrund rücken, nicht etwa zurückfallen in die alten Fehler längst überwundener Wirtschaftslehren; wir wollen auch nicht die eminente Bedeutung der Industrie und des Tauschverkehrs für die modernen Staaten irgendwie herabsetzen; wir wollen ebenso wenig etwa behaupten, daß ein Staat nur als Agrarstaat bestehen könne — vielmehr muß jeder unbefangene Beobachter ohne Zweifel zugeben, „daß ein moderner Staatsorganismus eine entwickelte Großindustrie garnicht entbehren kann, wenn er dem größtmöglichen Teil der Bevölkerung ein menschenwürdiges Dasein verschaffen, den Kulturfortschritt nicht hemmen will" — wie selbst ein sehr entschiedener Verfechter der landwirtschaftlichen Interessen, Dr. Ballod, schreibt. Daran aber müssen wir festhalten, daß in den großen weltgeschichtlichen Verwickelungen, denen wir über kurz oder lang unweigerlich entgegengehen, nur der Staat bestehen kann, der seinen Boden — im weitesten Sinne — beherrscht, d. h. den Boden, von dem seine Bevölkerung sich direkt und indirekt, durch die Früchte des Ackers sowohl wie durch die Herstellung und den Austausch industrieller Erzeugnisse, ernährt. Dazu gehört — wie schon oben betont — keineswegs nur der Boden des Mutterlandes — dazu gehören Ackerbaukolonien sowohl wie Kolonien, die für die Industrie Rohstoffe liefern und einen Absatzmarkt bilden, dazu gehört der schwimmende Boden einer starken Flotte, die den Zusammenhang mit den Kolonien und den sonstigen Ländern des notwendigen Tauschverkehrs sichert, dazu gehört als friedlichstes Glied endlich der Boden befreundeter Nachbarstaaten, mit denen sich der Staat durch enge und feste Zollbünde zwecks gegenseitiger Ergänzung und gegenseitiger Abwehr gemeinsamer Feinde zusammenschließt.

Die drei modernen Riesenreiche sind in der Lage, ihren gesamten Bedarf selbst zu decken — denn auch England kann sich im Notfalle lediglich auf seine Kolonien stützen, mit denen es sich immer enger zusammenzuschließen sucht, und mit denen es außerdem durch eine mächtige Flotte verbunden ist. Ebenso kann Frankreich seinen Nahrungsmittelzuschuß aus seinen Kolonien decken. Deutschland dagegen, das einstweilen weder Ackerbau-, noch hinreichende Absatzkolonien, noch eine mächtige Flotte besitzt, hat allen Grund, bei Zeiten dafür zu sorgen, daß es in dem unerläßlichen Umfange Herr des Bodens wird, dessen seine Wirtschaft bedarf. Daher ist unsere erste und dringendste Aufgabe eine große und kräftige deutsche Wanderungspolitik.

Kommt in der Wanderungs- und Siedelungspolitik der Einfluß des Bodens auf die gesamten wirtschaftlichen, sozialen und politischen Verhältnisse am deutlichsten zum Ausdruck — es ließe sich unschwer nachweisen, daß die jeweilige Art der Wanderungen und Siedelungen zu allen Zeiten das Fundament des sozialen Baues liefert — so ist es nur natürlich, daß der besiedelte, die Grundlage der Wirtschaft bildende Boden auch in den weiteren Ausgestaltungen und Erscheinungen des staatlichen Lebens eine führende Rolle spielt. In erster Reihe wird niemals, auch nicht bei schärfster Ausbildung des Privateigentums, der Gedanke völlig auszulöschen sein, daß jene natürliche Grundlage, aus der die gesamte Wirtschaft erwächst, jene Grundlage, mit der die Existenz des Staates aufs engste verknüpft ist, in letzter Linie Eigentum der Gesamtheit, Eigentum des Staates ist. Mag das Privateigentum an Grund und Boden auch noch so weit ausgebildet sein — der ideelle Obereigentümer ist und bleibt doch der Staat, der ohne die enge Verbindung mit dem Boden, ohne die Umfassung eines bestimmten Teiles der Erde einfach undenkbar ist.

Dieser Gedanke kommt im staatlichen Leben in den verschiedensten Formen zum Ausdruck, von dem thatsächlichen Gesamteigentum an Grund und Boden, von der Allmende bis zur „einzigen Grundsteuer" und selbst bis zu der staatlich nicht erhobenen, gleichwohl aber weiterlebenden Grundsteuer von heute — ganz abgesehen von den — über das Ziel hinausschießenden — modernen Bestrebungen, die auf eine neue Verstaatlichung oder besser Vergemeindlichung von Grund und Boden ausgehen. (Zu diesem letzteren Punkte sei hier nur ganz allgemein bemerkt, daß unsere „Staatssozialisten" in der Regel viel zu sehr den Blick auf den größesten sozialen Körper richten und die Bedeutung der kleinen Verbände, der Gemeinden, übersehen. In der That liegt uns aber in vielen Beziehungen der Kommunismus bezw. Kommunalismus, die Gemeindewirtschaft, viel näher als der Staatssozialismus, und es ist sehr zu bedauern, daß der

Kommunalismus in manchen Dingen bei uns viel zu wenig entwickelt ist — Gemeindebesitz an Grund und Boden, gemeindliche Leitung der städtischen Verkehrsmittel xc.)

Was insbesondere die Grundsteuer angeht, so haben wir schon weiter oben gesehen, welche Rolle dieselbe in einzelnen nationalökonomischen Systemen gespielt hat. Es gab eine Zeit, in der die Grundsteuer als einzige Steuer angestrebt wurde, da man glaubte, die ganze Produktion und alle aus ihr fließenden Einnahmen am besten zu treffen, wenn man den Boden, aus dem alle Produkte hervorgehen, mit einer entsprechenden Steuer belegte.

Heute will man aus technischen Gründen von der Grundsteuer wenig wissen; in Preußen wird sie beispielsweise als Staatssteuer nicht mehr erhoben und nur noch den Gemeinden überlassen. In der That bietet die Grundsteuer für eine gerechte Besteuerung außerordentliche Schwierigkeiten; anderseits aber scheint es schlechthin selbstverständlich, daß der Staat, der nur in der und durch die Verbindung mit dem Boden existiert, als ideeller Obereigentümer von dem privaten Grundbesitzer einen Zoll erhebt. Der Staat ist der Herr des Bodens; der einzelne genießt den Vorteil aus all jenen Maßnahmen von Staat und Gemeinde, die den Wert des Bodens im allgemeinen und eines bestimmten Grundstückes im besonderen heben — und der Einzelne sollte dem Staat keinen Tribut entrichten, sollte von dem Gewinn, den Staat und Gemeinde ihm verschaffen, nicht an beide Teile ein Geringes abgeben? (Voraussetzung ist freilich, daß der Staat thatsächlich zur Erhaltung oder Hebung, nicht aber zur Verminderung des Bodenwertes beiträgt!).

Die Hauptschwierigkeiten der Grundsteuer haben ihren Grund in der Unbeweglichkeit der Steuer gegenüber dem schwankenden Werte des Objektes, das sie treffen. Die Veranlagung zur Grundsteuer ist umständlich und kostspielig, und ihre Änderung ist gleichfalls jedesmal mit bedeutenden Umständen und Kosten verknüpft. Es ließe sich aber wohl schließlich ein anderer Modus finden, als der unendlich schwerfällige Katasterapparat. Vor allem ist es jedenfalls vom Standpunkte der Billigkeit absolut nicht zu rechtfertigen, wenn die Gesamtheit durch allerlei Aufwendungen den Wert gewisser Grundstücke wesentlich erhöht und der Einzelne ohne jede Gegenleistung den Gewinn davonträgt. Es muß also ein Weg gefunden werden, um die Grundsteuer beweglicher zu machen, sie den jeweiligen Verhältnissen enger anzupassen, ihr die mannigfachen Härten, Schwächen, Ungerechtigkeiten und Unbequemlichkeiten zu nehmen.

Fallen auf dem platten Lande die Härten und Umständlichkeiten der Grundsteuer am meisten ins Gewicht, so tritt in den Großstädten namentlich die unbillige Bereicherung einiger Weniger auf Kosten der Gesamtheit besonders scharf hervor. Demgemäß gehen die auf dem Gebiete der Grundsteuerreform gemachten Vorschläge auch immer wieder darauf aus, einerseits jene Härten und Unbequemlichkeiten zu beseitigen, und andererseits die großstädtische Grundstücks- und Gebäude-Spekulation in billiger Weise zu treffen.

Mit Rücksicht auf diesen zweiten Punkt hat man gelegentlich eine durchgreifende Reform vorgeschlagen, die sich aber nur auf die städtische Grundsteuer bezieht; ich glaube wohl, daß sich entsprechende Maßnahmen verallgemeinern ließen und nach allen Seiten, sowohl in der Stadt wie auf dem platten Lande, den gewünschten Erfolg haben könnten. Ein derartiger Plan ließe sich in den Grundzügen etwa folgendermaßen formulieren:

1. Alle bestehenden staatlichen und kommunalen Grundsteuern kommen in Wegfall und werden durch eine neue Grundsteuer ersetzt.

2. Diese Grundsteuer steht auf dem Boden der Selbsteinschätzung. Der Wert des Grundstückes, und zwar der jeweilige Verkehrswert, wird durch jährliche Einschätzung des Besitzers festgestellt.

3. Der durch Selbsteinschätzung ermittelte Wert ist unbedingt bindend; eine Taxierung von seiten des Staates bezw. der Gemeinde darf der Steuer auch dann nicht zu Grunde gelegt werden, wenn die Richtigkeit der Selbsteinschätzung in Zweifel gezogen werden muß. In diesem Falle steht jedoch dem Staat bezw. der Gemeinde das Enteignungsrecht zu dem durch Selbsteinschätzung ermittelten Preise zu, und zwar hat, wenn das Recht von beiden Seiten geltend gemacht wird, die Gemeinde den Vorzug.

4. Von dem durch Selbsteinschätzung ermittelten Werte können — im einzelnen näher festzusetzende — billige Abzüge gemacht werden; und zwar bleiben steuerfrei:

a) ein Existenzminimum;
b) die auf dem Grundstücke lastenden:
α. öffentlichen Abgaben und
β. Schulden. (Letztere nicht unbedingt; es werden hier im einzelnen scharfe Grenzen zu ziehen sein, um einerseits die schwächeren Schultern nicht übermäßig zu belasten, anderseits aber auch nicht etwa eine Prämie auf das Schuldenmachen zu setzen).

5. Der nach diesen Abzügen verbleibende Rest des Verkehrswertes wird — nach gleichfalls näher festzusetzenden — stark progressiven Sätzen versteuert. Auch hier hat die Gemeinde wiederum vor dem Staate den Vorzug, indem die Staatssteuer nur niedrig bemessen, den Gemeinden (insbesondere den städtischen) aber ein weiterer Spielraum gelassen wird. In Zeiten, in denen staatliche Maßnahmen auf anderen Gebieten (Handelspolitik) nicht eine Erhaltung oder Hebung, sondern eine notorische Verminderung des Bodenwertes bewirken, ist die Erhebung der staatlichen Grundsteuer vollständig auszusetzen.

Der Zweck einer derartigen, auf dem Boden der Selbsteinschätzung nach Art der preußischen Einkommensteuer stehenden Grundsteuer wäre folgender:

Die großen Unbequemlichkeiten, Kosten und Härten der alten Katastersteuer wären mit einem Schlage durch die denkbar einfachste Art der Erhebung beseitigt.

Die Höhe des zu besteuernden Wertes wäre auf die billigste Weise (in doppeltem Sinne des Wortes) festgestellt.

Durch die zu bewilligenden Abzüge und die starke Progression wäre die weitgehendste Schonung der schwächeren Schultern gewährleistet. Die Freilassung eines Existensminimums berührt sich unmittelbar mit dem auf andere Weise kaum ausführbaren Heimstättengedanken.

Das Ankaufs- bezw. Enteignungsrecht von Staat und Gemeinde würde eine richtige Selbsteinschätzung sichern.

Im Falle zu niedriger Einschätzung kämen Staat und Gemeinde in die Lage, billig Land zu erwerben, das der Staat besonders im Interesse der inneren Kolonisation verwenden könnte; wie wertvoll für die Gemeinden ein ausgedehnter Grundbesitz ist, darf heute nicht mehr besonders dargelegt werden, da man diesen Wert endlich auch in den Kreisen zu würdigen beginnt, die sich bisher in doktrinärer Kurzsichtigkeit diesen Dingen gegenüber verschlossen.

Die jährliche Einschätzung endlich in Verbindung mit dem gemeindlichen Enteignungsrecht hätte zur Folge, daß die infolge von Aufwendungen der Gemeinde eintretende Werterhöhung von Spekulationsgrundstücken in der dringend wünschenswerten Weise der Besteuerung anheimfiele.

Daß die Gemeinden einen größeren Anteil an der Grundsteuer behalten als der Staat, ist nur gerechtfertigt, da die Grundrente wesentlich abhängig ist von den seitens der Gemeinden gemachten Aufwendungen (Straßen- und Brückenbau, Wasserleitung und Kanalisation, Beleuchtung ꝛc.); ebenso berechtigt aber ist es, daß der Staat nicht ganz leer ausgehen soll, da auch seine allgemeine Politik (Wirtschafts-, Handels-, Siedelungspolitik) durchaus keinen unwesentlichen Einfluß auf den Wert seines Bodens hat.

Näher auf den Wert und die Bedeutung dieser Art der Grundsteuer und auf die Einzelheiten in Bezug auf Gestaltung und Bemessung dieser Steuer einzugehen, kann nicht im Rahmen unserer Skizze liegen. Es dürfte aber auch nach diesen kurzen Andeutungen bereits klar werden, ein wie wichtiges Glied die Grundsteuer in Verbindung mit dem Enteignungsrecht in der gesamten Bodenpolitik bilden könnte.

Nicht einer allgmeinen Verstaatlichung von Grund und Boden wollen wir das Wort reden — dazu steht die politische, wirtschaftliche und erziehliche Bedeutung des Privateigentums an diesem ersten Wirtschaftsgrund doch viel zu hoch! — aber einer gerechten und billigen, überaus einfachen Grundsteuer, die die schwachen Schultern schont, die leistungsfähigen voll und ganz nach ihrer Leistungsfähigkeit heranzieht, insbesondere die großstädtische Bodenspekulation in angemessene Bahnen zurückführt, die durch nichts gerechtfertigte Bereicherung der Spekulanten auf Kosten der Gesamtheit ein wenig beschneidet, und zugleich dem Staat und der Gemeinde die Möglichkeit giebt, mehr als bisher über die erste Grundlage ihrer Macht und Wirtschaft zu verfügen, teils im Interesse der Siedelungspolitik, der inneren Kolonisation, teils zur Ausdehnung der kommunalen Thätigkeit, zur Hebung der städtischen Wohnungspolitik, zur kräftigen Unterstützung einer starken und gesunden Bodenpolitik auf allen Gebieten.

Gerade die gemeindliche Bodenpolitik läßt im allgemeinen noch recht viel zu wünschen übrig und verdient eine bedeutend größere Aufmerksamkeit, als sie ihr bisher zugewandt wird. Eine Grundsteuer nach dem obigen Plane würde die beste Grundlage liefern, um auf diesem Wege mit größerer Entschiedenheit vorzugehen. Natürlich kann eine Grundsteuer nicht ein Allheilmittel gegen alle Wohnungsnot und alle Schäden der Bodenverteilung und Bodenpolitik abgeben; sie bildet nur ein kleines Glied in der großen Kette der Maßnahmen, die auf diesem wichtigen Gebiete Wandel schaffen können, von denen aber jede einzelne Beachtung verdient, da nun einmal der Boden die Grundlage des Staates und der Wirtschaft, die Boden- und Wanderungspolitik die Grundlage der gesamten Entwickelung der Gemeinden, des Staates und der Volkswirtschaft ist.

Das Werkzeug in der Urwirtschaft.

Die Geschichte der Werkzeuge ist, zumal für die ältesten Zeiten, so recht eigentlich die Geschichte der menschlichen Kultur überhaupt, für jene Zeiten, aus denen wir keine andre Kenntnis von unseren Urahnen haben als durch ihre Werkzeuge. Erst das Werkzeug hat den Menschen wirklich zu dem gemacht, was er ist, an seinen Werkzeugen hat der Mensch sich emporgerichtet zum aufrecht stehenden Wesen. Seit alter Zeit haben große Denker den Menschen als ein durch eine besondere Eigenschaft ausgezeichnetes (zum Beispiel vernünftiges, soziales) Tier bezeichnet: er wäre kein Mensch, könnte man aus der Reihe dieser Merkmale die Eigenschaft als werkzeugschaffendes Tier streichen.

Durch das Werkzeug hat der Mensch sich zum Herrn gemacht über den Boden und alles, was in und auf dem Boden lebt und besteht. — Wir unterlassen es füglich, werkzeuglose, das ist kultur- und wirtschaftslose Stämme und Menschen aufzusuchen, wir unterlassen es auch, über die Entstehung der ersten Werkzeuge zu debattieren. Wir können den Zufall aus dieser ersten Entwicklung ebensowenig streichen wie aus der Erfindung neuer Werkzeuge auch auf hohen Kulturstufen. Wir finden keine werkzeuglosen Menschen und können diese für die Betrachtung des Menschen als eines wirtschaftenden Wesens auch nicht brauchen. Auch die primitivsten uns bekannten Stämme haben übrigens schon eine lange Entwicklung ihrer Werkzeuge hinter sich; sie sind im Besitz von Geräten für den Fischfang und von Bogen und Pfeilen für die Jagd; nur für den Ackerbau haben sie noch das schlichteste und älteste aller Werkzeuge, die hinausgehen über den einfachen Stein oder Ast, wie er ohne weiteres der Natur entnommen wird: den Grabstock, einen kurzen, zugespitzten Stab, den die Frauen, als der für die pflanzliche Nahrung sorgende Teil des Stammes, zum Wurzelsuchen gebrauchen. Vor allen Dingen aber sind sie alle bereits im Besitz des Feuers. Dagegen fehlt jenen am tiefsten stehenden Völkern noch jede höhere Entwicklung technischer Kunstfertigkeit, wie etwa die Töpferei und die Bearbeitung von Metallen. Auch von den üblichsten Stoffen der Werkzeugbereitung, von Holz, Bast, Stein und Knochen, machen sie noch keinen vielseitigen Gebrauch.

Mit dem ersten Werkzeug entsteht auch das erste Eigentum. Aber wie das erste Wesen, das in äußerster Notwehr plötzlich zu einem Stein griff, um sich den Angreifer vom Leibe zu halten, diesen Stein wieder wegwarf und vielleicht sein Leben lang nicht wieder an dieses Hilfsmittel dachte, so sind auch die ersten höheren Werkzeuge noch kein bleibendes Eigentum; es ist genugsam bekannt, daß bei zahlreichen Stämmen dem Verstorbenen seine Werkzeuge mit ins Grab gegeben werden; sie hören mit ihm zu bestehen auf und vererben sich noch nicht auf seine Nachfolger.

Die Teilung der Werkzeuge entsprach naturgemäß der Teilung der Arbeit überhaupt, und zwar in viel schärferer Weise, als man anzunehmen geneigt sein mag. Der Mann, dem die Sorge für die tierische Nahrung oblag, fertigte alle Werkzeuge aus den Erträgen der Jagd und Fischerei; Knochensplitter waren seine Pfeilspitzen, spitze Knochen seine Messer, Gräten seine Nadeln und so fort. Die für die Pflanzennahrung sorgende Frau fertigte ihrerseits alle Geräte aus Pflanzenteilen, aus Wurzeln und Bast, aus Nuß- und Kürbisschalen und dergleichen, und erfand zum Kochen die Thongeräte; die Töpferei ist ebensogut eine Erfindung der Frau wie die Landwirtschaft. Das ursprünglichste Gerät der Frau, das erst seit kurzer Zeit die rechte Beachtung gefunden hat, der Grabstock oder die Hacke, ist vielleicht bei weitem das wichtigste Werkzeug, durch das zuerst der Mensch sich den Boden unterworfen und dienstbar gemacht, sich aus den engen Fesseln der natürlichen Gaben des Bodens befreit hat. Gleichzeitig aber ist es dasjenige Werkzeug, das sich am langsamsten weitergebildet hat, abgesehen etwa von den zur Fischerei benutzten Werkzeugen.

Die Geräte für Jagd und Fischfang verraten verhältnismäßig früh eine ziemlich bedeutende Kunstfertigkeit; freilich genügt weder der Speer noch der Pfeil zur Tötung eines starken Tieres, und lange genug ist der Mensch darauf angewiesen, das verwundete Wild zu hetzen, bis es umsinkt. Allerlei primitive Fanggeräte müssen ihm diese Arbeit dann ganz oder teilweise abnehmen. Das gleichfalls schon früh zum Fischfang benutzte Netz, das jedenfalls an die Stelle eines einfachen Zweiges und Zweiggewindes getreten ist, hat sich durch alle Kulturstufen erhalten; wirklich bedeutende Fortschritte werden die Werkzeuge für den Fischfang erst machen, wenn das richtige Verständnis für den Wert der Schätze des Meeres sich Bahn bricht, zugleich mit der Erkenntnis, daß diese Schätze durchaus nicht so unerschöpflich sind, wie man stets gewähnt.

Besondere Beachtung verdient der verhältnismäßig erstaunlich hohe Schönheitssinn und Schönheitsdrang, der auch bei Völkern niederster Kultur in der Herstellung des Werkzeugs zum Ausdruck kommt. Die schlichtesten Geräte erhalten einen Schmuck, der bisweilen als Arbeit eines halben Menschenlebens angesehen werden muß, wenn man bedenkt, mit wie unendlich geringen Hilfsmitteln er hergestellt ist. Dieser Schmuck der Werkzeuge entspricht dem Schmuck des menschlichen Körpers, auf den die „Wilden" bekanntlich die denkbar größte Sorgfalt verwenden, keine Mühe, ja keinen Schmerz scheuend, um sich nach ihrem Geschmack möglichst schön zu putzen. Dem arbeitsungewohnten Naturmenschen scheint, wie wir schon im ersten Abschnitte sahen, überhaupt nur dann die zur Herstellung seines Werkzeugs notwendige Anstrengung möglich zu sein, wenn er zugleich seine ästhetische Freude an dem Werden des kunstvollen Werkes hat.

Neben den mannigfachen Werkzeugen zur Verteidigung und zur Nahrungsgewinnung spielen die dem Transport dienenden Werkzeuge eine besondere Rolle, die Fahrzeuge. Zweifellos sind dieselben auf dem Wasser viel eher benutzt als zu Lande. Nichts ist einfacher als die Beobachtung, daß etwa ein vom Strom umgerissener Baum auf dem Wasser schwimmt, und daß er auch Menschen über das Wasser zu tragen vermag. Allmählich machte man sich die Beobachtung zu nutze, und es entstand aus dem seiner Äste beraubten, mit Hilfe des Feuers ausgehöhlten Baum das erste eigentliche Fahrzeug. Freilich, ein wie unendlicher Schritt von jenem Kanoe der Urvölker bis zu unsern modernen Ozeanriesen! Schwieriger aber war jedenfalls die Erfindung des Wagens; auch hier wird der Baumstamm das erste gewesen sein, der Stamm, der nach Abhauung der Äste den Berg hinunterrollt. Während beim ursprünglichen Kahn die weitere Entwicklung deutlich zu übersehen ist, wenn man daran denkt, daß wieder der rastlos spielende Zufall aus einem schlichten Windschirm, einer Matte, das erste Segel entstehen ließ, können wir die eigentliche Entstehung des Wagens viel weniger klar verfolgen. Jedenfalls ist der Weg vom rollenden Baumstamm bis zum elektrischen Straßenbahnwagen nicht weniger weit als der vom schwimmenden Baum zum Torpedoboot.

Ein schon eingangs angedeuteter allgemeiner Zug der urwirtschaftlichen Werkzeuge ist es, daß sie zum großen Teil gleichzeitig zur Gewinnung und Verareitung wirtschaftlicher Güter und als Waffe benutzt werden. Das Messer ist ein Universalwerkzeug, nicht minder das Beil, der Hammer u. s. w., die alle als friedliche und kriegerische Werkzeuge zugleich dienen. Natürlich, ist doch wenigstens die Nahrungsgewinnung von seiten des Mannes ein ewiger Kampf gegen Tiere und Menschen.

In anderer, besonders interessanter Weise finden wir die Universalwerkzeuge dort ausgebildet, wo die Natur den Menschen auf einen bestimmten Stoff angewiesen hat, der in der vielseitigsten Weise zu allen erdenklichen Geräten verwandt wird. Es wird nötig sein, bei diesen Universalstoffen etwas länger zu verweilen.

Wir sprechen in der Kulturgeschichte viel von einer Steinzeit, einer Bronze- und Eisenzeit, in welcher der eine oder der andere dieser Stoffe die ganze Wirtschaft primitiver Völker beherrschte. Doch nicht nur in vorgeschichtlicher Zeit finden wir diese Abhängigkeit der gesamten Produktion von einem gewissen Stoff, bis zu dessen Verarbeitung man vorgedrungen war. Bis in unsere Tage noch, und selbst bei verhältnismäßig hochentwickelten Kulturvölkern sehen wir, wie ganze Länder auf einen Universalstoff angewiesen sind, aus dem sie fast alle Geräte, deren sie sich überhaupt bedienen, kunstvoll verfertigen.

Besonders stark ausgebildet ist diese allgemeine Verwendung eines einzigen Universalstoffes zu allen Werkzeugen allerdings bei Völkern auf niedriger Kulturstufe. Völker, die noch überwiegend von der Jagd leben, verfertigen Alles, was sie zum täglichen Leben brauchen, aus einigen wenigen tierischen Produkten, Knochen und Fellen. Knochensplitter sind ihre Nadeln, Knochenspitzen ihre Messer, ihre Dolche, die Spitzen ihrer Speere, aus Knochen werden alle Geräte für den Haushalt hergestellt, die in anderen Zeiten aus Stein, Bronze, Eisen, Metallen aller Art, Thon u. s. w. angefertigt sind. Andere Werkzeuge und besonders die Kleidung bestehen aus Fellen oder Filz, wie die Felle denn überhaupt der ursprünglichste Kleidungsstoff sind. Während die heutigen Kulturvölker vor Jahrtausenden jene Periode durchgemacht haben, in der sie lediglich von der Jagd lebten und die tierischen Produkte als ausschließliche Universalstoffe benutzten, befinden sich manche Völker, besonders im hohen Norden, noch heute auf dieser Stufe der Kultur.

In den Tropen mit ihrer üppigen Vegetation dienen überwiegend die Flechtstoffe, wie Binsen, Wurzeln, Bast, als Universalstoffe. Besonders aus dem Bast, der maschigen Schicht zäher Fasernbündel zwischen Rinde und Holz, werden zahlreiche Gegenstände verfertigt, Bänder, Matten, Schuhe, Gefäße aller Art. Die Flechtstoffe beherrschen die ganze Produktion, und die Geschicklichkeit in ihrer Verarbeitung geht so weit, daß z. B. völlig undurchlässige Töpfe geflochten werden. Überhaupt ist die Geschicklichkeit der Völker, die ganz auf bestimmte Universalstoffe angewiesen sind, in der Verarbeitung derselben ganz erstaunlich, was sich aus der dauernden Beschäftigung Aller mit diesem einen Stoff erklärt.

Bei anderen rohen Völkern spielt der Thon eine so hervorragende Rolle. Die Verwendung des Töpferthones ist uralt. Schon etwa zwei Jahrhunderte vor Christi Geburt wurde in China die Bereitung des Porzellans erfunden, und die alten Griechen bereiteten aus Thon ihre berühmten Vasen von höchster Formvollendung. Erstaunlich aber ist es, wie wir noch heute wilde Völkerstämme antreffen, denen nicht einmal das einfachste Instrument der Thonfabrikation, die Drehscheibe, bekannt ist, und die gleichwohl Thongefäße von einer Kunstfertigkeit herstellen, die den klassischen Werken der Griechen und Italiener kaum nachsteht.

Slavische Völkerstämme haben das Holz als Universalstoff erkoren; ihre Töpfe, Messer, Schlüssel, Werkzeuge und Gefäße aller Art, — Alles ist aus Holz und nur aus Holz, das sie in nicht minder schöne und zierliche Formen zu bringen wissen, als andere Völker ihre weniger spröden Universalstoffe. Gerätschaften, deren Herstellung und Brauchbarkeit in Holz man für ausgeschlossen hält, dienen ihnen zum täglichen Gebrauch. — In Ostasien stoßen wir selbst bei einem kulturell so hochstehenden Volke wie den Japanern auf einen Universalsstoff, der ganz Ostasien beherrscht. Dort besteht nahezu die ganze Wohnungseinrichtung aus Bambus; das Rohr liefert Bauholz, Röhren, Stöcke; Messer, Waffen, Gefäße, Papier, Körbe, Hüte, Pinsel werden aus Bambusrohr verfertigt, die jungen Schößlinge und der Samen wird gegessen — kurz ein Universalstoff, wie man ihn nicht vielseitiger verwenden kann.

Auf gleicher Stufe steht in Afrika und überhaupt in tropischen Gegenden die Palme; sie ist geradezu das typische Universalgewächs — sie liefert schlechtweg Alles. In etwa 1000 Arten vorkommend, bis nahe an die Schneegrenze aufsteigend, findet die Palme in all ihren Teilen die denkbar ausgedehnteste Verwendung. Es ist bezeichnend, daß sie bei einigen Stämmen Gegenstand des Kultus, ein heiliger Baum ist. Das bei manchen Arten schön gezeichnete Palmenholz wird zu allerlei Geräten verarbeitet, ebenso die Blätter, die in Indien z. B. seit ältester Zeit auch als Papier benutzt werden; die jungen Blätter geben den Palmenkohl, der eingedickte Saft den Palmenhonig, die Sagofrucht das Palmenmehl, die Kerne liefern Milch und Öl. Nahrung, Kleidung, Behausung sind aus Bestandteilen der Palme gewonnen, Früchte, Blätter und Holz zugleich bieten dem Menschen alles, was er zum Leben braucht, diese eine Universalpflanze genügt nach jeder Richtung zu seinem Unterhalt.

Als Beispiel besonderer Vielseitigkeit mag nur an die Kokospalme erinnert werden, die über alle Tropengegenden — allerdings nur an der Küste und bis zu einer gewissen Entfernung von derselben — verbreitet ist. Durch ihre Früchte versorgt sie die Tropenbewohner um so besser, als sie nicht gleichzeitig wachsen, sondern nach einander reifen und sich dauernd ergänzen. Der anfänglich milchige Inhalt liefert bekanntlich ein erfrischendes Getränk. Allmählich setzt sich die Milch an den Wänden der Nuß als weiße eßbare Masse fest, die einen mandelähnlichen Geschmack hat und später zum Kern erhärtet. Letzterer, unter dem Namen Kobra in der Südsee wie in Westindien einen wichtigen Handelsgegenstand bildend, dient zur Bereitung von Butter, Öl, Palmin (Speisefett), Seife. Aus den Blättern der Kokospalme flechten die Eingeborenen Matten, aus dem Holz der Stämme fertigen sie ihre Speere. So ist diese Palme, aus deren Saft auch noch Palmwein gewonnen werden kann, ein höchst nutzbarer Baum. Für die Südsee-Insulaner ist sie eins der unentbehrlichsten Lebensmittel; bei den Bewohnern der vielen, kleineren Südsee-Inseln ist das ganze Dasein von dem Vorhandensein der Kokospalmen abhängig.

So weit sich aber auch die Kunstfertigkeit an dem einen Universalstoff ausbildet, eine wirklich hohe Kultur ist in dieser Einseitigkeit kaum zu erreichen, und besonders wo die Natur so überreich spendet, wie in den Tropen, ist an einen kulturellen Fortschritt nicht zu denken. Nur wo die Natur den Menschen stiefmütterlich behandelt, wo er auf die eigene schöpferische Arbeit angewiesen ist, steigt er wirtschaftlich empor. Der Mangel — diese Wahrheit bleibt bestehen, wenn wir sie nach anderer Seite auch etwas einschränken mußten — ist die erste Grundlage der wirtschaftlichen Kultur. Der Jäger, der aus den Knochen des mühsam mit einem Steingeschoß erlegten Wildes die primitive Nadel ausbricht, um durch sie das zu seiner Kleidung bestimmte Fell zusammenzuhalten, beginnt damit die erste industrielle Arbeit, auf deren Boden die Jahrhunderte weiter rückten, bis aus seinen Nachkommen die ersten Kultur- und Wirtschaftsvölker der Welt geworden. Der Neger, dem die Palme ohne sonderliche Mühe Alles liefert, dessen er zum Leben bedarf, verharrt noch heute in alter Unkultur und primitivster Wirtschaft auf dem überreich spendenden Boden. Die Art der Wirtschaft aber ist in beiden Fällen durchaus abhängig von eben diesem Boden und dem, was er seinen Bewohnern bietet. — —

Weit wunderbarer als die Geschichte der bisher behandelten, toten Werkzeuge erscheint ohne Zweifel die Entstehung der zweiten Gruppe in der Urwirtschaft: Die Entstehung der lebenden Werkzeuge des Menschen. Vielleicht das interressanteste Kapitel der gesamten Natur- und Kulturgeschichte, ein rätselhaftes und inhaltschweres, ist das Kapitel vom Haustier, ein Kapitel, das keineswegs nur der Wirtschaft angehört, sondern auch weit hineingreift in das Gebiet der Religion, der Kunst, der Geschichte des menschlichen Denkens.

Es genügte dem Menschen nicht, sich den Boden zu unterwerfen, das tote Werkzeug zu beherrschen, das Wachstum der Pflanze zu erzwingen, das wilde Tier zu erlegen — er zähmte es auch, machte es sich dienstbar, und wie er die Pflanze und den Boden gezwungen, nach seinem Belieben ihre Früchte herzugeben, so zwang er die Tiere, nach seinem Belieben ihre Milch herzugeben, seine Arbeit zu leisten — ja, er ging so weit, seinesgleichen in seinen Dienst zu zwingen, er machte sich seinen Nebenmenschen unterthan, machte ihn zu seinem Sklaven, seinem Werkzeug. Vom toten Gestein bis zum Menschen selbst — alles wurde ein Werkzeug in seiner Hand.

Sklave und Haustier betrachtet er ebenso als Werkzeug wie Pfeil und Hammer. Indes muß doch bemerkt werden, daß das Haustier in seiner ursprünglichsten Form nicht einmal ohne weiteres als Werkzeug anzusprechen ist. Gerade das älteste, allgemeinste Haustier ist fast durchweg mehr ein treuer Gefährte des Menschen als sein Werkzeug. Die ungeheure Anhänglichkeit des Hundes und sein, man möchte sagen hohes Verständnis, das er dem Menschen entgegenbringt, hat man wohl dadurch zu erklären gesucht, daß man die Entstehung des Hundes aus dem Wolf in engste physiologische Beziehung zum Menschen brachte; etwa daß eine Mutter, die ihre Kinder verloren, um den Druck der übervollen Brüste zu beseitigen junge Wölfe gesäugt habe, die dann aus wilden Bestien zu ihren treuen Gefährten und zu Stammeltern des Hundegeschlechtes geworden wären.

Als Thatsache müssen wir es jedenfalls betrachten, daß der Mensch ursprünglich die Viehzucht oder richtiger Viehzähmung, ähnlich wie die Arbeit überhaupt, nicht nur der bitteren Not gehorchend, sondern spielend, zum Vergnügen, vielleicht aus einem urtiefen Schönheitsdrang betreibt. Gerade schon bei primitiven Völkern finden sich zahlreiche Haustiere, die nur dem „Schmuckbedürfnis und Geselligkeitsdrang“ des Menschen genügen, wie etwa der Pfau und der Hund. Auch das Huhn gehört hierher; so erzählt v. Langendorf von Stämmen, bei denen die Hähne vollständig gerupft herumlaufen, weil ihre Herren sich mit ihren Federn schmücken. Es handelt sich hier aber mehr darum, daß die Menschen die verschiedenen Tiere um sich halten und zähmen, als um eine eigentliche Viehzucht und Benutzung des Viehes als Werkzeug.

Hier kann übrigens die Thatsache nicht unerwähnt bleiben, daß ja auch heute noch bei den reifsten Kulturvölkern eine ungleich größere Sorgfalt und Liebe auf die Zucht von Sport- und Luxustieren verwandt wird als selbst auf die Zucht der wichtigsten wirtschaftlichen Haustiere. Wir können diese Erscheinung getrost jenen ältesten Formen der Tierhaltung an die Seite stellen; stärker als beim toten Werkzeug — bei dem erst heute wieder das Schmuckbedürfnis durch die Förderung des Kunstgewerbes mehr hervorzutreten beginnt — hat sich gegenüber dem lebenden Werkzeuge das alte menschliche Bedürfnis, das Schmuckbedürfnis, erhalten und dauernd ausgeprägt.

Die Viehzucht findet sich bei den alten Tropenvölkern nur in geringerem Umfange; am verbreitetsten ist noch die Hühnerzucht, auch Schweine finden sich vielfach. Das Rind wird auch dort, wo es sich findet, nicht durchweg als Zugtier benutzt. Die Tierhaltung bei jenen Völkern scheint vorwiegend Liebhaberei; gestützt wird diese Ansicht namentlich durch die Indianerstämme im Innern Brasiliens; dort finden sich in und bei den Hütten „vom Papagei und Affen bis zum Tapir, dem Adler und der Eidechse" allerlei Tiere wie in einer Menagerie. Man kennt zwar die Kunst, das Gefieder der Vögel zu färben, aber wirtschaftlichen Nutzen zieht man nicht aus den zahlreichen Tieren. Auch das Schwein wird beispielsweise bei anderen Stämmen gehätschelt und von den Frauen gesäugt, aber nur ausnahmsweise geschlachtet und verspeist. Daß der überall verbreitete Hund gegessen wird, ist wohl überhaupt nur bei Stämmen beobachtet worden, die gleichzeitig zum Kannibalismus neigen.

Man wird diese Seite der Viehhaltung bei primitiven Völkern nicht übersehen dürfen, aber die Bedeutung des Viehes als Werkzeug auf gleichfalls schon sehr früher Stufe leidet darunter nicht.

Wenig bekannt dürfte es übrigens sein, wie frühzeitig der Mensch bereits die Taube als Werkzeug benutzt hat, obwohl ja schon die Sintflutsage Kenntnis davon giebt. Die moderne Brieftaube hat ihre Vorfahren bei den alten Phöniziern, denen die Taube als Seekompaß diente; sie wurde, wie wir wissen, vom Schiff aus entsandt, wenn man sich über die Richtung der Küste orientieren wollte. Nicht — wie die der Schifffahrt unkundigen Juden berichten — daß sie vom Lande ein sichtbares Zeichen zurückbrächte, war der Zweck ihrer Sendung; der Schiffsführer beobachtete vielmehr, welche Richtung die auffliegende Taube in den höheren Regionen weitschauend einschlug.

Unerörtert muß an dieser Stelle die hohe Bedeutung der Haustiere für den religiösen Kult bleiben; eine hervorragende Rolle spielt in dieser Hinsicht namentlich die Kuh, die sowohl wegen der Form ihrer Hörner mit dem Mond in Verbindung gebracht wird, wie auch im Hinblick auf die Fruchtbarkeit des milchspendenden Tieres. Es ist erklärlich, daß viele Stämme, die unter dem blendenden und heißen Sonnenlicht nur litten, den obendrein wegen seiner wechselnden Formen und Zeiten, sowie seines milden Lichtes viel mehr zur Beobachtung anreizenden Mond als den Spender der Fruchtbarkeit verehren; mit der fruchtbaren Erde und der fruchtbaren Kuh vereint er sich zu einem festen System, und wo die Göttin der Fruchtbarkeit, die Mond- oder Erdgöttin, über die Fluren fährt, ihren Segen zu spenden, darf die Kuh als Zugtier nicht fehlen.

Ebenso merkwürdig wie die Thatsache, daß der Mensch die Kuh und ähnliche Tiere durch fortwährende Reizung allmählich veranlaßt hat, dauernd als Milch produzierendes Werkzeug thätig zu sein, ist die andre, daß die Haustiere sich dem Menschen auch dadurch angepaßt haben, daß sie zu allen Jahreszeiten sich paaren und fortpflanzen, worin sie ja in geradem Gegensatz zu den wilden Tieren stehen.

Die lebenden Werkzeuge, die ihm fortgesetzt Nahrung spenden und ihm mannigfache, schwere Arbeit abnehmen, sind von der vielseitigsten Bedeutung für den Menschen. Gleichgiltig, ob sie ihm wirklich als Werkzeuge oder auch nur als Gefährten und Schmuckstücke dienen, repräsentieren sie zugleich den wesentlichsten Teil seines Besitzes und daher auch das Maß für allen Besitz, das Wertmaß für den Güteraustausch. Neben ihren andern Funktionen mußten die Haustiere demgemäß frühzeitig die Funktion des Geldes übernehmen.

Ohne weiter auf andere Seiten des Gegenstandes eingehen zu wollen, muß ich nur noch daran erinnern, daß an diesen lebenden Werkzeugen des Menschen auch die für die Fortbildung des Menschengeistes und der Kultur wichtigste Kunst ihren Ursprung genommen hat und mit den primitivsten Werkzeugen ins

Leben gerufen ist. Als wichtigstes Eigentum wurde das Vieh gezeichnet, und „die auf der Haut des lebenden Viehes mittels Farbstoffs aufgetragenen Eigentumszeichen sind die ersten Schriftzeichen, die Haut des lebendigen Ochsen die erste Schreibtafel des arischen Muttervolkes gewesen" (Jhering). Später führte das Auftragen der Zeichen auf die Haut des lebendigen Ochsen zur Benutzung der Haut des toten Tieres zum Schreiben; übrigens spielt fernerhin in den Schriftzeichen ja auch die Darstellung des Rinderkopfes wieder eine führende Rolle.

Welche Verschiedenheit der Werkzeuge und der Arbeit von jenem ersten Schriftzeichen auf der Haut des lebenden Rindes bis zur Entstehung eines modernen Buches! Buchdruck und Kurzschrift, Telegraph und Phonograph, Wechsel und Banknote ersetzen das primitive Schriftzeichen der Urwirtschaft, wie Schnellfeuergeschütz, Mähmaschine und Schreibmaschine das Messer. Es ist, als hätten die Jahrtausende keine andere Aufgabe gehabt, als die menschlichen Werkzeuge zu vervollkommnen, die menschliche Arbeit zu zergliedern.

Skizzen aus der Ostmark.

In den bisherigen Abschnitten haben wir versucht, den Boden als Grundlage aller Wirtschaft, alles staatlichen und volklichen Lebens, die Entwickelung der Wirtschaft gemäß den Bodenverhältnissen, und die Entwickelung der in der Wirtschaft verwandten, gleichfalls ursprünglich von den Bodenverhältnissen abhängigen Werkzeuge zu betrachten. Es sei gestattet, diesen ganz allgemeinen Rahmen noch mit einem kleinen Bilde auszufüllen, und kurz zu skizzieren, wie Land und Leute, Wirtschaft und Werkzeug sich auf einem bestimmten, in manchen Beziehungen charakteristischen Fleckchen der Mutter Erde entwickelt haben. Vielleicht gelingt es dadurch den toten Formen etwas Leben zu verleihen. Sintemalen ich es in unserer schollenfremden Zeit für eine Ehrenpflicht jedes Gebildeten halte, die verlorengegangenen Beziehungen zur Mutter Erde aufs neue sorgsam zu pflegen, den Blick nicht nur in verschwommene Fernen zu richten, sondern auch im engen Kreise des heimischen Horizontes Umschau zu halten, nicht nur immer der großen Schablone sich anzupassen, sondern auch die urwüchsige Eigenart eng begrenzter Landschaften und ihrer Bewohner liebevoll zu durchforschen und hochzuhalten. Keine blöde Kirchtumspolitik, wohl aber eine wurzelstarke, bodenfeste Selbständigkeit.

Wir wählen ein Land, das zwar ein Stück eines großen, hochentwickelten Kulturlandes bildet, an sich aber gleichwohl, nicht zum mindesten infolge ungünstiger Boden- und Klimaverhältnisse, beträchtlich hinter dem übrigen Lande zurückgeblieben ist, wirtschaftlich wie nationalpolitisch in manchen Beziehungen eine besondere, nichts weniger als bevorzugte Stellung einnimmt, und uns gerade im Interesse der nationalen Wirtschaftspolitik auch weiterhin noch mehrfach beschäftigen wird.

Das Land, das den größten der zur Ostsee flutenden Ströme umgiebt, der Boden, auf dem Jahrhunderte lang Deutschtum und Slaventum, westeuropäische Kultur und osteuropäische Barbarei um die Herrschaft gerungen, das Volk, das die Wacht an der Weichsel zu halten berufen ist — verdienen sie nicht das aufrichtige Interesse aller Deutschen weit über das enge Gebiet der Weichsel-Provinz hinaus?

Wir beschränken uns in den folgenden Betrachtungen noch weiter, indem wir hauptsächlich nur einen Teil Westpreußens ins Auge fassen, der noch heute in slavischen Händen ist, in dem noch heute der nationale Kampf tobt, der noch heute wirtschaftlich vielleicht am weitesten von allen Gauen des deutschen Reiches zurückgeblieben ist. Das fragliche Gebiet, den Westen und speziell Nordwesten der Provinz, bezeichne ich — nach der Mehrzahl der heutigen Bewohner — kurzweg als Kassubei, obgleich ich wohl weiß, daß dieser Ausdruck sich mit den alten geographisch-historischen Bezeichnungen (Pommerellen ꝛc.) nicht deckt.

Versuchen wir also mit wenigen Strichen die Entwicklung der heutigen Kassubei, ihres Bodens, ihrer Bewohner und Bewirtschafter zu skizzieren, raschen Schrittes über die Jahrhunderte und Jahrtausende hinwegschreitend. Ist doch in der Geschichte der Erde ein Menschenalter wie ein Tag. Die gewaltigen Umformungen, welche die Oberfläche unseres Gestirns erlitten hat, vollziehen sich nicht in Jahren und Jahrzehnten — die Jahrhunderte und Jahrtausende arbeiten daran, und dem einzelnen Geschlecht erscheint die Erdoberfläche wohl als etwas absolut Dauerndes, ewig Unveränderliches. Erst der neueren und neuesten Zeit war es vorbehalten, die ungeheuren Umwälzungen nachzuweisen, die sich im Antlitz der Erde in vielen Jahrtausenden vollzogen haben, und die moderne Forschung entrollt uns manch ein interessantes Bild von der einstigen Beschaffenheit des Bodens, auf dem wir heute wandeln und wirtschaften.

Wie verschieden von der heutigen Gestaltung finden wir beispielsweise den Boden der heutigen Kassubei, wenn wir etwas über hundert Menschenalter zurückblicken, bis etwa in das Jahr 2000 vor Christi Geburt.

Noch läuft die heutige Weichsel nicht in den später angenommenen Bahnen, noch durchzieht sie das heutige Warthebruch und den Spreewald und tritt an derselben Stelle in die Nordsee, an welcher jetzt die Elbe mündet. Noch verrät hie und da ein ferner Gletscher die Spuren der Zeit, da von den Karpathen bis hinauf zu den norwegischen Bergen alles Land mit Eis bedeckt war. Diese Eisperiode giebt der Forschung den besten Anhalt für die Berechnung des Zeitpunktes, von dem an die menschliche Kultur in diese Gebiete vorzudringen vermochte; lange Zeit hat das starre Eis den Boden gefangen gehalten und jeder menschlichen Arbeit unzugänglich gemacht. Jetzt ist der Boden frei, und mächtige Urwälder bedecken ihn und füllen die ganze weite Ebene, aus der sich nur selten ein Hügel erhebt. Der stolze Hirsch, der wilde Eber, der mächtige Auerochs bewohnen den Wald, in dem der Mensch nach ihnen fahndet, sie für seinen Tisch zu erlegen. Seine Waffen sind noch außerordentlich einfach, und besonders gegen den Auerochsen vermag er nur mit vereinten Kräften, unter großen Anstrengungen und Gefahren vorzugehen. Das Beil besteht aus Stein, der äußerst mühsam auf Schiefer oder Sandstein geschärft ist; der Speer erhält als Spitze das Gehörn der erlegten Hirsche, die Pfeile haben eine Spitze von Stein — kurz, alle Geräte bestehen nur aus Stein oder Knochen, auch als Nadeln dienen z. B. spitze Knochensplitter. Mineralische Schätze birgt der Boden nicht, auch wäre der Mensch zu ihrer Bearbeitung noch nicht fähig, sodaß er sich in seinen Werkzeugen lediglich auf den schlichten Stein beschränken muß, unter Zuhilfenahme der Dinge, die er durch die Jagd erringt. Das Fleisch der Jagdtiere ist seine Nahrung, ihre Knochen und Felle dienen als Werkzeuge, zur Kleidung und Wohnung.

Die große Steinaxt dient besonders dazu, Höhlen zu graben, die, mit Fellen ausgelegt, als Wohnung dienen. In Höhlen, deren Wände mit Steinen ausgelegt sind, bestattet der Stamm auch seine Toten; ein schwerer Stein deckt die Grabkammer zu, in die man dem Toten verschiedenes Gerät und thönerne Urnen mitgiebt. Das Eigentum ist am Werkzeug entstanden, hört aber noch mit dem Eigentümer selbst auf; das Werkzeug vererbt sich nicht, sondern wird — trotz der ungeheuren Mühe, die seine Herstellung verursacht — dem Erzeuger mit ins Grab gegeben. Auch seine Witwe folgt dem Toten freiwillig in das Grab, um ihm auch ferner zu dienen und sich von ihm ernähren zu lassen.

Die Frau hat die häuslichen Geschäfte zu verrichten, während der Mann auf der Jagd für Nahrung sorgt. Schon hat der Mensch sich einige Tiere dienstbar gemacht, schon begleitet ihn vor allem der treue Hund, auch das kleine Pferd und das unansehnliche Rind sind schon zum Haustier geworden. Ebenso fehlt es nicht mehr an Geflügel. Hühner und Tauben wandeln in dem Höhlendorf umher und liefern den Bewohnern Nahrung.

Die Frau sorgt für die Haustiere und für die pflanzliche Nahrung, an erster Stelle steht aber wohl die vom Manne ausgeübte Jagd. Die Gaben des unwirtlichen Bodens sind gering, das ganze Leben ist ein Leben der Qual und Entbehrung. — —

Wie anders ein Jahrtausend später! Mit den Bodenverhältnissen ist eine großartige Umwandlung vor sich gegangen, die auf das wirtschaftliche Leben der Bewohner den größten, segensreichen Einfluß ausgeübt hat.

Der Strom hat seinen westlichen Lauf verlassen, den ihm im Norden entgegentretenden Hügel durchwühlt und fließt seiner heutigen Mündung zu; der mitgeführte Schlamm sammelt sich an der Mündung und bildet nach und nach die fruchtbare Niederung. Ganz anders als vor Zeiten gestaltet sich, wenigstens an der Küste, das Leben der Bewohner.

Die Rasse ist dieselbe geblieben, wenn auch die Jahrhunderte manche Änderung an ihr vollzogen haben. Die Lebensweise aber ist bereits völlig umgewandelt; die primitiven Gerätschaften aus Knochen und Stein sind durch die Bronze ersetzt, deren Bearbeitung der Mensch allmählich gelernt hat. Die Wohnung wird nicht mehr in der Erde gesucht, es werden vielmehr schon Holzbretter roh gezimmert und Pfahlbauten auf dem sumpfigen Gelände errichtet; ihre innere Ausstattung, von der früher, abgesehen von den Fellen, überhaupt nicht die Rede war, ist schon verhältnismäßig reich und kunstvoll, besonders finden wir seltsam geschmückte Urnen und allerlei Schmuck aus Glas und Bronze. Aus weitem Süden ist er hergebracht, die Bewohner haben ihn gegen die Schätze ihres Bodens, gegen das Gold des Meeres eingetauscht. Aus Tyrus und Sidon kommen auf weiten, beschwerlichen Wegen die Händler herbei, den Bernstein von der Ostseeküste zu holen.

Die Bevölkerung ist bedeutend dichter, der Urwald stärker gelichtet, und große Niederlassungen sind am Meere gegründet, um dort den Bernstein zu sammeln, den die Fluten ans Land spülen; das goldene Harz ist ein vielbegehrter Handelsartikel geworden; die Händler aus dem Süden tauschen es gegen Bronze und allerlei Schmuck und Gerät ein. Unter den Geräten, welche der Stamm zu dieser Zeit zu verfertigen versteht, finden wir auch schon den Wagen mit allerdings noch recht plumpen, hohen Holzrädern, der auf regelmäßigen, durch den Urwald geschlagenen Wegen fährt. Der Mensch ist selbständiger geworden, er beherrscht in höherem Grade die Natur, und zwar ist er nicht nur der Herr seines eigenen Bodens, sondern infolge des sich immer weiter ausbreitenden Tauschverkehrs auch der Besitzer von Schätzen fremden Bodens.

Die Fruchtbarkeit des Flußthales und der neu entdeckte Reichtum des Bodens an einzigartigen Schätzen, den goldigen Überresten längst entflohener Zeiten, haben dem Lande einen wesentlich anderen Charakter gegeben und die Wirtschaft auf diesem neuen Boden unvergleichlich gehoben. Reger Tauschverkehr, reiche, kunstvolle Werkzeuge, ein verhältnismäßig hoch entwickeltes wirtschaftliches Leben zeichnen diese Stufe aus, in der der Boden so viel reicher und der Mensch so viel geschickter geworden, diesen Reichtum auszunutzen.

Ein großer Umschwung war in der bisher durchwanderten Zeit noch eingetreten: Die Toten werden nicht mehr bestattet, sondern verbrannt, ihre Asche wird zusammen mit dem kriegerischen Schmuck in kunstvollen Urnen aufbewahrt.

Das Land an sich hat um diese Zeit im großen und ganzen die bleibende Gestalt angenommen; die Ströme wandeln in ihren neuen Bahnen, und das ewige Eis ist überall geschmolzen. Was nun folgt, sind im wesentlichen nur noch Veränderungen der Bewohner und solche, die durch die Bewohner hervorgebracht werden, Veränderungen der Wirtschaft auf dem gleichbleibenden Boden. Dabei darf übrigens nicht übersehen werden, daß die natürlichen Verhältnisse im Laufe der Zeit ihre Bedeutung wesentlich ändern; namentlich wird späterhin der Bernstein, der den Reichtum des Landes und seine wirtschaftliche Entwicklung begründete, nicht nur seltener, sondern auch noch an Wert mehr und mehr zurückgedrängt durch kostbarere Naturschätze, die in anderen Ländern gefunden werden, so daß diese Hauptquelle des Aufschwunges versiegt und das Land zurückfällt auf die Stufe, die ihm nach dem Boden an sich, nach seinen geographischen und klimatischen Verhältnissen zukommt. Zunächst freilich steigt der Wert des Bernsteins und der Tauschhandel fortgesetzt. — —

Nach abermals tausend Jahren hat ein anderes Volk den Boden bezogen; die alten Finnen haben den Germanen weichen müssen. Die Arbeit ist bedeutend vielgestaltiger geworden, Korn und Flachs werden gebaut, und neben den Fellen gewebte Gewänder getragen. In der Wirtschaft herrscht noch die Bronze, aber wie mannigfach sind jetzt die aus ihr verfertigten Gerätschaften! Und daneben ist schon das Schwert, der Schild, das Messer aus Eisen, der Schild oft mit reicher goldener und silberner Verzierung. Denn das Land ist immer reicher geworden durch seinen Bernstein und bekommt von allen Schätzen der Welt sein Teil für dieses immer mehr begehrte Gut.

Am bemerkenswertesten aber ist in dieser Zeit das Aufkommen des Ackerbaues. Die Frau hat ihr großes Kulturwerk vollbracht, die Wirtschaftsart ist infolge der Wanderungen der verschiedenen Stämme gründlich verändert; nicht mehr das vom Mann erlegte Wild, sondern die von der Frau gezogenen Pflanzen liefern in der Hauptsache Nahrung sowohl wie Kleidung — denn das ist ja das Eigenartige, daß der Mensch aus jedem der beiden Hauptteile der Bedürfnisbefriedigung allein die annähernd vollständige Befriedigung seiner Hauptbedürfnisse zu bewerkstelligen vermag. Sowohl die tierischen wie die pflanzlichen Produkte weiß er in gleicher Art seiner Nahrung und seiner Kleidung dienstbar zu machen. Allerdings kann ihm ein und dasselbe Tier zugleich das Fleisch zur Nahrung, das Fell zur Kleidung und die Knochen zum Werkzeug liefern, während drei verschiedene Pflanzen notwendig sind, um ihm das Brotkorn, den Webestoff und das Holz zu liefern — wenigstens unter unserer Sonne. In den Tropen freilich entspricht ja auch eine Palme allen drei Bedürfnissen. —

Lassen wir nun abermals annähernd ein Jahrtausend vorbeiziehen, so finden wir slavische und lettische Stämme im Lande. Bischof Adalbert von Prag bringt den Prutzen das Christentum und wird von ihnen erschlagen. Sein Werk aber lebt fort, und das Land wird später die Stätte des Deutschen Ordens. Dieser endlich brachte dem Lande, was ihm noch an Kultur fehlte. Die Menschenhand vollendete die Umgestaltung des Bildes, die von der Natur so mächtig begonnen war. Und nur wenige stumme

Zeugen, Steine, Urnen, Geräte berichten der späten Nachwelt, wie es ausgesehen auf dem alten Boden unter alten Wirtschaftsformen. —

Die Entwicklung der letzten Spannen können wir etwas genauer ins Auge fassen, indem wir uns zugleich enger als bisher auf die eigentliche Kassubei beschränken. — In der entwickelten Tauschwirtschaft, die über den Boden und die Schätze einer ganzen Welt verfügt, kann ein Land, dessen einziger natürlicher Schatz, der Bernstein, an Bedeutung und tauschwirtschaftlichem Wert ungemein verloren hat, dessen geographische und klimatische Verhältnisse gegenüber dem Durchschnitt des Staates, zu dem es gehört, im allgemeinen ungünstig sind, eine hohe wirtschaftliche Rolle naturgemäß nicht spielen. Die heutige Kassubei kann man in der That im Hinblick auf die wirtschaftliche Lage und gesamte Kultur als ein Schmerzenskind der preußischen Monarchie betrachten.

Wenn im Westen der Frühling längst ins Land gezogen und am Rhein das Blühen und Grünen begonnen hat, dann ertönt in der Kassubei noch frohes Schellengeläute und die Schlitten eilen über die weiße Schneedecke dahin, unter der die keimende Saat ihrer endlichen Erlösung harrt. Und wenn der Schnee endlich von den Straßen und Feldern gewichen ist, findet man ihn in verborgenen, schattigen Schluchten, in denen der Wind ihn zur Winterszeit viele Meter hoch zusammengetragen hat, noch zu einer Zeit, da man im übrigen Lande schon das Nahen des Sommers zu fühlen glaubt. Man kann also füglich nicht behaupten, daß Boden und Klima von der Natur sonderlich begünstigt wären. Der günstige Einfluß, den das nahe Meer auf das Land ausüben könnte, wird durch einen an der Küste sich hinziehenden bewaldeten Höhenzug, der unweit der Küste bis zu 200 Metern ansteigt, fast vollständig ferngehalten. Namen von Ortschaften und Ansiedelungen, wie „Sibirien“, oder „Hungerwehrdi“, an den ostpreußischen Grenzort „Nimmersatt“ erinnernd, geben dem Klima und der Bodenbeschaffenheit des Landes einen wahrhaft tragikomischen Ausdruck. Freilich finden sich auch in der Kassubei von der Natur mehr begünstigte Striche und fruchtbarer Boden mit reicher Ernte, der Durchschnitt aber ist mittelmäßig oder gar schlecht, ja zum schlechtesten Teil des ganzen Staates gehörend. —

Werfen wir zunächst einen kurzen Blick auf die geschichtliche Entwicklung des Landes, das nur zu häufig aus einer Hand in die andere gefallen ist, was der ruhigen wirtschaftlichen Entwicklung natürlich nicht förderlich sein kann.

Ursprünglich bildete die Kassubei einen Teil von Ostpommern und stand unter der Herrschaft der Stettiner Herzöge. Im Jahre 1284 finden wir für die eigentliche Kassubei den bezeichnenden Namen „Terra Prisna“ — das Queckenland. Damals war bereits das Christentum von Stettin aus in jene Gegenden eingedrungen; seine stärkste Stütze bildete das Cisterzienserkloster Oliva bei Danzig (gegr. i. J. 1178). Neben den Cisterziensern verbreiteten und förderten Johanniter von Schöneck und Stargard aus das Christentum. Um die Mitte des dreizehnten Jahrhunderts finden wir bei Berent deutsche Ansiedler, denen gleiche Rechte mit der slavischen Bevölkerung zugesprochen wurden; sie brachten die erste moderne Kultur in das Land und begannen die zwei Jahrhunderte lang fortgesetzte Germanisierung der Kassubei, die unter der Herrschaft des deutschen Ritterordens mit allen Kräften und gutem Erfolge durchgeführt wurde. Neue Dörfer und Städte wurden angelegt, und der Förderung, die der Orden dem Ackerbau sowie dem städtischen Gewerbe zu teil werden ließ, verdankt das Land eine Zeit verhältnismäßig hoher Blüte. Diese ruhige Entwicklung wurde gegen die Mitte des fünfzehnten Jahrhunderts durch immer häufiger und heftiger werdende Kriege gehemmt. Im Jahre 1466 wechselte die Kassubei aufs neue den Herrscher. Es begann die Zeit polnischer Oberhoheit und Aussaugung.

Wohl erhielt sich auf dem Lande das Deutschtum, deutsche Ansiedler wurden sogar aus Pommern, zur Hebung des Ackerbaues, herbeigerufen, die Städte dagegen waren vollkommen polnisch geworden und das Land durch die polnischen Starosten arg bedrückt. Weitere Kriege hinderten jeden Aufschwung der Kultur, und als eine neue bedeutsame Wandlung nach mehr als drei Jahrhunderten eintrat, zählte die zur Ordenszeit blühende Stadt Berent kaum ein halbes Tausend Einwohner.

Wieder war die Kassubei durch die erste Teilung Polens unter eine deutsche Herrschaft gekommen, und zwar unter eine außerordentlich fürsorgliche und zielbewußte, die alle Kräfte auf die Hebung des Landes verwandte. Friedrichs des Großen energisches Regiment brachte neues Leben in die Kassubei; es begann auf dem durch lange Kriege und polnische Mißwirtschaft heruntergekommenen und entvölkerten Lande ein ausgedehntes Ansiedlungswesen. Tausende von Morgen, die öde und unbewohnt lagen, wurden einzelnen Adligen verliehen, unter der Bedingung, eine bestimmte Anzahl von Familien dort anzusiedeln. So entstanden zwischen Wäldern und Sümpfen an geeigneten Stellen vereinzelte kleine Höfe, die dem Lande ein eigenartiges Gepräge bis auf den heutigen Tag verleihen. Zur Besiedelung holte Friedrich der Große tüchtige Arbeitskräfte herbei. Feste Wege wurden angelegt, Sümpfe ausgetrocknet, die Vieh-, insbesondere die Schafzucht eifrig gefördert, ebenso der Obstbau. Noch Friedrich Wilhelm III. setzte die Besiedelung fort; dabei wurden leider auch Versuche auf solchen Ländereien angestellt, welche noch heute zum Anbau ungeeignet sind und nur als Waldungen einen Ertrag liefern würden. Nur dadurch, daß die süddeutschen Ansiedler sich der Bedürfnislosigkeit der Kassuben angepaßt haben, können sie auf dem unergiebigen Boden notdürftig ihr Leben fristen. — Einen Begriff von dem damaligen Zustande jener Gegenden giebt der Umstand, daß hohe Prämien auf die Erlegung von Wölfen gesetzt waren.

Neues Elend brachte die napoleonische Kriegszeit über das ohnehin so arme Land. Die Belagerungen von Danzig und Graudenz, der Zug nach und von Rußland brachte eine Einquartierungslast und Ausplünderung, die das Land kaum zu tragen vermochte und von der es sich um so langsamer erholte, als neben dem Kriege auch Epidemieen die Bevölkerung stark vermindert hatten. Nach 1817 wurde die Fürsorge für das Land auch auf geistigem Gebiete wieder lebhaft aufgenommen. Das sehr zurückgebliebene Volksschulwesen wurde gehoben, die erste evangelische Kirche gebaut.

Seinen eigentümlichen Charakter hat das Land im allgemeinen wenig geändert, auch nachdem es sich von jenen schweren Verlusten und Bedrängnissen erholt hatte. Noch heute verrät es deutlich die Art seiner anfänglichen Besiedelung. Große Rittergüter wechseln mit zahlreichen kleinen, überall zerstreuten Gehöften und Zwergwirtschaften. Niedrige, verfallene Häuschen mit spitzem Strohdach und kleinen Fenstern, die oft fest zugenagelt sind und im ganzen Jahre nicht geöffnet werden, finden sich überall. Wenn zerbrochene, mit Lumpen dürftig zugestopfte Fensterscheiben und defekte Mauern den Wind nicht durchließen, würde frische Luft in die unsauberen, ungedielten Räume überhaupt nicht Einlaß erhalten. Ein Stall gehört wohl auch zu dem Häuschen, doch ist er nur für die großen Tiere, Pferde und Kühe, allenfalls auch für Schweine und Gänse bestimmt; man darf sich jedoch nicht wundern, wenn in dem Wohnraum des kleinen Bauern neben seiner großen Kinderschar auch die Hühner herumspazieren und von Zeit zu Zeit selbst ein Schwein oder ein Kalb Einlaß sucht — Sauberkeit ist des Kassuben Sache nicht.

Neben den zerstreuten Siedelungen und kleinen Dörfern finden sich in der Kassubei nur wenige größere Ortschaften — fast keine eigentliche Stadt. Lehrreich ist es aber, die Lage der mittleren Ortschaften genauer ins Auge zu fassen; wir werden uns späterhin noch mit dem Städtewesen zu beschäftigen haben und u. a. auch unser Auge auf die große Abhängigkeit der Städte-Gründung von den Bodenverhältnissen betrachten. Hier in der Kassubei können wir eine vortreffliche Probe auf das Exempel machen — kein Dorf, kein Flecken, kein Städtchen, dessen Lage sich nicht ganz deutlich aus den Bodenverhältnissen ableiten ließe. Sehr eingehend und interessant ist das in einem Schriftchen von Fritz Braun: „Beiträge zur Landeskunde des nord-östlichen Deutschlands" geschehen, in dem übrigens auch die bedeutenden landwirtschaftlichen Schönheiten der in dieser Beziehung arg unterschätzten Kassubei, der sog. „Kassubischen Schweiz", einer gerechten Würdigung teilhaftig werden. —

Mit den Städten fehlt auch jedes städtische Gewerbe; das Land ist ein reines Ackerbauland, und erst heute gehen wir dem Versuche entgegen, eine größere Industrie zu schaffen. Aber auch diese wird die eigentliche Kassubei kaum berühren, sondern sich der Hauptsache nach auf die wenigen größeren Weichselstädte beschränken. Allerdings scheint uns gerade eine Benutzung des minderwertigen kassubischen Landes für Industrieanlagen nicht ausgeschlossen — wir werden zum Schlusse des Buches noch einmal auf diese Frage zurückzukommen haben. Vorläufig wenden wir unsern Blick wieder den gegenwärtigen Bewohnern der Kassubei zu.

Die Nationaltracht des Kassuben ist allmählich verschwunden; den langen Schnürrock sieht man fast gar nicht mehr, auch die hohe schwarze Ballonmütze gehört zu den Seltenheiten. An ihre Stelle ist vielfach die Pelzmütze getreten, die häufig auch im Sommer nicht abgelegt wird, gerade wie die Frauen selbst zur Erntezeit neben dem dann üblichen, weißen Kopfstuch auch das winterliche schwarzwollene tragen. Das rauhe Klima läßt den Kassuben nicht zur Empfindung für den Einfluß der Witterung kommen, kann man doch auf der anderen Seite mitten im Winter die kassubischen Arbeiter auf Schnee und Eis barfüßig gehen sehen. Das einzige charakteristische Kleidungsstück, das man fast nie vermissen wird, ist der rote Unterrock. Mit hoch aufgeschürztem Kleide gehen die Frauen und Mädchen in ihrem Sonntagsstaat zur Kirche und weithin glänzt der grelle rote Unterrock, ihr besonderer Stolz; im allgemeinen aber sind auch diese vom Verkehr wenig berührten Gegenden der allgemeinen Uniformierung der Tracht verfallen, und nur die allen minder kultivierten Völkern noch ebenso wie dem Naturmenschen eigentümliche Vorliebe für grellbunte Farben hat sich erhalten.

Für die wirtschaftlichen Verhältnisse ist es bezeichnend, wie wenig genau es der Kassube mit den Begriffen Mein und Dein nimmt. Es wäre vielleicht ungerecht, hierfür lediglich den Nationalcharakter verantwortlich zu machen und den Einfluß der älteren Wirtschaftsverfassung zu übersehen. Insbesondere giebt sich der ländliche Arbeiter ohne weitere Reflektion der Ansicht hin, daß sein Herr ihn sans phrase zu unterhalten, für seine Existenz zu sorgen habe — ein unbewußtes Überbleibsel der Leibeigenen-Gewohnheiten im Zeitalter der Freizügigkeit. Er hält es darum nicht für Raub, sich selbst aus dem Besitze seines Herrn eigenmächtig das zu Gemüte zu führen, was er zu seinem Unterhalt zu brauchen meint. Jedenfalls trägt diese naive Denkweise viel zu der Verschwommenheit der Eigentumsbegriffe bei.

So wenig der Kassube aber einerseits das Eigentum zu respektieren gewohnt ist, so wenig ist er doch anderseits allen Versuchen zugänglich, ihm die Idee der vollen Gütergemeinschaft einzuimpfen und ihn für die Partei des Zukunftsstaates zu gewinnen. Einmal hält ihn die katholische Kirche und das Polentum zu fest, und dann hängt er auch zu sehr an seiner Scholle, die er gern durch allmähliches Versetzen der Grenzsteine oder durch Abpflügen einzelner Streifen auf Kosten der Nachbarn vergrößert. Langwierige Prozesse sind die Folge, aber Prozessieren ist eine

Art Zeitvertreib des Kassuben. Daß der Meineid in manchen kassubischen Gegenden den festen Preis: „5 Düttchen (Groschen) und 1 Schnaps“ hat, ist leider sprichwörtlich geworden. Alle wissenschaftlichen Erforschungen der wirtschaftlichen Verhältnisse in der Kassubei haben jene Eigenschaften des Kassuben und ihren Einfluß auf das Wirtschaftsleben bestätigt — es handelt sich bei der Feststellung dieser Charaktereigentümlichkeiten also durchaus nicht etwa um eine kurzsichtige Voreingenommenheit gegen den Volksstamm. Viele treffende Randbemerkungen findet der Leser, der sich eingehender mit Land und Leuten in der Kassubei beschäftigen will, beispielsweise in dem XI. Bande der von Prof. Sering herausgegebenen Untersuchungen über „Die Erbgewohnheiten der ländlichen Bevölkerung in Preußen“ (Westpreußen, bearbeitet von Dr. Busch); auch dort finden sich neben mancherlei schärferen Glossen zahlreiche Hinweise auf die „sprichwörtliche Prozeßsucht der polnisch-kassubischen Bevölkerung, ihre grenzenlose Indolenz und Trägheit.“ Auch die im Jahre 1888/89 aufgenommenen „Ermittelungen über die Lage der Landwirtschaft in Preußen“ bestätigen vielfach dasselbe.

In äußerlicher Frömmigkeit ist der katholische Kassube musterhaft, der Feiertage und des Kirchganges kann er nie genug haben. Leidet schon durch den übermäßigen Kirchgang die Wirtschaft, so erhöht sich dieser Verlust noch durch die verhältnismäßig enormen Abgaben und Spenden an die Kirche. Auf dem Gebiete des Glaubens und der Nationalität ist der Kassube ein willenloses Werkzeug in der Hand gewissenloser Agitatoren. Hieraus entspringen die Mißhandlungen deutscher Volksschullehrer und ärgere Ausschreitungen, welche die Öffentlichkeit schon so oft in häßlichen Prozessen beschäftigt haben. — Ist der Kassube ein höchst mangelhafter Wirtschafter und träger Arbeiter, so stellt er dafür auch nur geringe Ansprüche an seinen Boden, so geringe, daß dieser sie gerade noch zu erfüllen vermag. Vielfach ließe sich bei Aufwendung größerer Mittel und energischerer Arbeit, wenn die Zeiten nicht gar zu ungünstig sind, immerhin mehr aus dem Boden herausholen. Doch giebt es auch zahlreiche Stücke, auf denen alle Mühe umsonst, alle Kraft vergeudet wäre, und die nur den Kassuben zu ernähren vermögen, dessen Genügsamkeit unübertroffen ist.

Für die Armut des Landes sprechen am deutlichsten einige

Zahlen, wenn dieselben auch einer Erhebung aus guter Zeit entnommen sind. Vergleichen wir den aus dem Jahre 1882 bekannten Stand der Grundbuchschulden in den drei Amtsgerichtsbezirken Marienburg, Neustadt und Jastrow, speziell für bäuerliche Stellen von 30—100 Thalern Grundsteuerreinertrag. In dem Marienburger Bezirk, dem außerordentlich fruchtbaren, von einem intelligenten deutschen Bauernstande bewirtschafteten Weichseldelta, beträgt der Grundsteuerreinertrag im Durchschnitt des ganzen Landes 10,2 Thaler für 1 Hektar und ist damit am höchsten in dem ganzen östlichen Teile der zweiundvierzig Amtsgerichtsbezirke, in welchen jene Erhebungen angestellt wurden, während die beiden anderen genannten Bezirke mit 1,3 und 1,4 Thalern den niedrigsten Stand erreichen. Beträgt auf den bäuerlichen Besitzungen die Verschuldung auf 1 Thaler Grundsteuerreinertrag im Bezirk Marienburg 19,2 Thaler, wovon 13,1 durch Mehrwert der Gebäude gedeckt sind, so belaufen sich die Schulden im Kreise Jastrow auf 29,1 Thaler, die Deckung nur auf 0,8, und in dem Neustädter Bezirk gar auf 40,1, während die kassubischen Häuser durch ihren Mehrwert nur eine Deckung von 0,7 Thalern ermöglichen — hier sehen wir die bei weitem ungünstigsten Verhältnisse in allen zweiundvierzig Bezirken.

Ein weiteres Moment, das in der Agrarfrage für die Ostprovinzen eine bedeutende Rolle spielt, ist die Auswanderung und Sachsengängerei. Auch die Bedürfnislosigkeit des Kassuben hat ihre Grenze und sein Wandertrieb ist nicht gering. Als in den letzten Jahrzehnten der Zug nach dem Westen so übermächtig wirkte und die Auswanderung nach Amerika in Blüte stand, war der Kassube nicht der letzte, der in jenem gelobten Lande goldene Berge suchte. Die ganze Bevölkerung wurde von Agenten nach allen Regeln der Kunst bearbeitet, freie Fahrscheine, große Versprechungen lockten tausende von Familien aus der Kassubei hinaus über das weite Meer — elend, aller Habe beraubt, kehrten diejenigen zurück, denen die Aufbringung der Reisekosten noch möglich war. Als Nordamerika seine Häfen mehr und mehr gegen die einwandernde Armut schloß, ging es nach Brasilien. Aber auch dort fanden nur verschwindend wenige eine bleibende, befriedigende Stätte. Jetzt, wo auch aus Brasilien zu viel Elend zurückgekehrt ist, geht es in verstärkter Auflage nach Sachsen, in die Rüben, an die fremde Ernte. Ist es in der Kassubei auch nicht so schlimm, wie in Posen, so sind die Verluste durch Wanderung doch außerordentlich groß, und der westpreußische Landwirt muß mit der Ernte warten und sich russisch-polnische Arbeiter über die Grenze holen. Erst spät kehrt ein Teil der Weggezogenen — während der Rest in die Industrie übergeht — zur Kartoffelernte der Heimat wieder zurück.

Den größten Fleiß entwickelt der Kassube im allgemeinen bei der Rüben- und Kartoffelernte. Diese an den Geist nicht die mindesten Anforderungen stellende Arbeit ist die ihm am meisten zusagende wirtschaftliche Beschäftigung. Die Kartoffel spielt bei ihm auch als Nahrungsmittel die Hauptrolle, sie beherrscht seine Landwirtschaft, und die der Kartoffelernte ähnliche Arbeit in den Rübenländern übt auf den wandernden Kassuben immer noch die meiste Anziehungskraft aus.

Fast zwölf Prozent ihrer ländlichen Bevölkerung verliert die Kassubei jährlich durch Auswanderung und Sachsengängerei. — Ist es der höhere Verdienst in Sachsen, der doch wieder durch die Reise und das kostspielige Leben draufgeht; ist es die Freiheit, die sie von der heimatlichen Scholle fortzieht?

Auch hier macht sich wieder der große Einfluß der Wanderungen auf die Gesamtwirtschaft sehr stark geltend, ja, von diesen slavischen Gebieten aus werden sogar infolge der Wanderungen die wirtschaftlichen Verhältnisse im ganzen Staate nachhaltig beeinflußt. Aus diesen slavischen Gebieten rekrutiert sich ein bedeutender Teil des übermäßigen Zustromes in die Stadt, ein bedeutender Teil der industriellen Arbeiterreservearmee; in diesen slavischen Gebieten ist zugleich die ländliche Arbeiternot sehr groß, die Verbreitung landwirtschaftstechnischen Fortschrittes stark gehemmt. In unserer heutigen deutschen Volkswirtschaft haben die slavischen Gebietsteile, die slavischen Arbeiter und die slavischen Wanderungen eine Bedeutung, die man nicht gering achten sollte; ja man kann ohne Übertreibung sagen, daß sie in gewisser Beziehung geradezu im Mittelpunkte unserer künftigen inneren Politik stehen — eine Erkenntnis, die zwar nicht neu und schon von kundigster Seite ausgesprochen ist, sich aber nur sehr langsam bahnbricht.

Da die Kassuben als der am tiefsten stehende Teil dieser preußischen Slaven anzusehen sind, war es wohl angebracht, an dieser Stelle einmal einen kurzen Streifzug in die wirtschaftsgeschichtliche Entwicklung und gegenwärtige wirtschaftliche Lage der kassubischen Lande zu unternehmen. Wir werden auch in den späteren Abschnitten noch auf die allgemeinere Bedeutung des Slaventums für unsere gegenwärtige Wirtschaft zurückzukommen haben. Wenn wir aber späterhin unsere Aufmerksamkeit auf den ungünstigen Einfluß der slavischen Elemente auf unsere Volkswirtschaft richten müssen, so ist es nur gerecht, daß wir zunächst auch daran gedacht haben, den Anteil des Bodens und der natürlichen Verhältnisse sowohl wie der geschichtlichen Entwicklung an den gegenwärtigen wirtschaftlichen Verhältnissen der fraglichen Landstriche zu untersuchen. In der That besteht eine starke Wechselwirkung zwischen der Ungunst des Bodens und Klimas einerseits, der außerordentlichen Bedürfnislosigkeit des slavischen Kleinbauern und Arbeiters und der zurückgebliebenen Kultur des Landes anderseits. Die Frage ist aber, ob eine Verschiebung der Nationalitätenverhältnisse durch Wanderung und Siedelung im Sinne einer Germanisierung des Landes nicht dahin wirken könnte, daß die Bodenkultur und die gesamte wirtschaftliche Lage wesentlich gehoben würde.

Der Boden des deutsch-slavischen Landes hat immer wieder den Herrn gewechselt, ist immer wieder aus slavischem in germanischen und aus germanischem in slavischen Besitz übergegangen. Schon in alter Zeit haben wir das Land in relativ großer wirtschaftlicher Blüte gefunden — der Boden war damals in germanischen Händen. Und abermals kam eine Zeit hohen Aufschwungs — der deutsche Orden entriß das Land slavischer Mißwirtschaft. Mannigfach hat dann das Geschick des Landes geschwankt — sollte nicht der Boden, wenn er wiederum thatsächlich in deutsche Hände kommt, nicht nur ein Teil eines deutschen Staates, sondern auch ein Besitz deutscher Bewohner, vielleicht wiederum eines Aufschwunges fähig sein, wiederum eine höhere Kultur zu tragen vermögen? Die Wanderungs- und Siedelungspolitik wird hier noch eine große Probe zu bestehen haben!

II.

Die Tauschwirtschaft.

Die Tauschwirtschaft.

Tauschverkehr — Tauschstätten — Tauschmittel.

Die Grundfaktoren der Volkswirtschaft. — Der Tausch. — Tauschwirtschaft und Weltpolitik. — Die Stätten des Tausches. Der städtische Markt. — Der Zug in die Stadt. — Die Städteerbauer. — Die Tauschmittel. Zur Geschichte des Geldes und Zinses — Das umlaufende Geld. — Die Verwendung überschüssiger und Sicherung notwendiger Tauschmittel. Spar- und Versicherungswesen. Arbeiterversicherung.

Der eigne Boden, der die Grundlage jeder nationalen Wirtschaft bildet, wird mannigfach ergänzt durch den Boden einer ganzen Welt, dessen Erträgnisse im Tauschverkehr jeder Wirtschaft zugeführt, dessen Bewohner für die Erzeugnisse jeder anderen Wirtschaft Abnehmer werden können.

Und wie die Erträge der verschiedenen Volkswirtschaften unter einander, so vermittelt der Tausch, und zwar in erster Linie, die der verschiedenen Einzelwirtschaften innerhalb des Rahmens der nationalen Wirtschaft.

Ein müßiger Streit grau-grauer Theorie wäre es, den Vorrang eines der beiden Wirtschaftszweige zu untersuchen. Sicherlich ist die Gütererzeugung vor dem Güteraustausch, ist der Mensch in erster Linie darauf angewiesen, die Güter zu gewinnen, die der Boden ihm zu liefern vermag; sicherlich können ganze Stämme ohne jeden Tausch allein von den selbstgejagten Tieren und selbst geernteten Früchten leben. Ebenso sicher aber ist es, daß heute, in der hochentwickelten Wirtschaft, in überaus volkreichen Landen, für Hunderttausende ohne die Möglichkeit des Tausches jede Existenzmöglichkeit aufhörte.

Zwar ein Teil der Bevölkerung könnte sich auch ohne den Tausch erhalten, allein auf und von der eigenen Scholle lebend, die ganze moderne Wirtschaft aber, die Existenz einer dichten, dauernd sich vermehrenden Bevölkerung, die eigentliche Volkswirtschaft steht und fällt mit dem Tauschwesen.

Wir unterlassen füglich den ergebnislosen Kampf um den Vorrang und räumen allen drei Faktoren der Volkswirtschaft: Dem Boden, dem Werkzeug und dem Tausch eine gleich hohe, gleich unentbehrliche Rolle ein. Der Boden liefert die Gesamtheit der Rohstoffe; Ackerbau und Viehzucht, Jagd und Fischerei, Holz und Stein, Eisen und Kohle sind fest mit ihm verbunden. Das Werkzeug ermöglicht eine höhere Entwicklung der Wirtschaft, eine bessere Ausnutzung des eigenen Bodens, die Ernährung einer größeren Volkszahl, die Beschäftigung von Millionen Händen in blühenden Industrien. Der Tausch endlich überwindet die engen Schranken des Bodens, unterwirft die ganze Welt der Wirtschaft, vermag an jeder beliebigen Stelle der Erde jeder beliebigen Anzahl von Menschen die nötige Nahrung zuzuführen, gestattet eine ungemessene Steigerung der Volkszahl und des Volkswohlstandes. Gleichzeitig werden die Tauschmittel zu einem Faktor, der das ganze Wirtschaftsleben beherrscht, befruchtet, antreibt — knechtet.

Die verschiedenen Stufen der Wirtschaft von der Einzelwirtschaft bis zur Weltwirtschaft, sowie insbesondere die verschiedenen Stufen der möglichen und faktischen Volksdichtigkeit liegen zwischen dem Auflesen der vorhandenen Nahrung vom Boden, der Ausübung eines Zwanges zur Nahrungslieferung auf den Boden, der Durchwühlung des ganzen Erdbodens und der Verarbeitung der natürlichen Güter durch das Werkzeug in immer steigender Vollendung, und zwischen der Ausdehnung des Tauschverkehrs über die ganze Welt, dem Güteraustausch zwischen allen Einzel- und Volkswirtschaften, der Befruchtung der Wirtschaft durch die Tauschmittel.

Boden, Werkzeug und Tausch sind die drei Grundfaktoren der Volks-, und wenn man will der Welt-Wirtschaft — nicht der Einzelwirtschaft, die des Tausches, ja unter besonders günstigen Umständen auch des Werkzeugs entraten kann. Jedes Wirtschaften ist eine Thätigkeit des Menschen, und zwar, wie wir sahen, eine Thätigkeit, die den Ausgleich des Mißverhältnisses zwischen den natürlichen freien Gaben des Bodens und den Bedürfnissen der ihn bewohnenden Menschen bezweckt. Die

Arbeit ist demnach nicht ein den anderen gleichwertiger Teil oder Faktor der Wirtschaft, sondern die Wirtschaft ist Arbeit, ein Teil der menschlichen Arbeit überhaupt — nicht seine ganze Arbeit schlechthin, denn diese kann auch z. B. in einer unwirtschaftlichen oder vorwirtschaftlichen Bethätigung seines Spieltriebes bestehen.

Aus den drei alten Wirtschaftsfaktoren: Boden, Kapital und Arbeit — werden wir also die Arbeit als das Übergeordnete auszulösen haben; indem wir es durch das selbstgeschaffene Hilfsmittel der Arbeit, das Werkzeug, ersetzen, und die historische Reihenfolge herstellen, wandeln sich jene alten Grundfaktoren: Boden, Kapital und Arbeit in das Kleeblatt: Boden, Werkzeug und Tausch. Denn auch das Kapital stellt als Konzentrierung von Tauschmitteln nur einen Teil des volks- und weltwirtschaftlichen Grundfaktors: Tausch dar.

Wenn wir ein einfaches Schema aufstellen wollen, das das Wesen der Wirtschaft, ihre drei Grundlagen, veranschaulicht, so wird dasselbe nicht so aussehen können:

Wirtschaft

Boden — Kapital — Arbeit

(d. h. Boden, Kapital und Arbeit als die drei gleichwertigen Grundfaktoren, auf denen die Wirtschaft steht); das Bild müßte vielmehr etwa so aussehen:

Arbeit

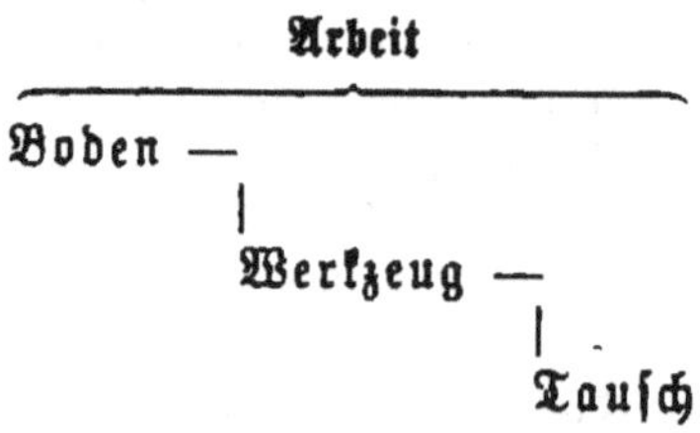

Das ganze Gebilde stellt die Wirtschaft dar und besagt, daß die Wirtschaft Arbeit ist; diese Arbeit bezieht sich auf bezw. vollzieht sich am Boden, Werkzeug und Tausch. Die verschiedene Stellung dieser drei drückt nicht ein Werturteil aus, sondern lediglich die historische Ordnung; die Arbeit beschränkt sich ursprünglich auf den Boden, nimmt alsdann zur besseren Ausnutzung des in der geschlossenen Wirtschaft vorhandenen Bodens das Werkzeug zu Hilfe, und setzt sich endlich über den eigenen engen Boden hinweg durch den Tausch. Die entwickelte Volks- und Weltwirtschaft steht alsdann auf dem Boden im weitesten Sinne (die Naturgaben und Naturkräfte überhaupt umfassend), auf dem Werkzeug im weitesten Sinne (sowohl einerseits die vollständige Fabrik wie anderseits das Haustier einschließend) und auf dem Tausch im weitesten Sinne (dem über die ganze Welt ausgedehnten Tauschverkehr sowohl wie der Kapitalmacht der angehäuften Tauschmittel).

Wie jedes Schema, so hat natürlich auch dieses Wirtschaftsschema etwas Gezwungenes. Es lassen sich im einzelnen keine festen Grenzen ziehen zwischen Boden, Werkzeug und Tausch, sobald wir sie im weiteren Sinne fassen. Der Boden bedeutet selbstverständlich nicht nur ein Stückchen Erde; es kommt darauf an, in welcher geographischen Lage, unter welchem Klima sich dieser Boden befindet, was auf ihm wächst und lebt, wie er gestaltet ist, ob Berg oder Wasser diesen Flecken der Erdkugel bedecken. In dieser weiten Fassung hängt nun auch beispielsweise das ursprünglich auf dem Boden vorhandene Tier eng mit ihm zusammen, während anderseits das gezähmte, in der Wirtschaft thätige Haustier zum Werkzeug gehört. Ebenso gehört ein Wasserfall zu den natürlichen Bodenverhältnissen, die Verwendung dieser Naturkraft aber zugleich zu den Werkzeugen. So bedient sich der Tauschverkehr des Bodens, der Flüsse, der Werkzeuge, bestehen die Tauschmittel aus den natürlichen Gaben des Bodens. Eine absolute Scheidung ist an sich nicht möglich, und erst die Thätigkeit des Menschen bestimmt, was in das Bereich des Bodens, der Werkzeuge und des Tausches gehört. —

Beschränken wir uns nunmehr, nachdem wir Boden und Werkzeug bereits kurz betrachtet haben, wieder auf den dritten Grundfaktor der Volkswirtschaft, den Tausch.

Alle fortgeschrittene Kultur ist mit dem Tauschverkehr untrennbar verknüpft. In ihm wurzelt die gesamte moderne Einzel-, Volks- und Weltwirtschaft; der Tauschverkehr lenkt die Geschicke der Völker, das Wachstum der Nationen, ihren friedlichen Verkehr und ihre Kriege. Der Tausch verbindet die Menschen und bringt sie in gegenseitige Abhängigkeit.

Je weiter sich das Tauschwesen ausdehnt, um so abhängiger wird der einzelne Mensch von der Gesellschaft, wie er mit der Fortbildung seiner Werkzeuge immer abhängiger wird von diesen. Es ist eine gewaltige Tragikomödie der Weltgeschichte, daß der Mensch von den künstlichen Werkzeugen, die er selbst erfunden, und von dem Verkehr, den er mit ihrer Hilfe eingeleitet, in so hohem Maße abhängt, daß er ohne sie einfach nicht mehr existenzfähig ist; so paradox es klingt: Gerade der freieste Mensch ist am unfreiesten — der im Zeichen des Verkehrs lebende Kulturmensch des 19. und 20. Jahrhunderts, der sich die ganze Welt unterworfen hat, ist am abhängigsten von seinen Mitmenschen sowohl wie von der Natur, die er sich so weit dienstbar gemacht hat. Ohne Tauschverkehr und Verkehrsmittel ist die moderne Wirtschaft, ist die Kultur nebst ihren Trägern, den Städten unmöglich. Denn in den Städten, den eigentlichen Stätten des Tausches, ist der Prozeß am weitesten entwickelt — ohne Tauschmöglichkeit keine Existenzmöglichkeit der Städte und ihrer Bewohner. Doch darüber später einiges mehr.

Bevor wir die Entwicklung der Tauschwirtschaft, des Tauschverkehrs und der Tauschmittel im einzelnen näher betrachten, prüfen wir den Einfluß des über die ganze Welt ausgedehnten Tauschverkehrs auf die Weltpolitik, auf die großen weltgeschichtlichen Ereignisse, den Gesamtverkehr zwischen den Völkern, auf Krieg und Frieden, Entstehen und Vergehen der Staaten. Schon in den früheren Kapiteln mußten wir wiederholt unser Auge auf diese großen Züge des Weltverkehrs richten, insbesondere auf die Folgen, die aus der tauschwirtschaftlichen Abhängigkeit eines Staates vom fremden Boden entstehen. Hier ist nun der Ort, diese Dinge etwas eingehender zu prüfen.

Mit der Entwicklung des Tauschverkehrs zwischen den Völkern hat sich der gesamte politische Verkehr allgemach von Grund auf geändert. Wir müssen uns, um die Bedeutung dieser Umwandlung vollauf zu würdigen, die ursprünglichen Verhältnisse, die Entwicklung des Völkerrechtes, die Grundlagen des friedlichen und kriegerischen Verkehrs zwischen den Völkern vergegenwärtigen. Dieser Verkehr wird geregelt durch die Ausgestaltung des Völkerrechtes, das wir zunächst kurz ins Auge fassen wollen, bevor wir den weit mächtigeren, realen Faktor, die Ausgestaltung der Wirtschaftsbeziehungen, betrachten.

Als der Meister des Völkerrechts vor mehr als einem Vierteljahrhundert die zweite Auflage seines bekannten Rechtsbuches in die Welt senden konnte, schrieb er an Professor Franz Lieber in New-York in Hinblick auf den glücklich beendeten deutsch-französischen Krieg:

„Die Mängel und die Schwächen des Völkerrechts sind in diesem Kriege in erschreckendem Maße offenbar geworden. Oft hat sich sogar bei Offizieren beider Armeen und selbst in hohen Kreisen und bei hochgebildeten Männern eine grauenhafte Unkenntnis des Völkerrechts gezeigt. Es sind viele Mißgriffe gemacht worden, die sich nicht aus bösem Willen, auch nicht aus der rechtsverwirrenden Macht des Hasses oder dem aufflammenden Zorne allein erklären lassen, sondern sicher unterblieben wären, wenn die Kenntnis des Völkerrechts allgemeiner verbreitet wäre." (Bluntschli, Völkerrecht, 2. Aufl.)

Manches hat sich in den 26 Jahren, seitdem diese Worte geschrieben sind, gebessert, Vieles aber liegt auch noch heute sehr im Argen, noch heute ist das Völkerrecht ein Schmerzenskind der Juristen und Politiker, noch heute trifft man sogar häufig eine völlige Leugnung des Völkerrechts wegen des Fehlens einer vollstreckenden Gewalt. Und doch ist in unsrer Zeit des ausgedehntesten internationalen Verkehrs und der Tauschwirtschaft nichts wichtiger, als die rechtliche Grundlage des Verkehrs zwischen den Völkern, das Völkerrecht im weitesten Sinne. Der Schutz des Völkerrechts steht heute auf einer Stufe, die vor Jahrtausenden und Jahrhunderten auch der Schutz des Privatrechts noch inne hatte; damals „in der Jugendperiode der germanischen Völker und teilweise noch im Mittelalter" war ebenso wie jetzt auch zwischen den Völkern, wie Bluntschli schreibt, „die männliche Selbsthilfe eine gewöhnliche Form der Rechtshilfe. Mit den Waffen in der Hand verteidigte der Eigentümer den Frieden seines Hauses, der Gläubiger pfändete selber die säumigen Schuldner, gegen den Friedensbrecher wurde die Familien- und Blutrache geübt, der Rechtsstreit der Ritter und Städte wurde in der Form der Fehde vollzogen. Sogar in die öffentlichen Gerichte hinein trat die Waffengewalt, der Zweikampf war ein beliebtes Beweismittel, und selbst der Urteilsschelte wurde durch die Berufung auf die Schwerter Nachdruck verliehen. Nur allmählich verdrängte die friedliche und zuverlässigere Gerichtshilfe die ältere Selbsthilfe. Es ist daher nicht unnatürlich, wenn die Staaten, d. h. die derzeitigen alleinigen Inhaber, Träger und Garanten des Völkerrechts in ihren Rechtsstreiten im Gefühle ihrer Selbständigkeit und ihrer Rechtsmacht sich noch heute vornehmlich selber zu helfen suchen.

„Indessen der Krieg ist doch nicht das einzige völkerrechtliche Rechtsmittel. Es giebt daneben auch friedliche Mittel, dem Völkerrechte Anerkennung und Schutz zu verschaffen. Die Erinnerungen und Mahnungen, unter Umständen die Forderungen der neutralen Mächte, die guten Dienste befreundeter Staaten, die Äußerungen des diplomatischen Körpers, die Drohungen der Großmächte, die Gefahren der Koalitionen gegen den Friedensbrecher, die laute und starke Stimme der öffentlichen Meinung gewähren der völkerrechtlichen Ordnung auch einigen — freilich nicht immer einen ausreichenden — Schutz und werden selten ungestraft mißachtet. Zuweilen endlich werden völkerrechtliche Schiedsgerichte gebildet, welche den Streit der Staaten auch in wirklicher Rechtsform nach einem vorgängigen Prozeßverfahren entscheiden."

So vollzieht sich im Verkehr zwischen den Völkern im Laufe der Zeit dieselbe Wandlung von der gewaltsamen Selbsthilfe zu dem geordneten Recht, wie einst im Verkehr zwischen den Privatpersonen. Die friedliche Entscheidung wird im Streite zwischen den Völkern immer häufiger. Die Regel der heutigen Welt ist nicht mehr der Krieg, sondern der Frieden. Im Frieden aber herrscht in den Beziehungen der Staaten zu einander nicht die Gewalt, sondern das anerkannte Recht. In dem friedlichen Verkehr der Staaten miteinander wird die Persönlichkeit und die Selbständigkeit des schwächsten Staates ebenso geachtet, wie die des mächtigsten. Das Völkerrecht regelt die Bedingungen, die Formen, die Wirkungen dieses Verkehrs wesentlich für alle gleich, für die Riesen wie für die Zwerge unter den Staaten. Jeder Versuch, diese Grundsätze, gestützt auf die Übermacht, willkürlich zu verletzen, ruft einen Widerspruch und Widerstand hervor, welchen auch der mächtigste Staat nicht ohne Gefahr und Schaden verachten darf.

Aber selbst in dem Ausnahmezustande des Krieges, in welchem die physische Gewalt ihre mächtigste Wirkung äußert, werden dieser Gewalt Schranken gesetzt, welche auch sie nicht überschreiten darf, ohne die Verdammung der zivilisierten Welt auf sich zu laden. In nichts mehr bewährt und zeigt sich die Macht und das Wachstum des Völkerrechts stärker als darin, daß es vermocht hat, die spröde Wildheit der Kriegsgewalt allmählich zu zähmen und selbst die zerstörende Wut des feindlichen Hasses durch Gesetze der Menschlichkeit zu mäßigen.

„Indem der Krieg die Kräfte der Völker und die Macht der Verhältnisse im Großen offenbart und zur Geltung bringt, bewährt er sich als eine rechtbildende Autorität. Er ist nicht eine reine Form der Rechtsbildung. Er ist nicht das Ideal der Menschheit, aber er ist heute noch ein unentbehrliches Mittel für den notwendigen Fortschritt der Menschheit. — Die Vervollkommnung des Völkerrechts begleitet und sichert die Vervollkommnung des Menschengeschlechtes.“ (Bluntschli).

Während im Altertum z. B. der Grieche jeden Nichthellenen als absolut rechtlosen Barbaren betrachtete, während im Mittelalter das auf religiöser Basis sich entwickelnde Völkerrecht nur die christlichen Völker verband, gewährt das heutige, trotz aller großen Mängel vergleichsweise auf einer sehr hohen Stufe stehende Völkerrecht allen Völkern gleiches Recht. Vor der gewaltigen Ausdehnung des wirtschaftlichen Weltverkehrs sind die Schranken gefallen; alle Nationen und Religionen sind in den großen Kreis hineingezogen. Eine internationale rechtliche Regelung des Eisenbahn- und Seeverkehrs, des Post- und Telegraphenverkehrs wurde unausbleiblich, und ebenso wie das Recht des friedlichen Verkehrs hat das Kriegsrecht eine Ausbildung erfahren, die den Krieg in der That von vielen Grausamkeiten befreit hat. Besonders ist aber, wie schon bemerkt, die Zahl der Kriege vermindert, und friedliche, schiedsrichterliche und ähnliche Vermittlung in Streitfällen häufiger geworden.

Was die schiedsrichterliche Vermittlung zwischen den Völkern anlangt, so sei daran erinnert, daß auf dem Pariser Kongresse von 1856 bereits die Mächte im Interesse des Friedens den Wunsch zu Protokoll gaben, daß die Staaten, unter denen ein Streit sich erhebe, nicht sofort zu den Waffen greifen, sondern zuvor die guten Dienste einer befreundeten Macht anrufen möchten, um den Streit zu schlichten. Man weiß, wie zahlreich inzwischen die Vorschläge gewesen sind, die auf die Einsetzung von Schiedsgerichten und allgemeinen Kongressen hinzielen. Auch Bluntschli hat an diesem Wettkampf der Weltfriedensentwürfe teilgenommen und seine Grundzüge in der »Gegenwart« von 1878 entwickelt.

Auf die große Menge dieser Schiedsgerichtspläne näher einzugehen ist hier nicht der Ort. Sie bilden nur ein Dokument der einen Grundthatsache im Verkehr zwischen den Völkern, daß die Kriege eine dauernde Verminderung und Milderung erfahren. Diese Erscheinung ist indessen nur eine Begleiterscheinung des großen Zuges, der durch den weltgeschichtlichen Verkehr zwischen den Völkern geht; die Wandlung der völkerrechtlichen Beziehungen ist lediglich eine Folge der ungeheuren Wandlung der Wirtschaftsbeziehungen in dem immer weiter sich ausbreitenden Tauschverkehr, jener eigentlichen Grundthatsache des internationalen Lebens, die sich durch die Jahrhunderte und Jahrtausende zieht, wenn man so will, eine Umwälzung des Kriegswesens in großartigstem Maßstabe: Es ist der allmähliche Übergang vom Waffenkriege zum **Wirtschaftskriege.**

Die Völker des Altertums waren wesentlich, wie Ingram es in seiner Geschichte der Volkswirtschaftslehre treffend ausdrückt, „für den Krieg organisiert", indessen die modernen Völker „während ihrer ganzen Geschichte in immer mehr zunehmendem Grade das Bestreben gezeigt haben, sich in ihren Einrichtungen den Anforderungen der wirtschaftlichen Thätigkeit, als ihrem praktischen Endzweck und Ziele, anzupassen". Das Altertum war beherrscht von dem Institut der Sklavenwirtschaft, von der Verachtung der gewerblichen Arbeit, als des freien Mannes unwürdig, dem nur kriegerische Beschäftigung ziemte. Die Arbeit war noch nicht des Bürgers Zierde, sie war vielmehr als verächtlich gebrandmarkt. Die produktive Thätigkeit des Volkes war äußerst beschränkt, die kriegerische herrschte vor. Jede Ausdehnung der Wirtschaft im modernen Sinne war durch den kriegerischen Grundcharakter der Zeit und die damit verbundene ununterbrochene Gefahr für Leben und Eigentum unmöglich gemacht. Der geschichtliche Beruf der alten Zivilisation bestand nach Ingram darin, „nicht durch die wirtschaftliche Thätigkeit, sondern durch den Krieg eine Lage der Dinge zu schaffen, welche die Ausscheidung dieser Zivilisation selbst und die Gründung einer auf friedlichem Wirken ruhenden gesellschaftlichen Ordnung der Dinge gestattet." Rom hat diese Aufgabe gelöst.

Der Umschwung, den das Christentum brachte, war zunächst die Würdigung der Arbeit. Das Wirtschaftsleben erfuhr eine starke Hebung einerseits in den Klöstern, anderseits durch die Kreuzzüge, die den Handel außerordentlich belebten. Einstweilen aber fehlte es an Transport- und Kommunikationsmitteln, daneben drückten die gewerblichen und Zins-Beschränkungen, und der Kriegszustand dauerte in Folge der unaufhörlichen Kämpfe zwischen Papst und Kaiser fort. Auch die Verachtung der gewerblichen Arbeit dauerte zum Teil trotz des Christentums neben dem Feudalismus fort, und namentlich finden wir trotz des durch die Kreuzzüge bewirkten Aufschwunges noch eine tiefe Verachtung des Handels.

Und dann kommen die Entdeckungen und Erfindungen, es kommt das Unternehmertum und der kapitalistische Großhandel. Der wirtschaftliche Verkehr dehnt sich in ungeahnter Weise aus. Es kommt der Merkantilismus mit seinem stark ausgeprägten wirtschaftlichen Charakter. Das Kolonialwesen nimmt einen mächtigen Aufschwung. Der wirtschaftliche Kampf zwischen den Völkern und seine Waffe, der Kampfzoll, beginnt eine großartige Rolle zu spielen. Aber während die außerordentliche, bis dahin völlig ungekannte Unterstützung des Wirtschafts- und Erwerbslebens durch den Staat nur ein Mittel zur Erlangung von Geldern für die Kriegsführung und militärische Überlegenheit war, vollzog sich in der Periode der Physiokratie und der Folgezeit der große endgiltige Umschwung, durch den das Wirtschaftsleben in die erste Reihe und der Krieg schließlich ins Hintertreffen rückte.

„Die Heere und die Diplomatie der Regierungen wurden in den Dienst des Handelsverkehrs gestellt. Die Kriege, welche einen großen Teil des 18. Jahrhunderts ausfüllten, waren in der Hauptsache durch Handelsinteressen hervorgerufen, und entstanden aus dem Bestreben, die in der vorhergehenden Phase gegründeten kolonialen Niederlassungen zu halten oder zu erweitern, oder auch die wetteifernde Nation von den mit dem Besitze solcher Niederlassungen verknüpften wirtschaftlichen Vorteilen auszuschließen. Diese veränderte Haltung bedeutete, trotzdem sie bedauerlicherweise das Entstehen von Feindseligkeiten und

Eifersüchteleien unter den Völkern begünstigte, einen thatsächlichen und wichtigen Fortschritt: sie wies hin auf die wirtschaftliche Thätigkeit, als die einzige dauernde, praktische Bestimmung der neuzeitlichen Gesellschaft.“ (Ingram.)

Smith setzte vollends die Arbeit auf den Thron, und die große Revolution folgte ihm. Die staatliche Organisation ist nicht mehr eine Organisation für den Krieg, sondern eine Organisation für die Wirtschaft, die ihre wirtschaftlichen Interessen im Notfall durch den Krieg wahren muß. Der Friede bildet die Regel, und die Staatshäupter verfehlen nicht, jederzeit ihre Friedensliebe zu betonen. Die Kriege mit den Waffen sind vermindert und gemildert — — um so heftiger toben die Wirtschaftskriege, der ununterbrochene wirtschaftliche Kampf zwischen den Völkern und im Inneren der Völker. Und wer wollte behaupten, daß die Opfer des Wirtschaftskrieges geringer sind als die Opfer des Krieges mit den Waffen! Nur daß man die Leichen nicht auf einem Schlachtfelde beisammen sieht. Nur daß die rüstigen Kämpfer keine Orden und Ehrenzeichen erhalten. Die Waffe, mit der wir unsre alltäglichen Kämpfe ausführen, ist nicht das Schwert, „sondern die Ware, welche in der kapitalistischen Gesellschaft die gleichen Verheerungen an Gesundheit, Kraft, und Leben anrichtet, wie das Schwert zur Zeit des Raubrittertums“. (Woltmann, System des moralischen Bewußtseins). —

Der deutsche Zollverein war kein plötzlicher großer Schlag wie der Sieg von Sedan, aber er war mindestens nicht weniger bedeutsam als dieser. Die Zoll- und Handelsverträge lenken die Politik der Jahrzehnte und greifen in die Entwicklung der Staaten aufs tiefste ein. Die Zollkriege vermögen Wunden zu schlagen, die in Jahrzehnten nicht heilen. Zollverträge und Zollkriege lenken Waffenverträge und Waffenkriege. Eine so feste und bedeutende militärische Organisation unsere modernen Staaten auch aufweisen, die kriegerische Organisation kommt erst nach und zum Schutze der wirtschaftlichen. Und wenn man heute Pläne aufstellt, die sich etwa mit den „Vereinigten Staaten von Europa“, mit einem völkerrechtlichen Zusammenschluß verschiedener europäischer Staaten, mit einer schiedsgerichtlichen Beseitigung des Krieges beschäftigen, dann darf man nicht bei der rechtlichen Seite und der Kriegsfrage stehen bleiben, sondern muß in allererster Linie die wirtschaftliche Seite ins Auge fassen. Auch zu dem deutschen Bundesstaat hat nicht der Krieg, sondern der wirtschaftliche Zusammenschluß die feste Grundlage gegeben. Wer, wie es heute so häufig geschieht, die »Vereinigten Staaten von Zentraleuropa« in der Theorie begründet, der hat zunächst den »Zollverein von Zentraleuropa« zu begründen, wie das ja auch bereits mehrfach geschehen ist.

In den früheren Kapiteln wurden wir wiederholt darauf hingewiesen, welche eminente Wichtigkeit ein derartiger mitteleuropäischer Wirtschaftsbund für die Zukunft gewinnen würde, wie er mit der Zeit nachgerade zu einer Lebensfrage der alten europäischen Kulturstaaten wird, wie er allein imstande wäre, die europäische Kultur, die europäische Wirtschaft und die europäischen „Großmächte" vor dem Untergange zu bewahren, mit dem die modernen Riesenstaaten sie bedrohen. In immer weiteren Kreisen bricht sich allmählich diese Erkenntnis Bahn, obgleich die große Mehrheit der Politiker auch heute noch achtlos an diesen Kardinalfragen der großen Politik vorübergeht, und immer reger wird die Frage diskutiert, immer mannigfacher werden die Pläne, die auf die Begründung eines mitteleuropäischen Zollbundes abzielen. Auch den ersten Reichskanzler des Deutschen Reiches haben sie bereits beschäftigt. Fürst Bismarck hielt einem solchen Zollbund seinerzeit folgende sechs Bedenken entgegen:

1. Die Gegensätze der industriellen und landwirtschaftlichen Interessen.
2. Die Schwierigkeiten des gemeinsamen Außentarifs.
3. Die Verschiedenheit der Gebrauchsabgaben in den einzelnen Staaten.
4. Die Schwierigkeiten der Verwaltung der Zollerhebungen nach gleichen Grundsätzen.
5. Die Schwierigkeit der Verteilung der Zolleinnahmen.
6. Die Ungleichheit der Geld- und Währungsverhältnisse.

Gewiß können die außerordentlichen Schwierigkeiten der Durchführung nicht geleugnet werden; es ist aber zu bemerken, daß fast all diese Schwierigkeiten auch heute schon innerhalb des deutschen Bundesstaates, beziehungsweise zwischen den Staaten mit Zollverträgen bestehen. Der deutsche Zollverein und die modernen Handelsverträge haben sich über diese Schwierigkeiten hinwegzusetzen vermocht: sie können keineswegs geleugnet werden, scheinen aber auch nicht unüberbrückbar. Auch wenn, wie

v. Philippovich-Wien vorschlägt, an einzelnen Binnenzöllen festgehalten würde, brächte der Zusammenschluß doch so viel Vorteile mit sich, daß einzelne Nachteile darum gern in den Kauf genommen werden würden. Dieser wirtschaftliche Zusammenschluß brächte eine politische Macht und Sicherheit, eine feste Garantie gegen die Erdrückung Mitteleuropas durch die drei Riesenstaaten mit sich, die auf keinem anderen Wege in annähernd gleichem Maße zu erringen wäre. Auch Schmoller erörtert gelegentlich die Idee eines europäischen Zollbundes, und zwar hält er es für wünschenswert und für möglich, daß für die Zeit nach Ablauf der Handelsverträge ein europäischer Zollbund mit freiem Getreidehandel im Innern und Schutzzoll gegen Amerika sich bilde, der möglichst alle mitteleuropäischen Staaten umschließen müsse. In diesem Getreidezollbunde liegt natürlich die Vorbereitung eines mitteleuropäischen Zollvereines überhaupt, von dem bis zu den „Vereinigten" oder wenigstens „Verbündeten Staaten von Europa" in der That nur ein Schritt ist — ein Schritt, der auf anderem als wirtschaftlichem Wege unmöglich erscheint. Namen, wie v. Philippovich und besonders Gustav Schmoller, bürgen dafür, daß wir es in diesen Fragen nicht nur mit Phantastereien und Utopien zu thun haben, sondern daß diese Ideen durchaus im Bereiche ernster praktisch-wissenschaftlicher Erwägung liegen. Wie sollten sie es auch nicht angesichts der großen Interessengemeinschaften der europäischen Kulturvölker in Wirtschaft und Verkehr, und angesichts der großen Gefahr, die ihnen im fernen Westen und im fernen Osten durch Entziehung des Marktes und gleichzeitig durch Überschwemmung des eigenen Marktes fortgesetzt droht.

Dem Kriege entgehen wir nicht. Wenn die Menschen einander nicht schlachten, dann hungern sie einander aus. Zwischen den europäischen Großmächten schwebt seit geraumer Zeit etwas wie ein geheimer Vertrag in der Luft, einander nicht zu schlachten. Weshalb wollen sie nicht auch einen offenen Vertrag schließen, einander nicht auszuhungern, sondern zusammenzustehen, wie Schmoller es z. B. fordert, gegen den gemeinsamen wirtschaftlichen Feind jenseits des Ozeans, in dessen Macht es liegt, sie wirtschaftlich zu töten. Amerika ist ein wahrhaft modernes Land — ein Wirtschaftsland, das im Wirtschaftskriege von Sieg zu Sieg schreitet. Will Europa ihm die Spitze bieten, dann muß es ihm gleich werden, muß es auf dieselbe historische Stufe steigen. Das ist nicht möglich, so lange die einzelnen Staaten sich unausgesetzt unter einander kriegerisch bedrohen; es ist nur möglich, wenn sie, unter voller Wahrung ihrer politischen Selbständigkeit, wirtschaftlich zusammenstehen als ein Ganzes.

Die zivilisierte Welt ist auf der Stufe angelangt, auf die eine jahrhunderte- und jahrtausendelange Entwicklung sie hinführen mußte; die zivilisierten Völker sind in erster Linie nicht für den Krieg, sondern für die Wirtschaft organisiert; im Reiche der Waffen bildet der Friede die Regel; die Kriege sind an Zahl vermindert, an Wirkung gemildert. Auf wirtschaftlichem Gebiete aber herrscht ein ununterbrochener schwerer Kampf, innerhalb der einzelnen Völker sowohl wie zwischen den Völkern. Wo zwischen den Völkern Friede herrschen soll, da ist die wirtschaftliche Annäherung die erste und einzig sichere Grundlage. Auch der Zusammenschluß der mitteleuropäischen Staaten kann zur Zeit der Organisation für die Wirtschaft, zur Zeit der Wirtschaftskriege, nicht auf lediglich völkerrechtlicher Grundlage angebahnt werden, wie die meisten Utopisten mit Meister Bluntschli sie bisher gewöhnlich gezeichnet haben; der Kern des Zusammenschlußes muß vielmehr ein wirtschaftlicher sein; nur auf dieser Grundlage ist eine über alle Gegensätze hinausragende höhere Interessengemeinschaft und Sicherheit des Bündnisses in unserer Zeit möglich; von einem mitteleuropäischen Staatenbunde wäre wenig oder nichts, von einem Zollbunde alles zu erwarten.

Wir dürfen nie vergessen, daß heute das, was ausschlaggebend ist zwischen den Völkern, allein wirtschaftliche Fragen sind. Die Wirtschaftskriege sind schwerer, dauernder und opferreicher als die heutigen Waffenkriege. Und auf wirtschaftlichem Gebiete bildet der Krieg einstweilen die Regel — der Krieg nach außen wie im Innern — das Zeitalter des Faustrechts, wenn man Vergleiche liebt. —

Die Staaten Mitteleuropas, die heute von anderen Ländern nur zu abhängig sind, können sich zum großen Teil ergänzen, indem sie den wirtschaftlichen Kampf innerhalb ihrer Gebiete ausschalten, zusammenstehen und sich von den Riesenstaaten wirtschaftlich unabhängig machen. Deutschland insbesondere ist je länger je mehr gezwungen, seine zunehmende Bevölkerung in der

Industrie unterzubringen und das Schwergewicht seiner Produktion auf die Industrie zu legen. Umsomehr ist es aber auch gezwungen, sich frei zu machen aus der Abhängigkeit von dem Boden fremder, in letzter Linie feindlicher Riesenstaaten; die Nahrungsmittelversorgung muß in der Hauptsache zunächst vom eigenen Boden erfolgen, der Rest aber darf nicht dem Belieben und der Macht jener Staatenriesen anheimgestellt werden, die heute das Land mit ihren Erzeugnissen überschwemmen und die deutsche Landwirtschaft ersticken, morgen ihre wirtschaftliche Übermacht durch Entziehung der Zufuhr fühlbar machen. Der Boden Mitteleuropas genügt im wesentlichen, den deutschen Boden zu ergänzen, sowohl was die Einfuhr von Rohprodukten wie die Ausfuhr von Industrieerzeugnissen anbetrifft. Dazu käme, wie schon mehrfach betont, der Boden von Ackerbau- und Absatzkolonieen.

Als geschlossene wirtschaftliche Macht könnte Mitteleuropa mit entsprechenden Kolonieen den Riesenreichen gegenübertreten, den Tauschverkehr in erster Linie auf das eigene Gebiet beschränkend und aus diesem zugleich den wirtschaftlichen Einfluß fremder Mächte fernhaltend, in zweiter Linie auch von allem dem weiteren Tauschverkehr noch mehr und mehr zu erschließenden Lande der Erde mit sicherer Hand seinen Anteil nehmend und behauptend.

Die Welttauschwirtschaft von heute ist plan- und regellos. Überall ein Kampf auf Leben und Tod, ein gegenseitiges Zerfleischen der Staaten, die am meisten auf diese allgemeine Tauschwirtschaft angewiesen sind. Die Industriestaaten müssen auf die Industrie ein immer größeres Gewicht legen und müssen immer weitere Absatzgebiete suchen. Werden ihnen durch andere Mächte die nötigen Absatzgebiete abgeschnitten, so wird der Daseinskampf im Inneren des zurückgedrängten Staates furchtbar. Die Arbeitslosigkeit nimmt derartige Dimensionen an, die wirtschaftliche Gesamtlage wird derartig trostlos, daß sich der Staat gewaltsam einen Ausgang suchen muß. Die erbittertsten Waffenkriege sind bei einer solchen Wendung der Wirtschaftskriege unvermeidlich. —

Ist es auf der einen Seite in letzter Linie die Volksvermehrung, die zu all diesen Konsequenzen führt, so ist anderseits doch gerade das stete Anwachsen einer gesunden, starken und intelligenten Bevölkerung die einzige Grundlage jeder Sicherung gegen eine völlige Erdrückung eines Staates und Volkes durch fremde Mächte. Die Arbeits- und Wehrfähigkeit des Volkes begründet allein die nationale Macht und Sicherheit. Und je mehr die Arbeitsfähigkeit zunimmt, je größer die Produktion in der nationalen Wirtschaft wird, umsomehr muß auch an die Wehrfähigkeit gedacht werden. Denn was helfen alle sentimentalen Erwägungen, was helfen die in hellblau-blau-dunkelblau strahlenden Himmelsfarben gemalten Zukunftsbilder vom ewigen Weltfrieden, was helfen diese Ideale à la Suttner, von deren Erfüllung wir heute trotz des anhaltenden mitteleuropäischen Friedens so weit entfernt sind wie nur je — sie können das wahre Bild der brutalsten Interessenpolitik nicht verwischen!

Die hohe Politik der Großstaaten wird geleitet durch ihre tauschwirtschaftlichen Beziehungen — sie ist die Politik des gepanzerten Kauffahrers. Hinter der wirtschaftlichen Macht steht die bewaffnete Macht, mit Waffengewalt werden ferne Länder der Tauschwirtschaft erschlossen, wird die Ein- und Ausfuhr der Staaten gesichert, der Absatz der heimischen Erzeugnisse in anderen Landen erzwungen, der Boden für die Gewinnung der notwendigen Rohprodukte gewonnen. Nur das Land kann seine Wirtschaft in der unerläßlichen Weise ausdehnen, kann den notwendigen Tauschverkehr mit anderen Ländern aufrecht erhalten, kann eine günstige Stellung auf dem heißumstrittenen Weltmarkt behaupten, kann seinen Bürgern dauernde und fruchtbare Beschäftigung gewährleisten, das seine Stellung im Notfalle auch „mit gepanzerter Faust“ zu verteidigen, seine wirtschaftliche Macht durch eine entsprechende Waffenmacht zu ergänzen und zu unterstützen vermag. Stehen die Wirtschaftskriege heute auch durchaus an erster Stelle, so sind und bleiben doch die Waffenkriege die „ultima ratio“. Selbst die Vereinigten Staaten, früher ein Idealland der Weltfriedensträumer und Abrüstungsschwärmer, sehen sich in dem Augenblicke, da sie ihre wirtschaftlichen Ziele zu erreichen, da sie sich zu einem übermächtigen Staate mit geschlossener nationaler Wirtschaft zu entwickeln trachten, in erster Linie gezwungen, der wirtschaftlichen Macht durch Waffenmacht Nachdruck zu verleihen. Macht geht vor Recht, Macht schafft Recht. Das Völkerrecht folgt der Völkermacht. Und Völkermacht ist die Macht eines großen und starken Volkstums, die Macht einer blühenden nationalen Wirtschaft, die von der Welt-Tauschwirtschaft nicht beherrscht wird, sondern sie selbst zu ihrem Teile beherrscht, die Macht eines wehrfähigen Landes.

Die Geschichte der Tauschwirtschaft, „die ganze Geschichte des Handels der Einzelnen, der Gruppen und Völker erscheint, wie Schmoller jüngst ausführte, als ein Prozeß von Erscheinungen, in denen List und Betrug, Gewaltthat und Übermacht nie ganz fehlen; hat doch aller Handel mit See- und Menschenraub begonnen; der Gott der Kaufleute war lange Zeit auch der der Diebe und Mörder. Aber es ist zugleich ein Prozeß, in dem Sitte und Moral, Recht und Polizei, Völkerrecht und Handels-Verträge in steigendem Maße die bloße Gewalt, die List und Übervorteilung, den rohen Egoismus und die Übermacht des Stärkeren immer mehr einschränken, ohne dieses Ziel je ganz zu erreichen, zumal nicht Nachbarn oder Stammes-Genossen, sondern Fremde mit einander tauschen. Dem entsprechend ist denn auch die Beurteilung des Handels stets eine zwiespältige gewesen; den einen gilt er als segenspendende Einrichtung, anderen als das Mittel der Ausbeutung des Schwachen durch den Starken, als das Instrument der Herrschaft. Vor allem hat stets die Handelspolitik nach außen etwas aggressives, feindliches, auf Kampf und Vernichtung des Gegners nicht blos, sondern der Konkurrenten gestelltes gehabt. Die Geschichte weist unzählige Fälle der Zerstörung von Städten und Ländern auf, die durch den Handelsneid diktiert war, und ebenso sind die Kolonialkriege des 17. und 18. Jahrhunderts durch und durch von nationalem Handelsneid erzeugt und alle große Politik ist bis heute von diesen Tendenzen mehr oder weniger beherrscht.

Haben die Mittel in dem handelspolitischen Kampf sich heute auch verfeinert, spielen auch die indirekten Machtmittel einer klugen Diplomatie, einer geschickten Kombination der allgemeinen Politik mit der wirtschaftlichen, Sperren, Zollkriege und Schutzsysteme eine große Rolle, so geht doch auch heute noch ohne Macht, ohne Flotte, ohne Kanonen keine große Handelsentwicklung der Völker vor sich, so sehr man in der Öffentlichkeit darüber schweigt und mit schönen und großen Worten von internationaler Gerechtigkeit die Gegner zu täuschen sucht, während man Raubzüge, Einverleibungen und Vergewaltigungen vorbereitet."

Für Sentimentalität und allgemeine Menschheitsbeglückung ist in der Politik der nach stetiger Entwicklung und Sicherung ihrer Wirtschaft strebenden Staaten kein Raum; wer nicht bereit ist, sich sein Brot auf dem Weltmarkt zu erkämpfen, der wird ausgehungert. Die alte Phrase von der Menschheitsbeglückung — in dem Sinne, wie sie gewöhnlich angewandt wird — ist wert, gründlichst aus unserm Lexikon gestrichen zu werden. Wohl haben wir als letztes Ziel den Fortschritt der Menschheit vor Augen; dieser Fortschritt vollzieht sich aber nicht durch ein allgemeines Verwischen, Verwaschen und Verwässern, durch unmittelbare Arbeit an der sogenannten „Menschheit". Die Menschheit in diesem Sinne giebt es überhaupt nicht, eine große Einheit, die ohne weiteres als Ganzes gefördert werden könnte. Die Förderung der Menschheit vollzieht sich lediglich durch einen langen und schmerzvollen Ausleseprozeß, ein Aufsteigen und Überleben der tüchtigsten Nationen, bei dem andere rettungslos zu Grunde gehen.

Falsch ist es im allgemeinen, von einer „Humanitätsduselei" innerhalb der geschlossenen Wirtschaft zu reden; in diesem nationalen Rahmen ist in der That eine gerechte Verteilung der Güter, eine möglichst große Beteiligung Aller nach ihren wirtschaftlichen Leistungen am nationalen Wohlstand, an den Gütern der Kultur anzustreben — ein Ziel, das freilich vollständig nie erreicht werden kann und keineswegs etwa mit einer allgemeinen Gleichmacherei zu verwechseln ist. Die eigentliche schädliche „Humanitätsduselei" aber greift über den Rahmen der nationalen Wirtschaft hinaus und will die ganze Welt umfassen. Sie ist eins mit dem nicht scharf genug zurückzuweisenden, durch die allgemeine Ausdehnung des Tauschverkehrs hervorgerufenen Traum von der großen, allgemeinen Weltwirtschaft. Gerade wirtschaftlich ist jedoch die Menschheit nichts weniger als eine Einheit. Die Volkswirtschaft, und nicht die Weltwirtschaft, ist und bleibt die Einheit, um die sich alles dreht, so sehr die einzelne Volkswirtschaft auch in die Weltwirtschaft hineingreift.

Wenn die nationale Wirtschaft der einzelnen Staaten Europas in sich nicht genügend gesichert, wenn sie von dem Ziele einer unabhängigen, der Hauptsache nach geschlossenen Wirtschaft zu weit entfernt ist, wenn sie der Wirtschaft der erdrückenden Riesenstaaten nicht das Gegengewicht zu halten vermag, so dürfen diese Staaten sich nicht vertrauensvoll in die große Weltwirtschaft stürzen, in der sie nur zu bald versinken und vergehen, sondern sie müssen sich fest zusammenschließen zu den wirtschaftlich vereinigten Staaten Mitteleuropas, die einander ergänzen und stützen, gemeinsam eine große geschlossene Wirtschaft bilden, die jedem Ansturm der fremden — russisch-asiatischen, britischen und amerikanischen — Riesen fest und selbständig die Spitze zu bieten vermag. —

Sobald wir nun aber die falschen Konsequenzen überwunden haben, die zunächst unter dem überwältigenden Eindruck des schrankenlos sich ausdehnenden Weltverkehrs und Welthandels gezogen worden sind, sobald wir die Gefahr einer gar zu weit gehenden internationalen Arbeitsteilung eingesehen und den bleibenden Wert der nationalen Wirtschaft erkannt haben, können wir mit um so größerer Sicherheit alle die Vorteile ausnutzen, die der allgemeine Tauschverkehr der modernen Wirtschaft bietet. Soweit es überhaupt nötig ist, dieselben noch besonders auseinanderzusetzen, werden sie am klarsten bei einer kurzen Betrachtung der Geschichte des Tauschwesens, des Tauschhandels, der Tauschstätten und Tauschmittel hervorstechen. Was aber im allgemeinen den Vorteil anbetrifft, den die einzelne Volkswirtschaft aus dem Welt-Tauschverkehr zieht, so werden wir an einer Frage nicht vorbeigehen dürfen, die früher lange Zeit im Mittelpunkte aller wirtschaftlichen Erwägungen stand und auch heute wieder viel behandelt wird. Es ist dies die schwerwiegende Frage nach dem absoluten Gewinn, der einem Staate bleibt, wenn seine aktive und passive Beteiligung an dem Tauschhandel der ganzen Welt beglichen werden, die Frage der Handelsbilanz.

Die Merkantilisten sahen das Ziel jeder Wirtschaftspolitik darin, das Volksvermögen zu heben, d. h. nach ihrer Auffassung, möglichst viel Geld ins Land zu schaffen. Nun ist auch für uns das oberste Ziel der Wirtschaft, den gesamten Volkswohlstand zu heben. Aber eben so wenig, wie unsere Wertschätzung des Bodens dem engen physiokratischen Gesichtskreise entspricht, eben so wenig deckt sich unser Ideal der Hebung des gesamten Volkswohlstandes mit dem merkantilistischen Ideal der günstigen Handelsbilanz.

Am frühesten und deutlichsten hat Thomas Mun in der

ersten Hälfte des 17. Jahrhunderts der Ansicht Ausdruck gegeben, daß das Hauptziel der Wirtschaftspolitik eines Staates darin bestehen sollte, seine Ausfuhr von gewerblichen Erzeugnissen, seinen Handel, seine Rhederei und seine Zölle derart zu handhaben, daß ihm von auswärts Geld zufließen müsse. Nun ist es im Grunde ja durchaus richtig, daß ein Staat auf die Dauer keine geordneten wirtschaftlichen Verhältnisse aufrecht erhalten kann, wenn er immer wieder große Summen Edelmetalles an das Ausland abgeben muß, ohne solche selbst zu produzieren. Eine günstige Handelsbilanz, ein Überschuß der Ausfuhrwerte über die Einfuhrwerte ist darum sicherlich dringend erwünscht. Wir dürfen aber, wenn wir die Lehre von der Handelsbilanz auf unsere heutigen Verhältnisse übertragen wollen, keinen Augenblick vergessen, daß wir die faktische Handelsbilanz der modernen Staaten gar nicht kennen!

Grundfalsch wäre es, wenn man einfach die Ziffern unserer amtlichen Aus- und Einfuhrstatistik der Beurteilung der thatsächlichen Verhältnisse zu Grunde legen wollte. Jedermann weiß, wie mangelhaft dieses Zahlenmaterial, ein wie weiter Spielraum der nichts weniger als zuverlässigen Schätzung bei der Feststellung der Ziffern überlassen ist. Aber selbst wenn diese Zahlen noch so unantastbar wären, würden sie endgiltige Schlüsse doch nicht zulassen; es wäre noch die Frage zu bedenken, wie viel deutsches Kapital im Auslande angelegt und wie stark dieses Kapital an dem Gewinn beteiligt ist, den das Ausland vielleicht in der Handelsbilanz Deutschland gegenüber davonträgt. Auch die Ausfuhr von Edelmetallen läßt keinen Schluß zu, da wir nicht wissen, welche Summe ausländischer Papiere in den Händen deutscher Kapitalisten ist und vielleicht eine noch so hohe Edelmetall-Ausfuhr über und über deckt.

Kurz, die komplizierten Verhältnisse der modernen Welt-Tauschwirtschaft lassen absolut keinen annähernd sicheren Schluß auf die faktische Höhe unserer Handelsbilanz zu. Wir können wohl aus der allgemeinen wirtschaftlichen Lage und aus den Bank- und Börsenverhältnissen ersehen, ob unsere Handelsbilanz günstig oder ungünstig ist, jeder Versuch einer ziffernmäßigen Feststellung aber ist verfehlt.

Die falsche Beurteilung der Handelsbilanz hing vielfach damit zusammen, daß man wähnte, es müsse jedem

Gewinn eines Landes bei dem Tauschverkehr mit einem anderen ein Verlust in diesem Lande gegenüberstehen. Man hat längst eingesehen, daß diese Annahme durchaus irrig ist, daß vielmehr der Gewinn auf beiden Seiten liegt, wenn z. B. ein Tropenland seine in Überfluß vorhandenen Naturerzeugnisse und ein Kulturland der mittleren Zonen seine überschüssigen Industrieerzeugnisse ausführt. Das eben ist ja die Eigentümlichkeit des Tausches, daß er, wenn auch keine neuen Güter, so doch neue Werte schafft.

Absolut neue Güter können nicht geschaffen werden — die Rohstoffe müssen in der Natur, im Boden vorhanden sein. Die Gewinnung und Umformung vermittelst der Werkzeuge schafft neue Gegenstände, „verfertigt" die Güter, die aber erst zu bestimmten Werten werden, wenn sie durch den Tausch in die Hand dessen gelangen, der ihrer bedarf oder doch irgend eine Verwendung für sie hat. Die menschliche Arbeit hebt die im Boden ruhenden Schätze, formt sie vermittelst der Werkzeuge um und bringt das so entstandene Gut durch den Tausch in die Hand, in der es seinen Ge- und Verbrauchs-Wert erhält. Nicht die rohe Handelsbilanz bestimmt den Volkswohlstand, sondern die Arbeit und der Tausch, die Güterverfertigung und Güterverteilung, durch welche den natürlichen Gaben des Bodens der endgiltige Wert gegeben wird. Der Volkswohlstand wird dort am größten sein, wo die Summe der dieser Art entstehenden Werte am größten, die Verteilung der Werte am gerechtesten ist, wo die menschliche Arbeit aus den aller Orten gewonnenen Rohprodukten mit dem relativ geringsten Aufwande die besten Güter verfertigt, und wo diese Güter derartig verteilt werden, daß sie in die Hand kommen, in der sie den größten Wert haben. Dazu gehört eine hochentwickelte Industrie und eine möglichst hohe Lebenshaltung der Gesamtheit, d. h. ein großer Güterbedarf in allen Schichten der Bevölkerung. Es braucht nicht nochmals gesagt zu werden, daß diese Wirtschaft auf sicheren Füßen stehen, daß sie den sie erhaltenden Boden beherrschen muß.

Das nackte Plus der Ausfuhr über die Einfuhr macht den Wohlstand eines Volkes nicht aus. Ein wahrer und bleibender Wohlstand bedarf in erster Linie einer sicheren Grundlage der Gesamtwirtschaft, einer Sicherung der notwendigen Aus- und

Einfuhr. Er bedarf ferner der Befruchtung der Produktion von innen heraus; die Gesamtsumme der in der Nationalwirtschaft vorhandenen Werte wird um so größer sein, je ausgedehnter die Verteilung der Güter ist, je mehr an der gedeckten Tafel sitzen; um so größer ist einerseits die Leistungsfähigkeit, die Menge und Güte der verfertigten Waren, anderseits die Aufnahmefähigkeit des heimischen Marktes. Mit dem Steigen der allgemeinen Lebenshaltung steigt die Zahl derer, die für die erzeugten Güter Verwertung haben, steigt der Gesamtwert der in der Nationalwirtschaft vorhandenen Güter.

Es ist unmöglich, den Volkswohlstand allein nach der Beteiligung des Volkes an dem Welthandel, nach dem an der Grenze stattfindenden Tauschverkehr zu beurteilen; dieser liefert lediglich die Grundlage für einen Teil der nationalen Produktion; das Schwergewicht aber liegt auf dem Tauschverkehr innerhalb der Grenzen; an der Ausdehnung dieses Verkehrs, an dem Grade der Beteiligung der verschiedensten Volksklassen an diesem Verkehr ist der Volkswohlstand zu messen. — —

Sollten uns die vorstehenden Abschnitte in großen Zügen die Stellung des Tausches im System der Wirtschaft, die Bedeutung des Welttauschverkehrs für die Weltpolitik und für den nationalen Wohlstand vergegenwärtigen, so müssen wir nunmehr noch einen Blick zurückwerfen auf die Entstehung und Entwicklung des Tauschwesens, insbesondere auf die Entwicklung der Tauschstätten, deren Bedeutung weit über das eigentliche Tauschwesen hinausgeht und sich auf die gesamte Kultur- und Wirtschaftsentwicklung erstreckt, das volkswirtschaftliche Leben in allen Fasern beeinflussend und zum großen Teil beherrschend. Den Schluß wird alsdann eine Betrachtung der kaum minder wichtigen Entwicklung der Tauschmittel und einiger besonderen, mit den modernen Tauschmitteln eng zusammenhängenden Fragen zu bilden haben. — —

Wenn ein seßhaft gewordenes Volk den geringen Nahrungsspielraum, den die natürlichen Bedingungen des Bodens ihm bieten, nicht mehr dadurch zu erweitern vermag, daß es den Boden wechselt, dann sucht es sich über diese engen Grenzen hinwegzusetzen, indem es durch Tausch die Erzeugnisse fremden Bodens an sich bringt. Mit der Entwicklung des Tauschverkehrs entwickeln sich aber zugleich besondere Stätten des Tausches, die Märkte und Städte, sowie ein neues Rechtswesen.

Der Kauf ist die älteste und typische Form des Vertrages. Die Gegenstände dieses Kaufvertrages sind nicht in letzter Linie die Menschen selbst; Sklaven- und Frauenraub werden ersetzt durch Sklavenhandel und Brautkauf. Der Übergang vom Raub zum Kauf vollzieht sich natürlich nur sehr allmählich und mit großen Schwierigkeiten. Es war gewiß nicht leicht für den, der etwas kaufen wollte, dem Besitzer der Ware zu verstehen zu geben, daß er ihn nicht gewaltsam berauben, sondern friedlich etwas von ihm erwerben wollte; die beiden Personen oder Stämme, die auf diese Weise in Unterhandlung treten wollten, waren gewöhnt, einander als Feinde zu betrachten und ihr Eigentum mit dem Schwert zu verteidigen. Jeder Fremde war a priori ein Barbar, ein Feind, vor dem man seine Habe schützen mußte.

Der erste Kauf vollzieht sich also keineswegs einfach in Formen, die den heutigen ähneln, er vollzieht sich nicht durch direkten Austausch von Hand zu Hand, Angebot und Nachfrage treffen nicht auf offenem Markte zusammen. Der Tauschlustige legt vielmehr den Gegenstand seines Angebotes an irgend einer dritten Stelle nieder, ihn seinem Schicksale überlassend. Der Gegenkontrahent stellt sich alsdann mit einer Gegengabe ein, die er gleichfalls niederlegt. Diese ersten willkürlichen Tauschstätten machen allmählich festen Märkten Platz, doch ist bei den eigentlichen Naturvölkern von einem geregelten Handel noch kaum die Rede. So weit wie möglich wird der Tausch durch Leihen ersetzt. Neben dem eigentlichen Warenaustausch steht überdies als besonders wichtiger Faktor der Austausch von Gastgeschenken, der später, unter Wegfall der Gegengabe, zu einer einseitigen Zollerhebung führt.

Es ist nicht meine Absicht, hier der ursprünglichen Entwicklung des Marktwesens näher auf den Grund zu gehen, zumal bereits eingehende Untersuchungen über dieses interessante Gebiet vorliegen. Nur das besondere Wesen der fertigen Städte, namentlich wieder in ihrem Verhältnis zum Boden, mag hier kurz beleuchtet werden.

Die Städte vereinen als Stätten des Tausches in höchst

eigenartiger Weise einen zwiespältigen Charakter: Auf der einen Seite bedeuten sie die völlige, nur durch ausgedehnten Tausch ermöglichte Loslösung vom Boden, und anderseits doch gerade die denkbar festeste Verknüpfung mit eben diesem Boden. In Bezug auf die Ernährung können die Bewohner der Städte völlig losgelöst sein nicht nur von der Scholle, die sie bewohnen, sondern überhaupt von dem Teil der Mutter Erde, mit dem sie politisch verwachsen sind; aus hundert und tausend Meilen weiten Ländern können sie ihren Unterhalt beziehen, können täglich die Scholle, von deren Erzeugnissen sie leben, nach Belieben wechseln. Ganz anders die Scholle, auf der sie wohnen; wohl kann der Einzelne, können Hunderte täglich von dannen ziehen, heute hierhin, morgen dorthin — die Stadt selbst aber ist für alle Ewigkeit an ihren Boden gebunden. So vereint sich in der Stadt die engste Fesselung an den Boden mit der größten Unabhängigkeit vom Boden.

Je weiter der Tauschverkehr sich über die ganze Welt ausdehnt, je schneller und leichter aus allen Enden des Erdballes jede Ware nach jedem beliebigen Markt gebracht werden kann, um so mehr löst sich das Band, das den Menschen mit dem Boden, mit der ihn umgebenden Natur verknüpft; aber um so fester wird das Band wieder geschlungen, je mehr Arbeit und Kapital er zugleich in den Boden hineinsteckt, auf dem er wohnt.

„Je mehr der Mensch in den Boden hineingesteckt hat, um so mehr ist er an ihn gekettet. Das Meiste, was der Mensch in den Boden hineinsteckt, birgt nicht der Acker, sondern die Stadt in sich. Unter allen Bändern, welche den Menschen mit dem Boden verknüpfen, ist der Stein das stärkste. Eine Stadt von Stein ist eine steinerne Klammer, welche die Bevölkerung für immer unlösbar an ihn kettet; ich kenne kein Beispiel in der Geschichte, daß eine Stadt freiwillig von ihrer Bevölkerung verlassen wäre. In diesem Sinne kann man sagen, jede Stadt ist auf die Ewigkeit angelegt.“ (Jhering.)

Und nicht nur durch das, was in den Boden hineingesteckt ist, wird die Stadt unlösbar mit dem Boden verbunden; ihr ganzes Dasein ist durch ihre ganz bestimmte und unveränderliche Lage bedingt. Jedermann weiß, daß die geographische Lage die Städte gemacht hat, daß sie mit Naturnotwendigkeit an einer ganz bestimmten Stelle entstanden und dauernd erhalten geblieben sind, sei es, daß sie einen Fluß, eine weite Ebene, ein Hochland beherrschen, daß sie an dem Kreuzungspunkte großer Heerstraßen liegen, oder dort, wo Umladungen der Tauschgüter aus dem See- in das Flußschiff, aus dem Flußschiff auf den Wagen, aus dem Wagen auf das Maultier notwendig sind. Überall ist der enge Zusammenhang mit dem Tauschverkehr offensichtlich.

Doch ich brauche auf diese bekanntesten Dinge nicht näher einzugehen, brauche auch nicht die Entwicklung der antiken Städte, voran der weltbeherrschenden Roma, näher zu betrachten, die natürlich nur dadurch möglich wurde, daß nach Rom alle Schätze der Welt kamen, daß ihm Kornkammern in unerschöpflicher Fülle an den verschiedenen Enden des Reiches zur Verfügung standen, daß es das Mittelmeer wirtschaftlich beherrschte.

Während es in der alten Welt schon frühzeitig ein blühendes Städtewesen gab, konnte es sich bei den viel später seßhaft werdenden Bewohnern des Nordens erst bedeutend später entwickeln, so daß es bei uns noch verhältnismäßig jung ist. Auch die ältesten unserer deutschen „Städte“ sind erst lange nach ihrer ersten Bezeichnung mit diesem Namen zu wirklichen Städten geworden, zu Stätten des Tausches, die im Gegensatz zum Lande jenes merkwürdig zwiespaltige Verhältnis zur Scholle haben. Daneben giebt es übrigens der Beispiele genug, daß Orte, denen aus politischen Gründen das Stadtrecht verliehen wurde, sich nie zu eigentlichen Städten emporgeschwungen haben.

Eine interessante Beleuchtung erfahren die Ursprünge des deutschen Städtewesens durch einige orientalische Quellen. So hat Joel Müller aus hebräischen Urkunden das Wissenswerte zusammengetragen, leider jedoch in einem hebräischen Werke, dessen Übersetzung noch geschrieben werden soll. Zuverlässige arabische Quellen hat Georg Jacob in einer 1890 erschienenen und bereits in zweiter Auflage vorliegenden Schrift: „Ein arabischer Berichterstatter u. s. w.“ benutzt. Der betreffende arabische Berichterstatter hat im Jahre 973 Deutschland bereist, und seine Aufzeichnungen sind für die Beurteilung des damaligen Städtewesens besonders lehrreich.

Der Umfang der Städte war zu jener Zeit noch äußerst gering; im allgemeinen bestehen die sogenannten „Städte“ lediglich aus Klöstern, Kastellen oder einer befestigten Ansiedelung von Ackerbürgern. Sie tragen also keineswegs den eigentümlichen Charakter der Stätten des Tausches, von Gewerbe und Handel ist überhaupt kaum die Rede. Fulda z. B. besteht ausschließlich aus dem Kloster, Paderborn aus einem Kastell. Mit am frühesten beginnt der Handel in den Salinenorten. Als wirkliche Handelsstadt tritt uns bei dem arabischen Berichterstatter Mainz entgegen, wo er bereits arabische Münzen und orientalische Gewürze vorfindet; auch hier aber umschließen die engen Stadtmauern zugleich noch Äcker und große Gärten, und der Stamm der Bürger besteht noch aus Bauern. Im Grunde haben die Städte noch überwiegend ländlichen Charakter und nicht die Kennzeichen der ganz anders gearteten neuzeitlichen Stadt.

Die spätere mittelalterliche Stadt nimmt indessen mehr und mehr die eigentliche Art der Stätten des Tausches an. Der Übergang aber vollzieht sich ganz offenkundig derart, daß auch der städtische Bürger zunächst den Zusammenhang mit der Scholle zu wahren und den größten Teil seines notwendigen Unterhaltes aus dem eigenen Boden zu gewinnen sucht. Die auf die Bodenbebauung gegründete Einzelwirtschaft verliert zunächst auf dem engen Boden einen Teil der alten Schollenselbständigkeit, „indem sie nicht mehr im stande ist, ihren gesamten Güterbedarf mit eigenen Kräften zu erzeugen, und dauernd der Ergänzung aus den Produkten anderer Wirtschaften bedarf. Es bilden sich nicht sofort vom Boden losgelöste Wirtschaften, deren Träger etwa die industrielle Veredelung von Stoffen für Andere oder die berufsmäßige Leistung von Diensten oder die Besorgung des Austausches zur ausschließlichen Erwerbsquelle machen. Vielmehr suchte nach wie vor jeder Wirt so viel als möglich dem Boden seinen Unterhalt abzugewinnen; hat er darüber hinaus Bedürfnisse, so benutzt er eine besondere Geschicklichkeit seiner Hand, einen besonderen Produktionsvorteil seines Wohnortes, der in Feld, Wald oder Wasser ihm entgentritt, um ein spezielles Erzeugnis im Überfluß hervorzubringen: der eine Getreide, der andere Wein, der dritte Salz, der vierte Fische, ein fünfter Leinwand oder ein sonstiges Produkt des Hausfleißes. Auf diese Weise entstehen entwickelte Sonderwirtschaften, welche auf den regelmäßigen, gegenseitigen Austausch ihrer Überschußprodukte angewiesen sind.“ (Bücher.)

Hier vollzieht sich also die Lostrennung vom Boden, dessen

Bewohner die zu seiner Existenz notwendigen Güter nicht mehr unmittelbar aus der Natur gewinnt, sondern erst durch den Tausch an sich zieht. Immer mehr werden die Städte Stätten des Tausches, die allerlei Waren ansammeln, verarbeiten, veredeln und in Verkehr setzen, bis endlich die modernen Großstädte vollends den Mittelpunkt des unsere Zeit beherrschenden Verkehrs bilden, jenes Verkehrs, der den Einzelnen immer unselbständiger und von der Gesamtheit abhängiger macht. Der Mensch als Gesellschaftstier, als Herdentier entwickelt sich so recht eigentlich erst in der Großstadt.

Der wesentliche Unterschied zwischen Stadt und Land besteht in der wirtschaftlichen Unselbständigkeit der Stadt gegenüber dem Lande. Der ursprüngliche Zustand, daß jede Wirtschaft sich selbst von der eigenen Scholle versorgt, ist auf dem Lande noch in weitestem Maße erhalten, in der Großstadt dagegen restlos verschwunden. Bei primitiven Bedürfnissen genügt die ländliche Wirtschaft sich zur Not auch heute noch: Wohnungs-, Kleidungs- und Nahrungsbedürfnisse **können** in der einzelnen Wirtschaft befriedigt werden, ohne daß ein Tauschverkehr mit anderen Wirtschaften und damit die wirtschaftliche Abhängigkeit notwendig eintritt. Freilich, vollständig ist diese Unabhängigkeit ja nur auf tiefster Stufe, eigentlich nur da, wo der Mensch sich noch mit dem Fell des erlegten Tieres kleidet, wo er das Tier mit dem Stein oder Knochenspeer erlegt und das Fell durch Knochensplitter zusammenhält. Heute ist schließlich auch die schlichteste Bauernwirtschaft der Kulturländer mannigfach auf den Austausch angewiesen, und wenn es nur gilt, die notwendigsten Eisengeräte zu beschaffen.

Insofern aber ist auch heute noch der Bauer völlig unabhängig, als er nicht zugleich mit der Tauschmöglichkeit die Existenzmöglichkeit verliert, während der Städter ohne Tauschverkehr überhaupt unmöglich ist. Mit der Ausdehnung des Tauschwesens und mit der Arbeitsteilung nimmt die **Unselbständigkeit** des Einzelnen dauernd zu; und nicht nur die des Einzelnen — auch **ganze Länder und Völker** verfallen ihr in der **internationalen Arbeitsteilung**. Nicht nur gewaltige, erschütternde Krisen, sondern schlechtweg die vollständige Untergrabung der Daseinsmöglichkeit wäre vielfach die Folge einer Unterbrechung des Weltverkehrs. Die Großstadt kann ohne den Austausch mit dem Lande nicht bestehen — ganze Länder nicht ohne Austausch mit andern Ländern. Ich erinnere nur wieder an die Plantagenwirtschaft, an Kuba u. s. w.

Je mehr eine Gemeinschaft — sei es in einer Stadt oder in einem ganzen Staate — auf den Güteraustausch angewiesen ist, um so dringender bedarf sie eines Ausgleichs der wirtschaftlichen Abhängigkeit durch politische Unabhängigkeit, eines starken Waffenschutzes. Schon die alte Stadt zeigt sich namentlich als geschützter Platz, in dem der Marktverkehr sich unter starkem Waffenschutz vollzieht, und nicht ohne Grund haben die städtischen „Bürger" ihren Namen von der Burg.

Übrigens herrscht in der mittelalterlichen Stadt ursprünglich in sehr hohem Maße das bewußte und wohlbegründete Streben, nach Möglichkeit die wirtschaftliche Unabhängigkeit zu wahren, indem wenigstens nachdrücklich darauf gehalten wird, daß alles, was in der Stadt produziert werden kann, auch thatsächlich an Ort und Stelle produziert wird, und daß man den entbehrlichen auswärtigen Handel nach Kräften fernhält — Einfuhrbeschränkungen und Schutz der lokalen Arbeit, wie wir sie heute in ganz entsprechender Weise zum Schutze der nationalen Arbeit haben bezw. fordern.

Eine ganz eigenartige Erscheinung zeigt sich, so lange ein Volk im allgemeinen noch im Ackerbau aufgeht, in den Anfängen der Städteentwicklung steckt, und so lange die Tauschgewohnheiten ihm nicht in Fleisch und Blut übergegangen sind. Es tritt uns dann nämlich immer wieder die Thatsache entgegen, daß in diesen Ländern ein neuer Mittelstand auftaucht, der der Hauptsache nach die verschiedenen Gebiete des Tauschverkehrs beherrscht, der aber einem fremden Stamme angehört. Der Mittelstand wird durch Fremdlinge ersetzt, Angehörige eines Stammes, dem die Tauschgewohnheiten schon länger vertraut sind. So wurde in Deutschland im Mittelalter lange Zeit der städtische Mittelstand durch die Juden ersetzt, wie es noch heute besonders in großen Teilen Rußlands der Fall ist, während in anderen Teilen und in den nordischen Ländern gegenwärtig zum Teil der Deutsche, in überseeischen Ländern der Engländer diese Rolle übernommen hat. — Nebenher sei übrigens erwähnt, daß der Begriff des städtischen Mittelstandes heute vielfach arg verschwommen ist. Es ist in der kapitalistischen Wirtschaft erklärlich, daß man die Frage des Mittelstandes lediglich von dem Geldpunkt aus entscheiden will. Gewiß ist die Höhe des Einkommens ein sehr wichtiges Merkmal; wenn man aber heute so weit geht, den Mittelstand nicht nach wirklichem Stand und Beruf, sondern lediglich nach dem Schema der Einkommensteuer zu gruppieren, indem man den Mittelstand ohne weiteres mit gewissen Einkommenssätzen identifiziert, so dürfte dagegen doch ein schwerwiegendes Bedenken zu erheben sein: Das Einkommen bestimmt freilich die Klasse, die gesellschaftliche Stellung und Lebenshaltung. Doch ist mit dem gleichen Einkommen weder immer eine gleiche soziale Stellung, noch etwa ein gleiches politisches Interesse verbunden; zweifellos haben die selbständigen und die unselbständigen Mitglieder dieses Einkommen-Mittelstandes gegenüber der Mittelstandspolitik vielfach sehr verschiedenartige, oft ganz entgegengesetzte Forderungen und Interessen.

Nach dieser kleinen Abschweifung zurück zu der Entwicklung der Städte, bei der namentlich noch ein bereits früher berührter Punkt von grundlegender Bedeutung zu betrachten bleibt: Die Wanderung, ohne die sich diese Stätten des Tausches nie entwickeln und vollends nie zu der heutigen Riesengröße hätten aufschwingen können. Wir müssen daher auch in diesem Kapitel unseren Blick noch einmal auf das Wanderungswesen richten.

Ziffernmäßig sind wir über die so unendlich wichtigen Wanderungen leider sehr wenig unterrichtet. Die Statistik hat sich der Frage zum ersten Male in England angenommen und zwar zunächst durch die Auswanderungsstatistik vom Jahre 1820. Für das Städtewesen aber kommt nur die Binnenwanderung in Betracht, mit der das Werden und Wachsen der Städte untrennbar verknüpft ist.

Die große Binnenwanderung, die sich zwischen Stadt und Land vollzieht, ist heute ein sehr beliebtes Thema vieler Politiker. In der That tritt diese Erscheinung heute mit ganz besonderer Deutlichkeit hervor, die gesamten wirtschaftlichen und sozialen Verhältnisse mannigfach und tief beeinflussend. Es wäre aber ein völliger Irrtum, zu glauben, daß der Zug in die Stadt eine ausgesprochen neuzeitliche Bewegung wäre; wenn er auch nie zuvor eine derartige Höhe erreicht hat, wie in unseren Tagen, so hängt es doch von Anbeginn eng mit dem Wesen der Städte zusammen, daß sie einen Teil der überschüssigen Kräfte vom Lande ansaugen und in der Zunahme der Bevölkerung rascher fortschreiten, als das platte Land, das einem schnellen Zuwachs nur schwer einen genügenden Nahrungsspielraum zu bieten vermag. Während der Boden bei der jeweiligen Höhe der Kultur nur eine eng begrenzte Menschenzahl zu erhalten vermag, und der zunehmenden Bevölkerung nur bei tiefgreifenden und langwierigen Veränderungen der ganzen Bebauungsweise Raum giebt, sind die Stätten des Tausches offen für eine unbeschränkte Menschenmenge, da die Nahrungsmöglichkeit in ihnen von dem eigenen Boden unabhängig ist.

Schon für das Altertum scheint, nach Pöhlmann, Bücher und anderen „trotz der Verschiedenheit der überlieferten Bevölkerungsziffern als Ergebnis des Zustromes der Landbevölkerung zu den Städten ein unverhältnismäßiges Anwachsen der letzteren angenommen werden zu müssen". Dieser Zustrom war allerdings durchaus nicht immer freiwillig, da eine große Zahl von Sklaven nach den Städten gebracht wurde, immerhin aber zeigte es sich auch schon in jenen Zeiten, daß die Städte die Sammelpunkte des Bevölkerungszuwachses bilden. Zumal in Weltstädten wie Rom war diese Menschenanhäufung ganz selbstverständlich; aus den Kolonien kamen Abgesandte zur Hauptstadt, die Beamtenschaft sammelte sich im Mittelpunkte des Staates, die Reichen aus der Provinz strömten in die große Stadt, in der alle Schätze und Genüsse der Erde sich vereinigten. Aus der ganzen bekannten Welt kommen die Menschen herbei, die, wie Seneca schreibt, in den Häusern der unermeßlichen Stadt kaum Platz finden: „Einige hat der Ehrgeiz herbeigeführt, andere der Zwang eines öffentlichen Amtes, diese eine ihnen auferlegte Gesandtschaft, jene die Schwelgerei, die einen glänzenden, für die Laster bequemen Tummelplatz sucht, wieder andere das Studium der Wissenschaften oder der Schauspiele. Einige hat die Freundschaft angezogen, einige bieten ihre Schönheit feil, andere ihre Beredtsamkeit. Es giebt keine Art von Menschen, die nicht in der Stadt zusammenströmte, wo für Tugenden und Laster hohe Preise ausgesetzt sind."

Es ist bezeichnend, daß diese Worte ebenso gut zur scharfen Kennzeichnung unsrer modernen Großstädte dienen könnten; nur ein Punkt, und zwar ein äußerst wichtiger Punkt, mit dem die heutige Großstadt steht und fällt, fehlt in dem alten Bilde: Der moderne Tauschverkehr und die moderne Industrie. Wohl sind auch die antiken Städte Stätten des Tausches und unabhängig von der eigenen Scholle; aber wenn die Schätze der entlegensten Provinzen in ihnen zusammenströmen, wenn aller Schwelgerei und Üppigkeit der Boden bereitet wird, alle Güter der Welt in Überfluß vorhanden sind, so ist das nicht eine Folge des Austausches, sondern lediglich eine Folge der politischen Stellung der weltbeherrschenden Stadt, die alle jene Schätze als Tribut der unterworfenen Länder ansammelt. Ähnliches gilt übrigens nicht nur für die große Roma, sondern in entsprechend geringerem Umfange auch für die Hauptstädte der Provinzen.

Während jene alten Städte ihren Reichtum und ihre Kraft nur aus der politischen Macht schöpften und nicht aus ihrem Gewerbefleiß und dem damit verbundenen Tauschverkehr, liegt die Stärke der mittelalterlichen Stadt wesentlich in dem regen gewerblichen Leben. Hier sammelt sich nicht die Bevölkerung wegen des aufgestapelten Reichtums, sondern der Reichtum sammelt sich infolge des Gewerbefleißes der Einwohner. Das Wachstum der mittelalterlichen Stadt vollzieht sich demgemäß allmählicher, aber natürlicher, und ist darum von größerer Dauer, als in der alten Welt.

Über die Größe bezw. Einwohnerzahl der alten deutschen Städte sind wir leider nur sehr wenig unterrichtet, und auch die neueren gründlichen Untersuchungen auf diesem Gebiete können nicht von Irrtümern und Mißverständnissen freigesprochen werden. Die von den verschiedenen Forschern ausgerechneten Zahlen stehen zum Teil in recht starkem Widerspruch. Im Mittelalter gab es in ganz Deutschland eine Unzahl kleiner und kleinerer Städte, zum großen Teil künstliche Schöpfungen der Territorialherren, die nicht von Bestand sein konnten, da eine Stadt eben aus dem Boden herauswachsen und durch ihre Lage bedingt sein muß. Was die Großstädte anlangt, so können wir Zahlen erst aus vorgerückter Zeit, und auch diese nur mit großer Vorsicht angeben. Aus dem 14. Jahrhundert können vielleicht zwei Zahlen auf einige Zuverlässigkeit Anspruch machen: damals hatte Straßburg nach Schmoller 50000, London nach T. Wolf nur etwas über 30000 Einwohner. Um 1450 hatte Nürnberg

20000, Basel 25000 Einwohner. Die Bevölkerung von Danzig stieg von 1450 bis 1620 von 40000 auf 64000, die von Lübeck von 50000 auf 90000, und die Londons gar von etwa 35000 auf 530000.

Zweifellos spielte also auch zu jenen Zeiten der Zug nach der Stadt bereits eine sehr bedeutende Rolle, die inzwischen aber immer größer geworden ist, entsprechend der fortgesetzt steigenden Bedeutung der Städte. Giebt es doch heute im Deutschen Reiche allein 26 Städte mit mehr als 100000, 23 mit 50 bis 100000, 104 mit 20 bis 50000 und 169 mit 10 bis 20000 Einwohnern, dazu 55 Orte ohne Stadtrecht, die je 10 bis 50000 Einwohner bergen. Daneben freilich giebt es wohl an 100 „Städte" die nur noch 1000 Einwohner, also auf diese Bezeichnung für heutige Begriffe eigentlich durchaus keinen Anspruch haben.

Es ist nicht meine Absicht, die wirtschafts-, sozial- und nationalpolitische Bedeutung des Zuges in die Stadt an dieser Stelle eingehend zu behandeln, vielmehr will ich mich in diesem Punkte ganz kurz fassen. Es ist in letzter Zeit so viel darüber geschrieben, daß mir zu schreiben nichts mehr übrig bleibt. (Auch habe ich die Fragen selbst bereits in den „Preußischen Jahrbüchern" und in meiner Schrift „Die Völkerwanderung von 1900" eingehender behandelt). Das thatsächliche Verhältnis ist ohne Zweifel das folgende: Das Land vermag, wie schon gesagt, bei der jeweiligen Wirtschaftsform, Kulturhöhe und Besitzverteilung immer nur eine beschränkte Zahl von Menschen im Ackerbau zu unterhalten; Änderungen sind nur langsam möglich und nicht in dem Maße, daß die starke natürliche Zunahme der ländlichen Bevölkerung ausreichende Unterkunft auf dem platten Lande fände. Dem natürlichen Überschuß des platten Landes steht ein natürlicher Bedarf der Städte gegenüber; hier ist nämlich die natürliche Bevölkerungsvermehrung geringer, da die Wohnungsverhältnisse und Arbeitsbedingungen bedeutend ungünstiger sind, während der Bedarf der Städte über das Maß der geringen natürlichen Zunahme beträchtlich hinauswächst, so daß die Großstädte ohne einen fortgesetzten Zuzug vom Lande kaum gedacht werden können.

Menschenüberfluß des Landes und Menschenbedarf der Städte wirken also im Ganzen übereinstimmend zusammen und bewirken einen anhaltenden natürlichen Strom vom Lande in die Stadt.

Übrigens darf dieser Zug in die Städte nicht ohne weiteres so aufgefaßt werden, als ob er nun beispielsweise in gerader Linie von dem Hauptabflußgebiete, etwa den Großgrundbesitzgebieten des Ostens, nach dem Hauptzuflußgebiete, den Großstädten, an erster Stelle etwa Berlin, verliefe; vielmehr ist es eine ganz gewöhnliche Erscheinung, daß diese Wanderung sich schrittweise vollzieht, indem der Landarbeiter aus dem Osten zunächst entweder auf die Rübengüter Sachsens oder in eine kleine Stadt zieht, von dort bei passender Gelegenheit in eine größere Stadt des betreffenden Gebietes, und dann erst, wenn eine Arbeitsgelegenheit sich bietet, nach Berlin. Daneben freilich kommt es ja auch nur zu oft vor, daß die Leute von der heimischen Scholle ohne weiteres auf gut Glück die Reise in die Hauptstadt antreten, aber gerade diese planlosen Wanderer verfallen in der Regel naturgemäß am schnellsten und sichersten dem großstädtischen Elend und Proletariat tiefster Klasse. Der dritte Weg ist der Weg durch das Heer, da die einmal das Großstadtleben kostenden Soldaten sich nur selten entschließen können, nach der Dienstzeit wieder in die dörfliche Heimat zurückzukehren.

Ist der Zug in die Stadt nun einerseits eine durchaus notwendige und normale Erscheinung, so artet er anderseits doch nur zu sehr zu einem großen Übel aus, da sowohl die Abstoßung der Arbeitskräfte vom Lande wie die Anziehungskraft der Großstadt bedeutend das wirtschaftlich notwendige und heilsame Maß überschreiten. Hier haben wir die traurige Erscheinung der Landflucht und der städtischen Arbeiter-Reserve-Armee, die Entvölkerung des platten Landes und die Überfüllung der Städteriesen. Die Verteilung der Kräfte wird dadurch unwirtschaftlich, es treten auf beiden Seiten große soziale Mißstände hervor, und auch die gesamte nationale Kraft erleidet eine bedenkliche Einbuße. Während die Kräfte des Landes nicht genügend ausgenutzt werden können, gehen in den Städten die dort überschüssigen Menschenkräfte verloren, und zwar weit über das Maß hinaus, das in den Städten ihrer Natur nach ohnehin schon herrscht. Denn die Thatsache läßt sich nun einmal nicht aus der Welt schaffen — so angestrengte Versuche heute auch gemacht werden, sie einfach wegzuleugnen —, die selbstverständliche Thatsache, daß das hastige Leben in den engen Mauern der Städte die Körperkräfte schneller aufzehrt und mehr Opfer fordert, als das ruhige

Leben in der freien Natur. Gewiß kann in dieser Hinsicht viel gethan werden und ist auch thatsächlich durch gesundheitliche Maßnahmen, vorsorgende Wohnungspolitik und soziale Gesetzgebung viel gethan, um die gesundheitlichen Verhältnisse der Städte zu heben.

Der übermäßige Zug in die Stadt ist durchaus vom Übel und zieht national-, sozial- und wirtschaftspolitisch die bösesten Folgen nach sich. Dagegen ist ein Zug in die Stadt in gewissem Umfange zweifellos notwendig und für die gesamten Kulturverhältnisse nur heilsam. Die Stadt empfängt vom Lande die Gaben der Natur, sie muß von der fremden Scholle ihre Bewohner ernähren, sie bedarf des Überschusses der Bodenkraft sowohl wie der Menschenkraft, die das platte Land, die freie Natur ihr liefert. Und sie belohnt das Land mit den reichen Schätzen der Kultur, die sie in sich zu sammeln vermag, mit jenen Schätzen fremden Bodens, die sie als Stätte des Tausches aus der ganzen Welt zusammenträgt, mit den Erzeugnissen ihres regen Gewerbefleißes, mit den hehren Gaben des Geistes, der hier ein reiches Wirkungsfeld findet, dem nur hier all jene Hilfsmittel zur Verfügung stehen, deren er bei seiner Arbeit bedarf. Verheerend, wenn er überfließt, spendet der Strom vom Lande in die Stadt beiden Teilen Segen, wenn er sich im richtigen Bett bewegt.

Wohl könnten wir uns einen anderen Zustand denken, eine Dezentralisation, ein Hinausziehen des städtischen Gewerbefleißes und städtischen Geisteslebens auf das platte Land, einen Zustand, in dem die städtische Schaffensfülle mit der ländlichen Gesundheit und Naturkraft verbunden und verschmolzen ist; so lange aber dieser Zustand nur in der Vorstellung besteht, ist und bleibt die moderne Wirtschaft untrennbar verknüpft mit einem regelmäßigen Zug in die Stadt. — —

Wenn wir aus unseren heutigen Großstädten, den Stätten des Tausches, den Stützen des Weltverkehrs, den gewaltigen Burgen des industriellen Schaffens, den forschenden Blick zurückrichten in die Zeiten der ersten städtischen Entwicklung, weit zurück hinter die Entstehung der Städte und Burgen auf deutschem Boden in jene Länder, in denen zuerst mächtige Städte den Boden bedeckten und unüberwindliche Mauern die Lande beherrschten, so entrollt sich vor unserm staunenden Auge ein merkwürdiges Bild allgemeiner wirtschaftlicher, sozialer und kultureller Entwicklung. Wir treten an die Wurzeln von Wirtschafts- und Kulturformen, aus denen mächtige, alle Lande überschattende Bäume emporgewachsen sind, die ihre Zweige bis in unsere Tage in alle Felder des Wirtschaftslebens hineinstrecken.

Die ersten Städteerbauer waren zugleich die Schöpfer der wesentlichsten Formen, in denen sich seither das menschliche Arbeitsleben bewegt, die Schöpfer großer Wissenschaften und tiefgreifender Wirtschaftsorganisationen. Durch eine Reihe von Jahrtausenden von ihnen getrennt, stehen wir doch heute noch in unsern alltäglichsten Gebräuchen vielfach auf dem Boden, den sie geschaffen haben.

So weit unser Wissen reicht, haben wir die ersten Städteerbauer in den babylonischen Landen zu suchen, wo sie vor Jahrtausenden bereits Werke errichteten, deren Macht und Größe erst unsre jüngste Zeit wieder erreicht hat, Werke von einer Ungeheuerlichkeit, die erst heute wieder durch einen Suez-Kanal und einen Eiffelturm ihresgleichen gefunden haben.

Bei der Betrachtung der wirtschaftlichen Bedeutung jener Riesenarbeiten können wir im Wesentlichen den glänzenden Studien Iherings in seiner leider unvollendet gebliebenen Vorgeschichte der Indo-Europäer folgen, obwohl dieselben, zumal im Hinblick auf die Sprachvergleichungen, nicht immer ganz einwandfrei sind und manche Irrtümer bergen, die jedenfalls beseitigt wären, wenn dem Verfasser die Beendigung und Überarbeitung vergönnt gewesen wäre. — Gewissermaßen als Motto der ganzen Untersuchungen können wir den Satz betrachten: „Der Eckstein der babylonischen Kultur ist der Baustein.“ Der Baustein ist die Klammer, die den Menschen unlösbar an den Boden fesselt, die steinerne Stadt die Vollendung der Seßhaftigkeit.

Nicht nur in der Menschheitsgeschichte spielt der Stein eine führende Rolle, er ist ein Hauptträger der ganzen erdgeschichtlichen Überlieferung. Wo keines Menschen Stimme noch erscholl, wo keines Augenzeugen Schrift die Ereignisse festhielt, keines Malers Pinsel dem Vergehenden Dauer gab — da führten die Steine eine wunderbare Sprache, da schrieben sie mit unzweideutigen Lettern, da zeichneten sie in unvergänglichen Linien.

Aus jenen Urzeiten, da noch keines Menschen Fuß auf Erden wandelte, haben sie uns gar wundersame Denkmäler überbracht. Andächtig lauschen wir der Mär, die sie aus fernen Zeiten zu uns tragen — ein Wunderland zieht an dem staunenden Auge vorüber, eine Welt zieht aus dem kahlen Fels empor, längst vergangene Jahrtausende rollen ihren Lauf noch einmal in wenigen Minuten ab.

Und wenn er der Steine Wundermär lauscht — was erfüllt den Menschen wohl tiefer: das Gefühl der Kleinheit und Vergänglichkeit seines Geschlechtes, das so viel jünger ist als jene Wesen der Urzeit, oder das Gefühl der Übermacht des menschlichen Geistes, der auch eben diese Wesen, die er nie gesehen, seinem Wissen einverleibt, der die wundersame Sprache der Steine verstanden und ihre gar rätselhaften Inschriften gelöst hat? — Jeder Schritt, den wir vorwärts thun in der Erkenntnis der Natur, stößt uns zugleich klaftertief hinab in die quälende Erkenntnis unserer Ohnmacht und Bedeutungslosigkeit in dem großen All — und hebt uns zugleich klafterweit hinauf zu dem erhabenen Gefühl geistiger Stärke, dem Gefühl der geistigen Beherrschung dieses Ungeheuren. —

Wie der Stein für die Erkenntnis der Vorgeschichte unserer Erde unentbehrlich ist, so war er auch bereits vor Jahrtausenden für das Wirtschafts- und Kulturleben alter Völker der wichtigste Faktor.

Im Gegensatz zu den nördlichen, namentlich den slavischen und germanischen Völkern, bei denen das Holz die führende Rolle spielte — noch heute ist das Holz ja vielfach als Universalstoff der Slaven zu betrachten —, herrschte bei den semitischen Völkern schon in frühester Zeit der Stein. Von Stein waren ihre Häuser und ihre Straßen, in den Stein gruben sie ihre Urkunden, durch Steinwürfe töteten sie ihre Übelthäter, in Steinsärgen bestatteten sie ihre Toten. Die Bedeutung des Steines für die Wirtschaft entspricht dieser vielseitigen Verwendung, ja, sie geht wegen der Eigenart des Steines noch darüber hinaus. Die Verwendung des Steines bedeutet, wie gesagt, die festeste Seßhaftigkeit. Das spröde, zähe, schwer zu transportirende Material bindet den Menschen eng an die Scholle, auf der er seine Steinbauten errichtet. Ferner zwingt es die Menschen zu gemeinsamer Arbeit; A r b e i t s t e i l u n g und A r b e i t s g e m e i nschaft werden wesentlich hervorgebracht, befördert und ausgebildet durch die Steinarbeit, den Städtebau.

Der einzelne Mensch kann nicht mehr nach seinem Belieben schalten und walten, er ist nicht der Herr seiner Arbeit. Mit seinen Genossen muß er sich zusammenthun, muß gemeinsam mit ihnen schaffen, muß sich unterordnen unter den gemeinsamen Zweck und den höheren Willen der Gesamtheit oder ihres obersten Vertreters.

Neben der Arbeitsgemeinschaft wird bereits eine entschiedene Arbeitsteilung nötig. Dieser muß einen Plan des Gebäudes entwerfen, jener muß die Längen abmessen, während die große Menge die Steine heranschafft und zusammenfügt. Mit dieser letzten Thätigkeit allein ist es nicht gethan; allerlei Künste müssen sich zuvor entwickeln, damit ein festes, haltbares, zweckmäßiges Gebäude entsteht. Nach einheitlichem Plane muß ein Baumeister das Ganze leiten, nach festen Maßen muß der Bau errichtet, nach genauer Berechnung die Haltbarkeit des Baues festgestellt, die Zusammenfügung der einzelnen Teile bewirkt werden. Die Städteerbauer bedürfen eines Meßsystems, sie müssen die Kunst des Rechnens und Zeichnens erfinden, um ihre großen Werke durchführen, um sichere Bauten für eine Ewigkeit errichten zu können. Die Mathematik ist die notwendige Erfindung des babylonischen Baumeisters, wie die Astronomie die nodwendige Erfindung des chaldäischen Seefahrers ist.

Die Städteerbauer ergründen die ewigen Gesetze der Zahlen und Maße. Aber noch mehr; wie ihre Bauten sich den Gesetzen der Zahlen und Maße fügen, so fügen sie ihre ganze Thätigkeit in ein zahlenmäßig abgemessenes System ein, teilen sie ihre Arbeit nach bestimmten Zeitmaßen. Raum und Zeit, beide werden von ihnen abgemessen und eingeteilt, beide lernen sie beim Städtebau erst eigentlich erkennen und nach bestimmten Maßen ordnen.

Der ewige Wechsel der Tage wird durch die Städteerbauer sozusagen in neue Bahnen gelenkt; nach wie vor folgen sich die Tage im natürlichen Lauf, aber sie gleichen sich nicht mehr; sie gewinnen verschiedene Bedeutung, werden mit verschiedenen Maßen gemessen, werden künstlich eingeteilt und geordnet. Bei den arischen Völkern laufen die Tage gleichmäßig ohne besondere Einteilung hinter einander her. Die Arbeit ist an allen Tagen die gleiche, verschieden nur nach dem jeweiligen Bedarf, nach dem Wetter, aber nicht nach dem Zeitmaß. Ein Volk der Hirten und Ackerbauer lebt dahin, wie die Natur es ihm gebietet; Tag für Tag wird das Vieh gehütet und der Acker bearbeitet, wie die Jahreszeit es mit sich bringt, wie die jeweilige Witterung es erlaubt oder fordert. Völlige Ruhetage sind des Viehes wegen ausgeschlossen, und die Länge und Folge der Arbeitstage richtet sich nach den Arbeiten der Saat und Ernte. Ein regelmäßig wiederkehrender, ein für allemal festgelegter Ruhetag konnte sich bei Völkern dieser Lebens- und Arbeitsweise niemals herausbilden, er war unnötig und unzweckmäßig und konnte erst in späterer Zeit von außen her eingeführt werden.

Ganz anders die Städteerbauer. Ihre Arbeit, gleichmäßig fortlaufend, stets gleich anstrengend, unabhängig von der Natur und ohne natürliche Abwechselung oder Unterbrechung, fordert gebieterisch eine künstliche Teilung, künstliche Abschnitte, feststehende Ruhepausen. Die Städteerbauer, die babylonischen Bauhandwerker, hatten das dringende Bedürfnis sowohl wie die Möglichkeit, in die Tage harter gleichmäßiger Arbeit einen regelmäßigen Ruhetag einzuschalten, und mit gutem Grund schreibt Ihering: „Der ganze Zuschnitt der babylonischen Zeiteinteilung: die Woche — der bürgerliche Tag — die Stunde — läßt sich aus einem einzigen Gesichtspunkt begreifen: Organisation der Arbeit beim öffentlichen Bauwesen.“ Hier hat die Organisation der Arbeit überhaupt ihren notwendigen Ursprung, und die markanteste Erscheinung der Arbeitsorganisation, die herrschende Zeiteinteilung, ist ein Werk der ersten Städteerbauer.

Am meisten umstritten ist die Entstehung der Woche; es scheint aber falsch, sie, wie es früher stets geschehen ist, aus der Siebenzahl der Wochentage erklären zu wollen; vielmehr ist die Erklärung in der Sechszahl der Arbeitstage zu suchen. Sie entspricht dem babylonischen duodezimalen Zahlensystem; wie der Tag zwölf Stunden und das Jahr zwölf Monate hat, so wäre zunächst an eine Woche von zwölf Arbeitstagen zu denken; da das aber über das Maß der menschlichen Kraft weit hinausgeht, lag es am nächsten, die halbe, eine der menschlichen Arbeitsfähigkeit am besten angepaßte Zeit zu wählen und stets auf sechs Arbeitstage den notwendigen Ruhetag folgen zu lassen. Hätte zu jener Zeit bereits das Dezimalsystem geherrscht, so muß man annehmen, daß die Woche eben fünf Arbeitstage erhalten hätte. Bekannt ist ja übrigens der zur Zeit der französischen Revolution gemachte, ganz schematische und die natürlichen Verhältnisse nicht im geringsten berücksichtigende Versuch, der Woche zehn Tage und zwar neun Arbeitstage und einen Ruhetag, zu geben, der ohne weiteres scheitern mußte. Beschämt mußten die Helden der aufgeklärtesten Aufklärung einsehen, daß die Meister der Städteerbauer vor Jahrtausenden weiser gewesen als sie, daß sie das richtige, der menschlichen Arbeitskraft am meisten entsprechende Maß gefunden hatten, und daß die an der Wurzel aller Wirtschaftsorganisation stehende Einteilung der Arbeitszeit sich nicht in ein plumpes, rein äußerliches Schema nach Belieben hineinzwängen läßt, sondern so, wie sie ist, etwas durchaus — das viel mißbrauchte Wort sei hier einmal erlaubt — „Naturnotwendiges" ist. —

Diese kurzen Ausführungen dürften genügen, um die außerordentliche Bedeutung des ältesten Städtebaues zu illustrieren. Der Städteerbauer Werk ist die Rechen-, Zeichen- und Meßkunst, ihr Werk ist die Arbeitsorganisation, die Arbeitsteilung und Arbeitsgemeinschaft, ihr Werk ist nicht zuletzt die Zeiteinteilung. Alles, was die Stadtwirtschaft späterer Zeiten zu Wege gebracht hat, was in den Stätten des Tausches und des Gewerbfleißes, was unter den machtvoll ausgedehnten Formen des Großkapitals und der Großindustrie geleistet und geschaffen wird, wurzelt in jener ursprünglichsten Arbeitsorganisation, die von den ersten Städteerbauern durchgeführt ist. Es bewegt sich in dem Rahmen ihrer Zeiteinteilung, es bedient sich ihrer großen Rechenkunst und ihrer mannigfaltigen anderen Künste, es steht und fällt mit der Arbeitsteilung und Arbeitsgemeinschaft.

Hat der erste Ackerbauer der Menschheit für alle Zeiten Raum geschaffen auf der Erde und ihr den Weg gewiesen, auf dem sie ihren Nahrungsspielraum stets ihren steigenden Bedürfnissen entsprechend erweitern kann, so haben die ersten Städteerbauer der Menschheit den Rahmen gegeben, in dem sich ihr wirtschaftliches Schaffen und ihr Kulturleben bewegen und ausdehnen kann, die Organisation der Arbeit, ohne die jede fortgeschrittene Thätigkeit undenkbar wäre. Beide, Ackerbauer und Städtebauer, befreien den Menschen aus der Knechtschaft des Bodens, jene, indem sie die eigene Scholle zur Hergabe von

Früchten aller Art zwingen, diese, indem sie an den Stätten des Tausches die Gaben des Bodens aus aller Herren Länder zusammentragen. Und beide, Ackerbauer und Städtebauer, verknüpfen den Menschen durch neue, unlösliche Bande fest mit der Mutter Erde, jene, indem sie ihre Saat und ihre Arbeit dem Boden anvertrauen, diese, indem sie sich durch steinerne Ringe mit dem Boden verbinden, Stätten für die Ewigkeit begründen. Der Ackerbauer giebt dem Städtebauer Nahrung, und der Städtebauer schafft dem Landbauer Raum zur Unterbringung und Bethätigung seiner überschüssigen Kräfte.

Der Landbauer erschließt die Räume und die Schätze der Erde, und der Städtebauer verdoppelt sie, indem er sie verarbeitet und dorthin schafft, wo man ihrer bedarf, wo sie erst ihren vollen Wert erlangen; der Landbauer zehrt von der Kultur des Städtebauers und der Städtebauer von der Kraft des Landbauers. Frühzeitig haben sie die gesammte Wirtschaft unter sich geteilt, die der Landbauer gegründet, der Städtebauer organisiert hat; im Interesse beider aber liegt es, daß sie sich nicht gar zu weit von einander entfernen, daß jener sich nicht zu eng auf die Scholle beschränkt, dieser sich nicht zu weit über sie hinweg setzt. Das harmonische Gedeihen der nationalen Wirtschaft fordert, daß ihre Wege nicht ins Ungemessene aus einander gehen, daß sie die Wirtschaft unter sich teilen, um sie zu beherrschen, und nicht sich teilen und trennen, um sich von der Wirtschaft beherrschen zu lassen. In der entwickelten Wirtschaft ist der Landbauer angewiesen auf die Stätten des Tausches, und der Städteerbauer ist vollends unmöglich, wenn er sich nicht auf das Land stützen kann. Eine Aufgabe der Selbsterhaltung ist es darum für beide und eine der ersten Aufgaben der nationalen Wirtschaft, einen fortgesetzten Ausgleich ihrer Interessen herbeizuführen und zu bewahren.

Die Organisation der Arbeit erfunden zu haben, ist das unschätzbare Verdienst der ersten Städteerbauer; darüber hinaus aber geht eine andere Arbeit, die Organisation der gesamten Nationalwirtschaft — die schwere Aufgabe der Gesamtheit, des modernen Staates.

Nach der Betrachtung der Tauschstätten und ihrer Bedeutung für das Wirtschafts- und Kulturleben richten wir nunmehr unsern Blick auf die Tauschmittel.

„Zwiefach — schreibt Aristoteles — ist der Gebrauch jedes Gutes. Der eine ist dem Ding als solchem eigen, der andere nicht, wie einer Sandale, zur Beschuhung zu dienen und austauschbar zu sein. Beides sind Gebrauchswerte der Sandale, denn auch wer die Sandale mit dem ihm Mangelnden, z. B. der Nahrung austauscht, benutzt die Sandale als Sandale, aber nicht in ihrer natürlichen Gebrauchsweise, denn sie ist nicht da des Austausches wegen. — Dasselbe Verhältnis findet bei allen andern Besitzgegenständen statt; sie können alle umgetauscht werden ein Verfahren, das in seinem Ursprung vollkommen naturgemäß ist, da die Menschen bald weniger, bald mehr haben von dem, dessen sie bedürfen.“ Dieser ursprüngliche Austausch aber hat seine Schwierigkeiten, die gleichfalls schon Aristoteles andeutet: Der Austausch kann nicht sein ohne Gleichheit, die Gleichheit aber nicht ohne Kommensurabilität. Es ist in Wahrheit indessen unmöglich, daß so verschiedenartige Dinge, wie sie in der That ausgetauscht werden, kommensurabel seien; die Gleichsetzung, die Messung mit demselben Maße kann also nur ein Notbehelf für das praktische Bedürfnis sein.

Je häufiger der Austausch sich vollzieht, umsomehr wird es notwendig, einen gemeinsamen Maßstab zu finden, an dem der Wert der einzelnen Tauschgüter gemessen wird, ein Tauschmittel, für das Jeder Verwendung, das für Jeden annähernd denselben Wert hat. Die Vermittelung des Tauschverkehrs fiel zunächst im allgemeinen einem toten oder lebenden Objekt zu, dessen jedermann zum Leben notwendig bedarf; das allgemeine Tauschmittel waren die allgemeinsten Nahrungsmittel, insbesondere das Vieh. Nach Viehherden zählte der Reichtum der biblischen Großen, nach Viehherden rechnen Sold und Strafe der alten Germanen, und noch in unserm Jahrhundert treffen wir bei unkultivierten Stämmen das Vieh als allgemeines Tausch- und Zahlungsmittel. Aber auch andere Nahrungsmittel haben diese Funktion ausgeübt, besonders das Getreide. Eine wichtige Rolle spielte daneben das Salz, begann doch in den ältesten deutschen Städten ein lebhafter Tauschhandel besonders frühzeitig dort, wo Salz gewonnen wurde. Auch auf verhältnismäßig hoher Wirtschaftsstufe spielen feine Gewebe und ähnliche Waren die Rolle des Geldes.

Schließlich sehen wir es ja selbst heute in unsern Kulturländern noch häufig genug, daß die Bezahlung mit Lebensmitteln die Regel bildet; denken wir doch etwa nur daran, wie oft der Pfarrer für eine Amtshandlung, der Landarzt für eine Kur mit einem fetten Schweinchen, einer Gans, einer Mandel Eier oder dergl. bezahlt wird.

Neben den Nahrungsmitteln vertreten die Lebensmittel im weiteren Sinne, die für Kleidung und Wohnung notwendigen, die Stelle des heutigen Geldes, besonders Felle, Pelze, Tuch. Die Hauptrolle aber spielte unter allen doch das Vieh (auch der Name des Geldes: pecunia — deutet ja hinlänglich auf den engen Zusammenhang mit dem Vieh — pecus — hin).

In allen diesen Fällen aber bleibt es gewöhnlich zweifelhaft, wo wir es noch mit einem direkten Austausch, und wo wir es schon mit einem eigentlichen Tauschmittel zu thun haben, das nicht um seiner selbst willen eingetauscht wird, sondern nur als Wertgegenstand, der zu weiterem Austausch dienen soll. Anders verhält es sich bereits mit der bekannten Kauri-Muschel, die in Afrika, zum Teil auch in Asien, seit alter Zeit als Tauschmittel benutzt wurde, bezw. noch heute benutzt wird. Hier haben wir es schon mit einem Tauschmittel im engeren Sinne zu thun, einem Objekt, das — wennschon es auch als Schmuck benutzt wird — wesentlich nur den Zweck hat, zur Vermittelung des Tauschverkehrs zu dienen. Die gleichzeitige Verwendung als Schmuckmittel, durch die es selbst einen festen Wert erhält, teilt dieses Tauschmittel mit manchem alten sowohl wie mit dem heute benutzten Edelmetall.

Immerhin ist auch ein derartiges Zahlungsmittel noch einigermaßen primitiv und für die höheren Ansprüche einer ausgedehnten Tauschwirtschaft nicht genügend. Dem Metall, und insbesondere dem Edelmetall, war es vorbehalten, alle Ansprüche in weitgehendem Maße zu befriedigen und die führende Rolle unter allen Tauschmitteln einzunehmen.

Das Metallgeld vereinigt in sich all' die Eigenschaften, die für ein allgemeines Tauschmittel auch in Zeiten höchst entwickelten Verkehrs notwendig sind. Es hat selbst Gebrauchswert — eben als Metall —, und dieser Wert ist innerhalb gewisser zeitlicher und räumlicher Grenzen einigermaßen gleichbleibend, so daß insbesondere die Edelmetalle einen leidlichen Wertmesser abgeben. Freilich, das ideale Geld wäre in dieser Hinsicht erst ein solches, dessen Wert absolut feststehend, nach Zeit und Ort unveränderlich wäre. Da es aber überhaupt keinen Stoff giebt, der uns unentbehrlich und auf keine Weise aus der freien Natur zu ersetzen ist, so müssen wir schon auf dieses ideale Geld verzichten. — Das Edelmetall ist ferner kostbar, so daß geringe Mengen, die leicht beweglich sind, einen großen Wert darstellen; es verändert Gestalt und Aussehen durch äußere Einflüsse nur ungemein wenig, ist beliebig teilbar, stets leicht erkennbar und auch leicht in bestimmte Formen zu bringen, die den Tauschwert des einzelnen Stückes sofort erkennen lassen.

Die Edelmetalle wurden zunächst in roher Form als Tauschmittel verwandt; vor und neben ihnen übrigens auch jederzeit verschiedene unedle Metalle, bekannt ist z. B. die Spartanische Eisenwährung zur Zeit des Lykurgus. Auch Homer, der im allgemeinen noch das Vieh als Tauschmittel verzeichnet, läßt gelegentlich durchblicken, daß schon das Erz diese Funktion ausübt.

Während ursprünglich das Metall jedesmal, sobald es als Tauschmittel Verwendung fand, abgewogen werden mußte, griff man bei steigendem Tauschverkehr dazu, bestimmte Stücke ein für allemal abzuteilen, ihr Gewicht und somit ihren Wert genau zu bezeichnen und die Stücke nach Möglichkeit derartig zu gestalten, daß eine Veränderung und Gewichtsverminderung unmöglich gemacht wurde, bezw. sofort kenntlich war. Es hat jedoch sehr lange gedauert, bis eine hinlänglich sichere Prägung eingeführt wurde; und ganz besonders gehört zu dieser Sicherung eine genaue, lange Zeit ganz unbekannte Randprägung.

Die Verwendung der Edelmetalle als Geld ist uralt; von Metallgeld ist bereits in der alten babylonischen Sintflutsage die Rede, und im Alten Testament bis hinauf zu Abraham (I. Mos. 13. 2) lesen wir, daß die Edelmetalle als Wertmesser gelten, daß ein Tausch vermittelst Silberstücken bewirkt wird oder Silberstücke als Sühne gezahlt werden. In der That haben wir auch in unseren Museen Geldstücke, die vor mehr als drei Jahrtausenden in Umlauf waren und schon eine vorzügliche Flächenprägung zeigen.

Bekannt ist das verhältnismäßig glänzend entwickelte und seiner Zeit allgemein berühmte Münzwesen Athens. Was übrigens die Prägung anbetrifft, so war im Abendlande Cäsar der erste, der nach orientalischem Beispiel sein eigenes Bildnis den Münzen aufprägen ließ, die früher nur Götterbilder und symbolische Zeichen getragen hatten. — Indessen, auf die weitere Entwicklung des Münzwesens soll hier ebensowenig eingegangen werden, wie auf die vielumstrittene Währungsfrage.

Diese letztere, die Frage, welches Edelmetall oder welche Verbindung der Edelmetalle als alleiniges Wertmaß für den gesamten Tauschverkehr festgelegt werden soll, wird um so schwieriger, je mehr mit der Erschließung immer neuer Landstriche und immer neuer Quellen der Edelmetallgewinnung das Verhältnis der einzelnen Edelmetalle gegen einander und der wirtschaftliche Wert der Edelmetalle schwankt. Dadurch wird einerseits eine dauernde Festlegung des gegenseitigen Wertverhältnisses nahezu zur Unmöglichkeit, anderseits aber auch der Wert des einen herrschenden Münzmetalls unheilvollen Schwankungen unterworfen.

Auf unüberwindbare Schwierigkeiten ist insbesondere zu jeder Zeit der wiederholentlich erörterte Plan eines einheitlichen Weltgeldes gestoßen. Interessant ist namentlich das bereits 1582 veröffentlichte Werk des Grafen Gasparo Scaruffi über das Geld, in dem derselbe mit Entschiedenheit für ein überall an Größe, Form, Zusammensetzung und Bezeichnung identisches Weltgeld eintritt, ohne indessen bei den italienischen Fürsten, an die er sich mit seinem Plane wandte, Gegenliebe dafür zu finden. Bei der enormen Verschiedenheit der Kulturhöhe, Produktionsweise und Produktionsbedingungen auf der Ökumene ist es zweifellos, daß diese Idee eines allgemeinen Weltgeldes nach wie vor ein schöner Traum bleiben wird — und so bequem eine derartige Einrichtung auch wäre, können wir es schließlich doch nicht bedauern, daß auch hier die allgemeine Schablonisierung und Mumifizierung nicht durchführbar ist.

Inzwischen hat der immer wachsende Bedarf des Welt-Tauschverkehrs an bequemen Tauschmitteln sich von einer anderen Seite Abhilfe geschaffen. Anstatt das Tauschmittel, das Stück Edelmetall, bei jedem einzelnen Austausch direkt von Hand zu Hand gehen zu lassen, ersetzt man diese Operation vorläufig durch eine Anweisung auf die fragliche Menge Edelmetalls, durch ein Zahlungsversprechen. Das geschriebene Wort übt die Funktion des Geldes, dieses selbst läuft nicht so häufig um, der Tauschverkehr ist vereinfacht und das Edelmetall als Tauschmittel nicht in den ungeheuren Mengen erforderlich, deren bei seinem beständigen Wachsen der Tauschverkehr im Falle jedesmaliger Bezahlung in Edelmetallgeld bedürfen würde.

Zwei Gründe führten dazu, daß im Tauschverkehr vielfach das geschriebene Wort, das Zahlungsversprechen, die Rolle des Geldes zu spielen begann; einmal zwang die große Unsicherheit des alten Verkehrs- und Transportwesens, nach Möglichkeit vom Transport des Edelmetalls abzustehen und Zahlungen nach einem andern Orte in der Form der Anweisung auf ein dortiges Bankhaus zu leisten; sodann veranlaßte der Mangel an Metallgeld die Staaten und Fürsten, an die Stelle der Barzahlung ein Zahlungsversprechen in Form des Papiergeldes abzugeben. In England hat sich jene Art der privaten Anweisung auf ein Bankhaus in Form des Checks am weitesten ausgebildet; auf dem Festlande spielt das Papiergeld die wichtigere Rolle. Ist heute auch die Unsicherheit des Transportwesens überwunden, so ist der Tauschverkehr vermittelst der Anweisung doch der Bequemlichkeit wegen um so weiter ausgedehnt.

Der Austausch gestaltet sich somit einerseits immer einfacher und bequemer, anderseits immer verwickelter; einerseits ist man heute in der Lage, jede beliebige Ware, deren man gerade bedarf, gegen eine einfache Anweisung einzutauschen, und wenn man selbst eine Ware auf den Markt bringt, erhält man für dieselbe seinerseits ein Tauschmittel-Surrogat, das leicht zu bergen und jederzeit wieder in gewünschter Weise zu verwerten ist, während der direkte Warenaustausch in dieser Beziehung allerlei Schwierigkeiten und Unannehmlichkeiten bietet. Anderseits wird der Weg zwischen Ware und Ware immer weiter; es schiebt sich dazwischen nicht nur das Edelmetall — in einer Form, die es nicht als Gebrauchswert erscheinen läßt, sondern nur als Objekt der Wert- und Warenvermittelung —, sondern gar ein beschriebenes oder bedrucktes Stück Papier, das an sich durchaus keinen Tauschwert hat, das seinerseits nur infolge eines allgemeinen Übereinkommens an der Bank dem aufgedruckten Werte nach angenommen wird; zwischen die Banken tritt obendrein als Zahlungsvermittler und zum Zahlungsausgleich noch das Clearing-house, so daß nicht nur der Weg von Ware zu Ware, sondern auch der Weg von der Ware zum Geld sehr weit wird. In letzter Linie tritt zwischen zwei Kaufleute in verschiedenen Ländern der gesamte Handelsverkehr der beiden Länder überhaupt, ja, der ganze Welthandel.

Aber so verwickelt der Gesamtverkehr dadurch wird, so einfach gestaltet sich doch gleichzeitig der Tauschmittelverkehr; dadurch, daß die Verbindlichkeiten nicht direkt erfüllt werden, sondern eine gegenseitige Regulierung und Begleichung des Warenverkehrs der ganzen Länder dazwischen tritt, wird in gewissem Sinne das Tauschmittel, das Metallgeld, wieder ausgeschaltet, und im größeren Stil greift wieder der direkte Warenaustausch ein. Das Edelmetall wird so wenig wie möglich für die Mittlerrolle in Anspruch genommen — sollte es in jedem einzelnen Falle in Funktion treten, so wäre der Verkehr ungemein belastet, die erforderliche Metallmenge ungeheuer groß — das geschriebene Wort, die schlichte Ziffer auf dem Papier übernimmt die große Aufgabe. Der Welthandel in seiner Gesamtheit wird zu Hilfe genommen, um durch allgemeine Verrechnung für den einzelnen Fall das Tauschmittel auszuschalten, und dieser gesamte Welthandel gestaltet sich dann der Hauptsache nach wieder als Austausch von Waren gegen Waren, nicht von Waren gegen Geld.

Was in der Einzelwirtschaft der primitivste Anfang ist, wird für eine höhere Einheit bei fortgeschrittener Kultur, wird für die Weltwirtschaft wiederum, freilich in bedeutend verändertem und erweitertem Umfange, die Grundlage.

Mit der wachsenden Ausdehnung des Tauschverkehrs und der wachsenden Menge der Tauschmittel wuchs auch die Macht und Bedeutung dieser Tauschmittel ins Ungemessene. Dieses Wachstum ging so weit, daß in der Wirtschaftstheorie nicht mehr der Tauschverkehr selbst, sondern lediglich die Tauschmittel als Grundfaktor der Wirtschaft betrachtet wurden. Das Kapital wurde zum A und O der Wirtschaft, zum A und O der nationalökonomischen Schriftsteller, das Geld rückte in den Mittelpunkt des Wirtschaftslebens. Nun umfaßt das Kapital im weiteren Sinne zwar bedeutend mehr, als nur eine Summe von Tauschmitteln im engeren Sinne; es umfaßt Alles, was Gegenstand des Tausches sein kann, die fertigen Tauschgüter, die Werkzeuge und selbst den Boden, sofern er als Privateigentum Gegenstand des Tausches werden kann. Immer aber bleibt der Begriff des Kapitals eng verbunden mit der Tauschmöglichkeit, und immer dient als Maß des Kapitals im weiteren Sinne schließlich die Summe des Kapitals im engeren Sinne, die es repräsentiert, die Summe der eigentlichen Tauschmittel, durch die sich der Wert jenes Kapitals ausdrücken läßt.

Die Macht des Kapitals ist die Macht der in einer Hand gesammelten überschüssigen Tauschmittel, die zur Befruchtung der Wirtschaft verwandt werden, sei es nun direkt oder indirekt, durch Ausgabe in der Konsumtion oder durch Anlage in der Produktion. Diese Macht, die das Kapital durch die Befruchtung der Wirtschaft, der Gütererzeugung und des Güteraustauschs, gewinnt, führt in der That die Herrschaft in der ganzen modernen Wirtschaft; die ungleiche Verteilung dieser Macht bedingt die Größe und Schärfe der sozialen Ungleichheiten.

Im Interesse des ruhigen und harmonischen Ganges der Volkswirtschaft und im Interesse der Gesamtheit des wirtschaftenden Volkes dürfen diese Ungleichheiten nicht gar zu groß, die Grenzen der Geldmacht nicht gar zu weit gezogen sein.

„Kein Staatsbürger,“ sagt Jean Jaques Rousseau, „darf so reich sein, daß er sich einen anderen kaufen kann, noch so arm, daß er sich verkaufen muß.“

Auch dieser Apostel der Freiheit und Gleichheit verstand die „Gleichheit“ nicht so, daß alle eine durchaus gleich große Kraft und einen genau gleich großen Reichtum besitzen, sondern daß die Gewalt jede Gewaltthätigkeit ausschließt und sich nur kraft der Gesetze und der Stellung im Staate äußern darf. Will man dem Staate Beistand verleihen — sagte er in seinem „Contrat social“ — so muß man die äußersten Endpunkte einander möglichst nähern; man darf weder zu Reiche noch Bettler dulden. Diese beiden von Natur aus untrennbaren Stände sind dem Gemeinwohle in gleicher Weise verhängnisvoll; aus dem einen gehen die Beförderer der Tyrannei hervor und aus dem anderen die Tyrannen; zwischen ihnen findet regelmäßig der Verkauf der öffentlichen Freiheit statt; der eine kauft und der andere verkauft sie.

Welcher verständige Mensch wollte die obenstehende Forderung nicht unterschreiben: keine öde, schematische Gleichmacherei, aber vernünftige Grenzen der Geldmacht! Nicht alles darf für Gold feil sein, vor allen Dingen der Mensch selbst nicht — — und so manches andere!

Wenn man sich vergegenwärtigt, daß beispielsweise in Preußen noch nicht 9% der gesamten Bevölkerung ein Einkommen von mehr als 900 Mark versteuern, daß auch nach Abrechnung der unselbständigen Haushaltungsangehörigen, die zu dieser Gruppe gehören, mehr als 70 v. H. der Bevölkerung dieses geringe Einkommen nicht erreichen, daß dagegen mehr als 1800 Personen über 2 Millionen Mark Vermögen versteuern, daß also 0,016% des Volks (mit Angehörigen) 14% des gesamten steuerbaren Vermögens besitzen — so wird man kaum behaupten können, daß eine derartige Besitzverteilung einem vernünftigen Ideal sonderlich nahe kommt, werden die notwendigen Grenzen der Geldmacht durch derartige Gegensätze doch immer weiter hinausgeschoben.

Der etwas abstrakten Forderung Rousseau's: kein Staatsbürger darf so reich sein, daß er sich einen anderen kaufen kann, noch so arm, daß er sich verkaufen muß — könnte man eine konkretere Forderung gegenüberstellen: kein Staatsbürger darf kraft seines Kapitals die Macht haben, anderen die Erwerbsfähigkeit zu rauben. Oder, noch konkreter: der gesetzliche Schutz des Gläubigers darf nicht so weit gehen, daß dieser dem Schuldner die Erwerbsfähigkeit nehmen kann.

Es ist dies ungefähr der Kern des Heimstättengedankens in seiner weitesten Ausdehnung. Die Verfügungsgewalt des Kapitalisten als Gläubiger über das beliehene Eigentum seines Schuldners muß eine Grenze haben; sie darf nicht so weit gehen, daß dem Schuldner die Möglichkeit genommen wird, seinen Erwerb fortzusetzen. In der That ist dieser Forderung ja bei uns durch eine gewisse Beschränkung der Pfändbarkeit teilweise entsprochen. Die Forderung des Heimstättenrechtes, das hier nicht näher erörtert werden soll, knüpft wieder an den Boden an und will jedem Staatsbürger eine Scholle sichern, auf der er sich ernähern kann. Die Durchführbarkeit dieses Gedankens ist freilich zum mindesten recht zweifelhaft; auch der letzte deutsche Juristentag, der sich mit der Frage beschäftigte, konnte trotz der sehr beachtenswerten Ausführungen Gierkes zu keinem Ziele kommen und vertagte schließlich die Angelegenheit als noch nicht spruchreif; immerhin bricht sich der Grundgedanke an den verschiedensten Stellen Bahn, wohnt er doch beispielsweise auch der Forderung des Rechtes auf Arbeit inne. Diese — bekanntlich vom Fürsten Bismarck theoretisch sehr entschieden anerkannte — Forderung umfaßt freilich noch sehr viel mehr, deckt sich aber doch mit der Forderung, daß keinem Menschen die Erwerbsfähigkeit genommen werden dürfe. In der That ist ja nichts unwirtschaftlicher, unsinniger, als eine Beschränkung der Erwerbsfähigkeit des einzelnen, eine Beschränkung, die lediglich im augenblicklichen Interesse eines Geldmächtigen liegt, der gesamten Volkswirtschaft aber Erträge und Arbeitskräfte entzieht, ja, sie womöglich in der Folge direkt mit unproduktiven Ausgaben — Armenunterstützung — belastet — alles nur, damit einer einzelnen Geldmacht ja nicht auch nur ein Titelchen dieser Macht verloren geht. Gewiß soll der Staat auch die Gläubiger schützen, aber dieser Schutz darf nicht so weit gehen, daß er für die Gesamtheit zum Schaden wird. Es wäre Blindheit, wollte man glauben, daß eine derartige Begrenzung der Geldmacht nur im Interesse der Schuldner liegt; wirtschaftlich wie ethisch liegt sie durchaus im Interesse der Gesamtproduktion und der Gesamtheit des Volks.

Daß die Grenzen nötig sind, darüber ist ein Zweifel nicht möglich; auch die Gesetzgebung hat es anerkannt. Die Frage ist nur, wie weit, bezw. wie eng die Grenzen zu ziehen sind. Und da könnte eine gelegentliche „Grenzrevision" vielleicht nichts schaden. —

Die Macht des Kapitals schwankt im übrigen von selbst je nach der Menge der in der Wirtschaft überhaupt vorhandenen Tauschmittel, nach dem Anteil einzelner an dieser Menge und nach der Fruchtbarkeit des Kapitals. Das Ansammeln überschüssiger Tauschmittel in einer Hand hat einen doppelten Zweck: Einmal dient es zur Sicherung gegen künftige Fälle, in denen es dem Besitzer an den nötigen Tauschmitteln fehlen könnte, sodann aber geschieht es im Hinblick auf die wirtschaftliche Macht, die diese überschüssigen Mittel verleihen, zumal der wirtschaftlichen Macht soziale und politische Macht auf dem Fuße folgen.

Die Macht hängt, wie gesagt, ab von der Fruchtbarkeit des Kapitals. Hier ist zweierlei wohl zu unterscheiden: Fruchtbar ist das Kapital an sich, indem es die Produktion befruchtet, indem es nachfragend auf den Markt tritt. Diese Fruchtbarkeit ist um so größer, je häufiger das Kapital nachfragend zum Markte kommt, je schneller es umläuft. Ein Thaler, der im Jahre zehnmal umgelaufen ist, zehnmal die Produktion befruchtet hat, verrichtet denselben wirtschaftlichen Dienst, wie zehn Thaler, die im Jahr nur einmal ihre Funktion erfüllt haben.

Von dieser Befruchtung der Wirtschaft durch das auf der Seite der Nachfrage auftretende Kapital, von der noch weiterhin zu handeln sein wird, unterscheidet sich die Fruchtbarkeit des Kapitals für seinen Besitzer. Für diesen ist es nicht dadurch fruchtbar, daß es die Wirtschaft überhaupt befruchtet — geht es doch im Gegenteil durch die Konsumtion für ihn verloren —, sondern dadurch, daß es durch direkte Befruchtung der Produktion für ihn einen Gewinn bringt.

Diese Fruchtbarkeit allein bedingt die Macht des Kapitals, die es seinem Besitzer verleiht. Sie kommt zum Ausdruck als Unternehmergewinn, bezw. als Zins. Insbesondere drückt der Zins die Macht des Kapitals, die Macht der in einer Hand angesammelten überschüssigen Tauschmittel aus, und wenn wir den Tausch und die Tauschmittel als Grundfaktoren der Wirtschaft ins Auge fassen, können wir an dieser Seite des eigenartigen Wesens unserer Tauschmittel nicht achtlos vorübergehen.

Die Zinsfrage ist eine der ältesten Fragen der gesamten Wirtschaftslehre; sie beschäftigte bereits die Politiker der ältesten Zeiten, sie bildete bisweilen geradezu den Mittelpunkt aller wirschaftlichen Fragen, sie ist so alt wie das Kapital selbst, wie der Privatbesitz an Kapital, das, ungleich verteilt, hier im Überfluß vorhanden und unbenutzt, dort zu notwendigen Unternehmungen fehlt.

Ursprünglich konnte das Ansammeln und Ausleihen von Kapital keinen größeren Umfang und keine besondere Bedeutung gewinnen; das ganze Staatsleben war ja weniger für die Wirtschaft, als für den Krieg organisiert; die alles beherrschenden kriegerischen Gepflogenheiten begründeten eine verhältnismäßige Unsicherheit des Lebens und besonders des Eigentums, so daß die Ansammlung großer Reichtümer behindert war, und damit auch das Kreditwesen auf ein ganz geringes Maß beschränkt wurde.

Am frühesten hatte die tauschwirtschaftliche Entwicklung wieder in dem alten Städteland zum Zinswesen geführt; die Zinsen sind eine babylonische Erfindung, ursprünglich gedacht als Anteil am Handelsgewinn eines überseeischen Unternehmens (Jhering). In anderen Ländern kam es erst bedeutend später zu einer derartigen Ausdehnung der Tauschwirtschaft und des großen Besitzes von Tauschmitteln, daß die Verleihung derselben gegen Zins eine wesentliche wirtschaftliche Rolle spielte.

Plato, der sich bereits mit der Zinsfrage beschäftigt, wünscht einen möglichst beschränkten Gebrauch der Edelmetalle und untersagt nicht nur das Nehmen von Zinsen für ausgeliehene Kapitalien, sondern stellt sogar die Rückzahlung dem freien Ermessen des Schuldners anheim. Ebenso tritt Aristoteles, dem Geiste seiner Zeit und der damaligen Wirtschaftsform entsprechend, gegen den Zins auf, und zwar mit der allbekannten Beweisführung, daß das Geld unfruchtbar sei und nicht seinesgleichen erzeugen könne.

Auch die alten römischen Schriftsteller, wie Plinius, halten wenig von dem Geldwesen überhaupt. Mit dem Zins beschäftigen sie sich schon eingehend, und nicht nur theoretisch, sondern auch in der Gesetzgebung. Das Zwölftafelgesetz beschränkt die Zinshöhe, die lex Genucia verbot das Zinsnehmen zwischen römischen Bürgern gänzlich — aber vergeblich. Cicero, Cato, Seneca, Plinius, Columella, alle befassen sich mit der Frage und alle verurteilen das Zinsnehmen. Allein für die damalige Wirtschaftsverfassung Roms wird dieser Standpunkt schon als rückständig bezeichnet werden müssen, da Gewerbe und Handel bereits auf einer derartigen Stufe angelangt waren, daß Kapitalbildung und Kapitalverleihung unvermeidlich und notwendig waren. Das praktische Leben hat sich nach der Gesetzgebung jedenfalls nicht gerichtet, der Geldhandel hat während der ganzen Entwicklung Roms einen immer höheren Aufschung genommen und der Zinsfuß hat sich augenscheinlich nach der jeweiligen Marktlage gebildet. Die Justinianische Gesetzgebung erlaubte Zinsen von 4—8% (letztere im Handel), jedoch keinen Zinseszins; die gesamte Zinssumme durfte nicht über die Höhe des Kapitals hinaus anwachsen. Zu beachten ist, daß weder die griechische noch die lateinische Sprache ein besonderes Wort für „Zins" haben, daß vielmehr die Begriffe Zins, Pacht, Lohn u. s. w. noch durcheinander gehen, bezw. durch dasselbe Wort bezeichnet werden.

In Palästina war ursprünglich das Zinsnehmen den armen, später allen Stammesgenossen gegenüber verboten. Auch das kanonische Recht untersagt das Zinsnehmen schlechthin. Nach Roscher bildet das Wucherverbot den Mittelpunkt der gesamten kanonischen Wirtschaftsordnung, und die Grundlage eines großen Teiles der kirchlichen Gerichtsbarkeit. Während es bisher hauptsächlich an den Absichten der Parteien gelegen hatte, ob ein Übereinkommen wucherischer Natur vorlag, blieb es nun der Kirche überlassen, über das Tadelnswerte eines Geldleihgeschäftes zu entscheiden. Diese Gesetze hatten ihren Ursprung in primitiven Wirtschaftsverhältnissen, in welchen Gelddarlehen für gewerbliche Zwecke noch so gut wie unbekannt waren.

Im Mittelalter kannte man ursprünglich nur den Kredit auf Faustpfand, keinen reinen Personal-Kredit; die einfache Ursache ist darin zu finden, daß im deutschen Recht die Personalverpflichtungen nicht auf den Erben übergehen, sodaß im Todesfall für den Personalkredit keinerlei Sicherheit gegeben ist. Die Anlage des Kapitals in Immobilien war damals also der Regel nach die einzig mögliche, und die alten Zinsverbote sind demnach nicht als eine künstliche Beschränkung zu betrachten, sondern als etwas jener Wirtschaftsordnung ursprünglich durchaus Angemessenes. Das alte Kreditwesen stellt sich eigentlich als Rückkaufshandel dar; Kauf und Darlehen fließen sowohl in der alten griechischen Wirtschaft wie im Mittelalter ineinander über. (Vgl. Heusler u. a.)

Sobald sich ein wirklicher Bedarf nach Personalkredit fühlbar machte, wurden die Gesetze natürlich auf jede mögliche Weise umgangen; da die Unsicherheit aber groß war, stand zunächst auch der Zinsfuß auf einer außerordentlichen Höhe, sodaß zeitweise das Nehmen von 140% nicht als Wucher betrachtet wurde. Später waren 25% legal. Noch heute steht hie und da der Zinsfuß ja auf dieser Höhe, die deshalb aber doch nicht mehr annähernd als die normale betrachtet werden darf.

Die Entwicklung der Produktion und Arbeitsteilung rief notwendig eine ausgedehnte Anwendung geliehener Kapitalien hervor, und für diese wirtschaftlich fortgeschrittene Zeit bedeuteten die alten Gesetze einen unnatürlichen Zwang, der mit allen Mitteln umgangen wurde.

In der That entwickelte sich das Kreditwesen denn auch in immer steigendem Maße und nahm besonders in Oberitalien einen großen Umfang an; der Handelsverkehr nahm dauernd zu, die Dienst- und Naturalleistungen begannen ihre Bedeutung als Zahlungsmittel zu verlieren, das Geld trat immer mehr in den Vordergrund. Während die Wirtschaftslehre im allgemeinen lange Zeit ruhte, wurde der Lehre vom Gelde besondere Aufmerksamkeit geschenkt. Der im Jahre 1382 verstorbene Bischof Nicole Oresme gab schließlich eine Abhandlung über Ursprung, Wesen, Recht und Veränderung des Geldes heraus, von welcher noch im Jahre 1864 ein Neudruck veranstaltet wurde, und die knapp und klar eine grundlegende Geldtheorie lieferte.

Zur Zeit der Merkantilisten, als die Feudal- und Naturalwirtschaft der Geldwirtschaft mehr und mehr gewichen war, der Geldumlauf sich immer rascher vollzog, der Verkehr mit dem Auslande immer lebhafter wurde, gewann auch das Kreditwesen immer mehr an Bedeutung.

In seiner eigentlichen reinen Form entwickelte es sich überhaupt erst im 16. Jahrhundert, als im Großhandel das Geld aufing, wahrhaft fruchtbar und mächtig zu werden.

200 Jahre nach dem Tode Oresme's konnte in Anbetracht der allgemeinen wirtschaftlichen Funktionen des Geldes bereits von dem Grafen Gasparo Scaruffi der oben erwähnte Plan eines einheitlichen Weltgeldes, der noch heute weit genug von seiner Verwirklichung entfernt ist, den italienischen Fürsten unterbreitet werden. —

Einen der wichtigsten Beiträge zur Zinsfrage lieferte Hume, welcher der Anschauung entgegentrat, daß der Zinsfuß abhängig sei von der in einem Lande vorhandenen Geldmenge, und darthat, daß ein niedriger Zinsfuß sich im allgemeinen vielmehr ergeben müsse aus vermehrtem Fleiß und vermehrter Sparsamkeit, aus dem Gedeihen von Gewerbe und Handel, und daß derselbe daher als ein nahezu untrügliches Zeichen der blühenden Lage eines Volkes zu betrachten sei.

Was nun den sogenannten Gründer der Volkswirtschaftslehre, Adam Smith, angeht, so entwickelt derselbe über den Zins folgende Ansichten: Der Verleiher überträgt dem Entleiher das Recht auf einen bestimmten Anteil am jährlichen Produkt des Bodens und der Arbeit. Da das gesamte Produktivkapital des Landes und damit auch derjenige Teil dieses Kapitals, aus welchem die Besitzer Einkünfte ziehen wollen, ohne sich selbst den Beschwerlichkeiten der persönlichen Anwendung des Kapitals zu unterwerfen, d. i. das für Darlehenszwecke verfügbare Kapital, sich dauernd vermehrt, so wird der Zins niedriger, sowohl aus den allgemeinen Ursachen, welche den Marktpreis der Güter herabsetzen, wenn ihre Menge anwächst, als auch weil es mit der Zunahme des Kapitals allmählich immer schwerer wird, eine gewinnbringende Art der Anlage ausfindig zu machen. Der Wettbewerb zwischen den Kapitalien, die nutzbringend angelegt sein wollen, drückt den Zinsfuß herab. Schon Hume hatte den alten Irrtum, dem noch Locke und Montesquieu verfielen, bekämpft, daß nämlich das Sinken des Zinsfußes eine Folge des durch die Entdeckung der amerikanischen Minen verursachten Sinkens im Werte der Edelmetalle sei. Smith sagt: „In einigen Ländern ist der Geldzins gesetzlich verboten. Da es aber überall mittelst des Geldes möglich ist, etwas zu erreichen, so dürfte auch überall für den Gebrauch desselben etwas bezahlt werden.“ Das Zinsverbot erhöht das Risiko des Verleihers und verschlimmert daher nur das Übel des Wuchers. Ein höherer Zinsfuß wird aber eher von Verschwendern und Spekulanten, als von nüchternen und ehrlichen Menschen gezahlt, während diese von den Verleihern bevorzugt werden können, wenn der gesetzliche Zinsfuß in niedrigen Grenzen gehalten ist.

Der Oxforder Professor Senior erfand zur Begründung des Zinsnehmens die bekannte Enthaltsamkeitstheorie, d. h. er stellt den Zins als Lohn für die durch Nichtverbrauch des ausgeliehenen Kapitals bethätigte Enthaltsamkeit dar. Seither sind die verschiedensten Theorien zur Begründung — bisweilen möchte man fast sagen: zur Entschuldigung — des Zinsnehmens aufgestellt worden. Immer wieder schimmert hier und dort der Gedanke von der Unfruchtbarkeit des Geldes durch, den wir von den ältesten Schriftstellern, die sich mit dieser Frage beschäftigen, übernommen haben. Ein kleiner Rest dieser Idee hat sich noch heute erhalten — und wer wollte behaupten, daß er sich nicht auch noch einmal in der Praxis geltend machen könnte.

Der thatsächliche Standpunkt der Praxis ist freilich seit geraumer Zeit im allgemeinen der der Zinsfreiheit; welche theoretische Begründung man annehmen mag, ist heute im Grunde recht gleichgültig; der Zins ist in der heutigen Wirtschaftsverfassung etwas Selbstverständliches und findet seine natürliche Begründung einmal in der höchst ungleichen Verteilung der Kapitalien, sodann darin, daß ein Kapital, über welches man gegenwärtig verfügt, vorteilhafter ausgenutzt werden kann, als wenn dieselbe Summe erst in Zukunft zu verwenden wäre.

Seine natürliche Grenze findet der Zinsfuß nach oben im einzelnen Fall in dem Nutzen, den der Entleiher sich aus der gegenwärtigen Verfügungsgewalt über das betreffende Kapital verspricht, sodaß diese Grenze im Falle augenblicklicher Not sehr hoch liegen kann; die untere Grenze tritt in dem Augenblick ein, da der Ansammlungstrieb für die Verleiher, die ihre Kapitalien selbst nicht verwenden konnten oder wollten, dieselben aber anderweit nutzbringend anlegen wollen, verschwinden würde. Die Zinshöhe richtet sich also thatsächlich nach dem alten Schema von Angebot und Nachfrage. Gewisse gesetzliche Beschränkungen betreffen nur die wucherische Ausbeutung der Notlage, des Leichtsinns und der Unerfahrenheit.

Nun ist es natürlich nicht absolut unmöglich, daß das Angebot einmal die Nachfrage übersteigen kann. Würde dieses Verhältnis zur Regel, so müßte offenbar der Zins von selbst verschwinden, und wir hätten praktisch wieder die Erfüllung der alten Theorie von der Unfruchtbarkeit des Kapitals. Der Spartrieb würde fortfallen, oder richtiger, er würde nur soweit wirken, als man die Zurücklegung bestimmter Beträge für Not und Alter für geboten erachtet — alles übrige Kapital würde man nicht in fremden Unternehmungen anlegen, sondern ausgeben. Mitunter kann man wohl schon von zeitgenössischen Theoretikern die Ansicht hören, daß wir in nicht zu ferner Zeit auf diesem, wenn man so will, toten Strang anlangen müßten. Andere wieder wollen diesen Zeitpunkt nicht abwarten und verlangen schon heute schlechtweg ein gesetzliches Zinsverbot — was freilich gleichbedeutend ist mit einem völligen Umsturz der heutigen Wirtschaftsordnung.

Die für die Höhe des Zinsfußes überhaupt maßgebenden englischen Konsols brachten vor 200 Jahren 8, vor 100 Jahren 4,7, heute 2,9 % Zinsen. Bei schematischem Verfahren kann man wohl schließen, daß sie in einigen Jahrzehnten nur noch 1 % — und schließlich gar keine Zinsen mehr bringen werden. Nun nimmt aber das Weltwirtschaftsleben denn doch nicht einen so schematischen Verlauf; gewaltige politische, industrielle und andere Umwälzungen rufen immer wieder große Wandlungen auf dem Welt- und Geldmarkte und im Zinsfuße hervor, und es ist kühn zu prophezeien, ob ein Weltkrieg auf politischem oder auf wirtschaftlichem Gebiete, eine großartige neue Erfindung oder aber eine völlige Verdrängung der europäischen Staaten vom Weltmarkt gewaltige neue Kapitalien in Anspruch nehmen oder den europäischen Markt vernichten und Milliarden aus den alten Unternehmungen frei und unnütz machen werden. —

Zugeben aber wird man jedenfalls müssen, daß die Möglichkeit eines Sinkens der Nachfrage unter das Angebot und damit die Unmöglichkeit, beträchtliche Kapitalsummen gewinnbringend anzulegen, durchaus nicht absolut ausgeschlossen ist, auch in unsrer gegenwärtigen Wirtschaftsordnung. Es ist sehr wohl denkbar, daß das Kapital auf dem Wege natürlicher wirtschaftlicher Entwicklung wieder an den Ausgang zurückkehren könnte, an jenen Punkt, da auf neuem Boden die älteste Lehre wieder in ihre Rechte tritt, da das Gold auch in der Wirtschaft wieder zu dem wird, was es als Metall thatsächlich ist, zu einer toten, unfruchtbaren Masse.

Zudem, es ist gar nicht einmal nötig, daß der Zinsfuß auf Null sinkt; schon beträchtlich früher wäre jedenfalls der Punkt erreicht, da der Antrieb zum Sparen aufhört; man würde eben nur das für die Sicherung der Existenz notwendigste zurücklegen, im übrigen aber das Geld nicht anlegen, sondern ausgeben. Und auch das ausgegbene Geld fließt ja immer wieder der Produktion zu, sodaß diese noch keinen Mangel zu leiden braucht; es würde zwar die Überproduktion vermieden werden, der Bedarf aber würde stets seine Deckung finden, denn in dem Augenblicke, wo Unterproduktion eintritt, würde das Kapital wieder angezogen werden.

Die Ursachen eines solchen möglichen Zustandes der Unfruchtbarkeit großer Kapitalsmengen können sehr verschiedener

Natur sein und sollen hier nicht weiter im einzelnen untersucht werden. Die Folgen würden in erster Linie naturgemäß sein, daß das überflüssige Kapital, wie schon oben bemerkt, nicht angelegt, sondern ausgegeben würde.

Das Geld, das nicht ausgegeben wird, hat seinen Beruf verfehlt.

Diese Weisheit ist freilich weder neu, noch sonderlich tief — aber es giebt doch Menschen genug, die gerade das Gegenteil zu glauben scheinen.

Noch billiger ist die Weisheit, daß der Geiz die Wurzel alles Übels ist; und was ist der Geiz anderes als die Sucht oder das Prinzip, möglichst große Summen Geldes ihrem eigentlichen Berufe — ausgegeben zu werden — zu entziehen — in der That das unwirtschaftlichste Wirtschaftsprinzip, also das sinnloseste, was sich denken läßt.

Sind die Geldsummen, die ihrem Beruf entzogen werden, groß, ist die Einschränkung groß, die sich derjenige auferlegt, der diese Summen ihrem Berufe entzieht, so spricht man von Geiz und verurteilt diese Handlungsweise als Laster aufs heftigste.

Sind die Summen relativ geringer, ist insbesondere die Einschränkung geringer, so spricht man von Sparsamkeit und lobt diese Handlungsweise als Tugend aufs höchste.

Nun kann ein wenig begüterter Mann der Gesamtwirtschaft jährlich, sagen wir 1000 Mark entziehen, eine Summe, die er nur unter großen Entbehrungen zusammen bekommen kann — ergo nennt man ihn, und das mit vollem Recht, einen Geizhals. Ein mehrfacher Millionär aber legt von seinen großen Einkünften jährlich vielleicht 50000 Mark zurück, ohne in seinen Ausgaben irgendwie zu knausern. Wem wird es wohl einfallen, diesen Mann einen Geizhals zu nennen? Im Gegenteil, seine luxuriöse Haushaltung trägt ihm vielleicht den Beinamen eines Verschwenders ein.

Wer aber hat die Gesamtwirtschaft stärker geschädigt, der Mann, der jährlich 1000, oder jener, der 50000 Mark ihrem Beruf entzieht, dem einzigen Beruf des Geldes: ausgegeben zu werden?!

Doch einigen wir uns zunächst über das Wörtchen „ausgeben“. Sicherlich ist nicht anzunehmen, daß der Millionär sein Geld in den Kasten legen wird; er wird es vielmehr möglichst gut anlegen, um sein ohnehin schon so großes Vermögen noch möglichst zu vergrößern. Er wird das Geld also „ausgeben“, d. h. er wird Papiere dafür kaufen, wenn er es nicht gerade in eigene Unternehmungen steckt. Wohl, so hat er es ausgegeben; oder doch nicht so recht eigentlich — er hat es angelegt, festgelegt, er kann es jederzeit wieder zurückziehen, die volle Summe muß wieder bei der Hand sein und kann jederzeit wieder ihrem Beruf entzogen werden. Inzwischen aber kann das Geld umlaufen, und indem es zehnmal seinen Zweck erfüllt, verzehnfacht es sich gewissermaßen — es thut dieselben Dienste wie die zehnfache Summe, die nur einmal den Besitzer wechselt. Und doch ist ein beträchtlicher Unterschied im Umlaufe des „angelegten“ und des „ausgegebenen“ Geldes.

Das angelegte Geld geht in die Produktion, fördert und vermehrt dieselbe; zwar beschäftigt es einige Arbeitskräfte und giebt diesen Nahrung, in der Hauptsache aber dient es dazu, neue Waren auf den Markt zu bringen, gleichgültig, ob ein Bedürfnis für dieselben vorliegt, ob sie Abnehmer finden oder nicht. Das Geld ist der Konsumtion entzogen und dient zur Vermehrung der Produktion — also zur Verstärkung des Mißverhältnisses zwischen beiden.

Am ärgsten ist es, wenn das Geld nun gar in ausländischen Papieren angelegt wird; dann schädigt es die heimische Produktion nicht nur dadurch, daß es sich dem Konsum entzieht, sondern doppelt durch die Unterstützung der ausländischen Produktion. Anstatt den heimischen Markt zu befruchten, unterstützt es die fremde Konkurrenz. Es soll keineswegs geleugnet werden, daß die Anlage von Kapitalien im Auslande bisweilen auch für die Nationalwirtschaft Segen stiften kann; dann handelt es sich aber im allgemeinen um mehr als die bloße Kapitalsanlage, nämlich um eine verschleierte Kolonisation, die Schaffung eines wirtschaftlichen Monopols, verbunden mit einem politischen Übergewicht, das nicht dem einzelnen Kapitalisten zufällt, sondern dem ganzen Lande, von dem aus das Geld dem bedürftigen Lande zufließt. Ich erinnere nur an die Art, durch die England so häufig seinem politischen Vordringen vorarbeitet, sowie an die ausgedehnte deutsche Kapitalanlage in Kleinasien.

Das sind Künste der großen Wirtschaftspolitik, die wir

hier momentan nicht im Auge haben; für uns handelt es sich jetzt um die Kapitalanlage jener bekannten Rentiers, die das gute Essen dem ruhigen Schlaf vorziehen. Diese Anlage kann in der That für die nationale Wirtschaft sehr verhängnisvoll werden. Dadurch, daß ein großer Teil des im Inlande vorhandenen Geldes nicht ausgegeben, sondern dem Konsum entzogen wird, verliert der inländische Markt an Aufnahmefähigkeit. Es muß also die heimische Industrie im Auslande ihr Absatzgebiet zu erweitern trachten, um den Verlust auszugleichen, den die „Unterkonsumtion“ des Inlandes ihr bereitet. Nun wird aber eben dasselbe Geld, dessen Fehlen auf dem heimischen Markt die heimische Industrie zum Teil auf den ausländischen Markt verweist, dazu verwandt, durch Förderung der Produktion im Auslande ihr auch den Zutritt zu dem fremden Markt abzuschneiden — eine doppelte Schädigung der heimischen, nationalen Wirtschaft.

Ganz anders das ausgegebene Geld, das unmittelbar in der Konsumtion Verwendung findet; es leistet einmal dieselben Dienste wie das angelegte Geld; es führt der Produktion neue Mittel zu, fördert sie, beschäftigt eine Reihe von Arbeitskräften und giebt ihnen Nahrung; dabei bringt es nicht Produktion und Konsumtion in ein Mißverhältnis, sondern läßt die Warenerzeugung dem Bedarf folgen; es geht den umgekehrten Weg wie das angelegte Geld, dient immer wieder neuer Konsumtion und erst auf diesem Umwege der Produktion; es läuft schneller und häufiger um, es entlastet den Markt, anstatt ihn zu belasten.

Während heute das Kapital gerade das unselige Mißverhältnis zwischen Gütererzeugung und Güterabsatz verstärkt, würde es dasselbe nahezu vollständig ausgleichen, wenn es nicht direkt in die Produktion ginge und diese zuerst antriebe, während es zugleich dem Absatzmarkte die entsprechenden Summen entzieht, sondern zunächst kaufend auftreten würde und der Produktion erst auf dem sicheren, natürlichen Wege der Warenentnahme zuflösse.

Das Geld, das ich der Produktion zuführe, indem ich dem Markte Waren entnehme, befruchtet sie zweifellos ungleich mehr als das Geld, das ich unmittelbar für die Vermehrung der Produktion vorschieße — und ihr jederzeit wieder entziehen kann — ohne ihr einen entsprechenden Absatz zu gewährleisten oder selbst etwas zur Vermehrung ihres Absatzes beizutragen.

Sobald meine Existenz gesichert ist und ich dauernd Geldüberschüsse über meinen gewöhnlichen Bedarf hinaus vorrätig habe, thue ich weder mir, noch der Gesamtwirtschaft einen besonderen Gefallen, wenn ich diese Überschüsse sammle, anlege, die Produktion damit vermehren helfe, ohne meine Ansprüche an den Markt zu vermehren, oder diese gar noch einschränkend; ich thue aber mir und der Gesamtwirtschaft einen sehr großen Gefallen, wenn ich das Geld nicht anlege, sondern ausgebe, wenn ich meine Lebenshaltung auf eine höhere Stufe hebe, wenn ich mit größeren Ansprüchen an den Markt herantrete, die Produktion befruchte, indem ich ihr nicht nur neue Mittel zufließen lasse, sondern selbst mehr Waren aus ihr entnehme.

Soweit ich meine Zukunft und die meiner Nachkommen sichern muß, kann ich es durch geeignete Versicherungen aller Art thun; was darüber hinaus übrig bleibt, kann ich im eigenen Interesse und im Interesse der Gesamtheit nicht besser anlegen, als indem ich es ausgebe.

Gerade das Mißverhältnis zwischen Gütererzeugung und Güterbedarf bezw. Aufnahmefähigkeit des Marktes, das Mißverhältnis zwischen Angebot und Nachfrage, die mangelnde Organisation der Gütererzeugung und des Güterabsatzes ist schon lange als ein Grundübel der modernen Tauschwirtschaft erkannt. In der Gütererzeugung wird die notwendige Organisation wenigstens zum Teil durch die Kartelle angebahnt; auch der Güterabsatz wird ja von dieser Seite aus organisiert, doch handelt es sich dabei lediglich um eine Regelung von seiten der Anbietenden, nicht von seiten der Nachfrage, des Marktes.

Die mangelnde Organisation der Konsumtion bleibt ein Übel, das den gesunden und geregelten Verlauf der Wirtschaft wieder und wieder empfindlich stört. Und eben dieser nicht wegzuleugnende Mangel würde großenteils beseitigt, wenn das Kapital auf der Seite der Nachfrage, nicht auf der des Angebots aufträte, wenn es in ausgedehntestem Maße auf dem Wege über die direkte Konsumtion der Produktion zuflösse und sie befruchtete. Auf diesem natürlichen, den ungestörten Lauf der Wirtschaft am besten sichernden Wege erwachsen der Organisation der Nachfrage, der vielgeschmähten Konsumgenossenschaft, volkswirtschaftlich höchst wichtige Aufgaben. —

Während man den Geiz als Wurzel alles Übels bezeichnet

hat, betrachtete man lange die Sparsamkeit als Wurzel alles Glückes. Und das zu gewissen Zeiten und in gewissem Grade nicht ganz mit Unrecht. Aber wenn man heute die Sparsamkeit gewissermaßen als Universalmittel auslobt und in ihr womöglich das Allheilmittel für die verschiedenen wirtschaftlichen und sozialen „Fragen“ erblickt, so ist man doch sehr auf dem Holzwege. Gewiß soll der Einzelne seine und der Seinen Existenz sichern und entsprechende Beträge sparen — auf welchem Wege das am besten geschieht, ist schon oben angedeutet und wird in späteren Abschnitten noch näher zu beleuchten sein; aber die über dieses notwendige Maß hinausgehende Sparsamkeit kann in unserer Zeit im allgemeinen nicht als wirtschaftlich betrachtet werden.

Neben der für die Sicherung der Existenz notwendigen Sparsamkeit darf die große Bedeutung nicht vergessen werden, die eine Erhöhung der Lebenshaltung für die Gesamtwirtschaft hat, eine sehr viel höhere Bedeutung als die über das nötige Maß hinausgehende und dann bald geradezu unwirtschaftliche Sparsamkeit. Sehr treffend schreibt Fr. Naumann in seinen „Sozialen Briefen“:

„Das Sparen wird in allen Tonarten besungen, es soll die Hilfe sein für alle Nöte. Ach, wenn doch die Leute nur sparen wollten! Nun ist nicht zu leugnen, daß das Sparen seine sehr greifbaren Vorzüge für den Einzelnen haben und daß in ihm ein beachtenswertes Stück sittlicher Energie liegen kann. Es ist auch richtig, daß in beginnenden Kulturepochen, in Kolonien, überall, wo kein Mangel an Arbeitsgelegenheit ist, das Sparen günstige Folgen für den allgemeinen Fortschritt haben kann. Franklin hatte für seine Zeit und seinen Ort durchaus Recht, wenn er in der Sparsamkeit den Stein der Weisen erblickte.

Nun sind aber die Verhältnisse durchaus anders geworden. Wir haben zu viel Produktion und zu wenig Konsumtionsfähigkeit, bei uns ist nicht Mangel an Maschinen, Waren, Kapitalgütern, sondern Mangel an Leuten, die etwas kaufen und verzehren. Wer nun heute bei uns ruft: ‚Das Sparen ist die Hilfe für die Allgemeinheit!‘ der sagt das Gegenteil dessen, was richtig ist. Er schränkt den Verbrauch noch mehr ein, als er es schon ist. Woran soll die Masse sparen? An Leinwand — was machen dann die Weber? An Möbeln — was thun dann die Tischler? Auch wir sind dafür, daß minderwertige Genüsse mit besseren Bedürfnissen vertauscht werden, aber das ist doch etwas anderes als das reine Sparen. Immerhin raten wir auch dieses dem Arbeiter und Handwerker, falls er dazu imstande ist, da bei seiner Lage ein kleiner Hintergrund von Geld bisweilen die Erhaltung der Familie bedeuten kann. Nun aber sehen wir, daß nicht da, wo es fehlt, sondern da, wo der Reichtum liegt, am meisten gespart wird. Dort sind die zurückgelegten Notpfennige so gehäuft, daß sie zur Gefahr für das wirtschaftliche Leben der Gesamtheit werden."

Gewiß macht übertriebener Luxus die Gegensätze schärfer, erweckt er Neid und Haß, aber auch er befruchtet immerhin die Gesamtwirtschaft; gewiß ist „die Verschwendung nur die unterste Stufe der Verwendung"; aber auch um große Summen auszugeben, ist nicht gerade ein unsinniger Luxus, eine eigentliche Verschwendung notwendig.

Es ließe sich darüber wohl manches Kapitel schreiben. Hier aber galt es zunächst nur, festzustellen, daß die Sparsamkeit in unserer Zeit, unter unseren Wirtschaftsverhältnissen weder als Universalmittel, noch überhaupt als eines der obersten Wirtschaftsprinzipien ausgegeben werden darf. An gewisser Stelle und in gewissem Umfange ist sie nicht nur berechtigt, sondern notwendig; was aber über das Maß hinausgeht, ist unwirtschaftlich, ist vom Übel wie der Geiz; dieses überschüssige Geld fördert die Überproduktion und die Unterkonsumtion zu gleicher Zeit, es macht das Mißverhältnis zwischen Produktion und Konsumtion nur ärger. In diesem Sinne ist das vielgepriesene Allheilmittel Sparsamkeit, wenigstens bis zu einem gewissen Grade, ein überwundenes Wirtschaftsprinzip.

Das zinstragende, scheinbar fruchtbare Geld, kann zum Schaden des eigenen Landes in ausländischen Papieren angelegt werden; es wirkt ertötend auf die Wirtschaft im eigenen Staate; das tote Kapital dagegen, das keine Zinsen bringt, wirkt, indem es ausgegeben wird, belebend auf den Markt — ganz abgesehen von dem Wegfall der sonstigen, wirtschaftlich, politisch, sozial, sittlich in tausend Beziehungen ertötend und vergiftend wirkenden Allmacht des übergroßen „fruchtbaren" Kapitals.

Man kann das Geld nicht besser anlegen, als indem man es ausgiebt — das Geld, das nicht ausgegeben wird, hat seinen Beruf verfehlt.

Das in gewissem Umfange die hohe Bedeutung des Sparens durchaus bestehen bleibt, haben wir von Anfang an zugegeben. In diesen Fällen tritt aber an die Stelle des einfachen Sparens größtenteils eine andere Art der wirtschaftlichen Sicherung, ein in hohem Grade „soziales“ Mittel zur Sicherstellung der Existenz, die das Gegenteil des Kampfes Aller gegen Alle bedeutet, die Fürsorge Aller für Alle, das Eintreten der Gesamtheit für all ihre einzelnen Glieder: Die Versicherung.

Das alte Wort: „Spare in der Zeit, so hast du in der Not“ kann man heute ummodeln: Versichere dich bei Zeiten, so kommst du nicht in Not. Gegen Feuersbrunst und Wassersnot, gegen Krankheit und Unfall aller Art, gegen jedes Unglück, jede Not, die durch Naturgewalten über uns und unsere Güter hereinbrechen kann, giebt es nachgerade eine Versicherung. Und wenn man früher für solche Fälle einen Spargroschen in die Truhe legte, so bringt man jetzt das Geld zu irgend einer Versicherungsgesellschaft.

Das Sparen ist zu einem nicht geringen Teil durch diese neue Form der Vorsorge für künftige Unglücks- und Bedarfsfälle, durch die Versicherung ersetzt, die dem alten Spargroschen auf immer weiteren, immer neuen Gebieten das Feld streitig machen und abringen dürfte.

Die Versicherung gewinnt, ganz abgesehen von anderen Ursachen, in der Geldwirtschaft einen um so größeren Boden, je mehr das unmittelbare Sparen bei sinkendem Sparlohn — sinkendem Zinsfuß — an Reiz verliert. Wenn aber gar, was ja durchaus nicht völlig ausgeschlossen ist, der Zinsfuß im allgemeinen auf eine so tiefe Stufe sinken sollte, daß der Spartrieb erlischt, daß man nicht mehr um des Zinsgewinnes, um der Kapitalvermehrung willen dem gegenwärtigen Bedürfnis die Mittel zu voller Befriedigung entzieht — dann käme überhaupt nur noch jenes Sparen in Betracht, dessen Zweck es ist, künftigen Notfällen vorzubeugen, für das Alter, für Krankheit und Unglück Vorsorge zu treffen — also jene Fälle, in denen auch heute schon zum großen Teil die Versicherung eingreift. Und der Versicherung wäre es offenbar vorbehalten, alsdann zur Alleinherrscherin auf dem Felde des Sparens emporzusteigen.

Die Versicherung hat etwas stark sozialistisch-kommunistisches. Sie überträgt der Gesellschaft einen Teil der Sorge für den einzelnen; ihr Prinzip ist das eines allgemeinen Ausgleichs, einer ausgleichenden Gerechtigkeit gegenüber dem blinden Walten der Naturkräfte — es giebt ja schließlich noch heute Menschen, die ihr daraus den Vorwurf eines bösen, ruchlosen Frevels machen! Andere sehen, mit größerem Rechte, in der Versicherung eine Gefahr insofern, als sie das Bewußtsein der Selbstverantwortung einschläfert, den Nachlässigen auf Kosten des Sorgsamen unterstützt, die Skrupellosigkeit fördert, ja geradezu zum Betrug anreizen kann. Namentlich fehlt der an sich ja ganz zutreffende Hinweis auf diesen letzten Punkt niemals, wenn es gilt, gegen unsere Arbeiterversicherungsgesetze zu Felde zu ziehen. Aber vorhanden ist der Anreiz zum Betruge ja auch bei jeder anderen, beispielsweise bei der Feuerversicherung, wie infolge der häufigen Brandstiftungen männiglich bekannt ist.

Zweifellos ist es richtig, daß, wenn alles in einen gemeinsamen Topf geht und alle aus diesem Topfe schöpfen, der einzelne mehr darauf bedacht ist, eine möglichst große Portion für sich herauszufischen, als darauf, einen entsprechenden Anteil oder gar zum allgemeinen Besten eine noch größere Portion zu liefern. Und zweifellos ist es richtig, daß auch der Versicherung eben darum manche Mängel anhaften, die nur mit großer Vorsicht und selbst dann kaum völlig zu vermeiden sind. Gleichwohl sind die Vorzüge der Versicherung so mannigfach und so überwiegend, daß jene Fehler sie nicht hindern werden, sich immer weiter auszudehnen.

Von dem einfachen Sparen unterscheidet sich die Versicherung zunächst ganz wesentlich dadurch, daß das gesparte Geld dem Sparer jederzeit und für jeden Zweck zur Verfügung steht, während die Versicherungssumme nur in ganz bestimmten Fällen für die Versicherten verfügbar wird. Man wird diese Thatsache aber nicht ohne weiteres einen Nachteil der Versicherung nennen dürfen. Gewiß kann es höchst nachteilig sein, wenn beispielsweise ein gegen Feuer Versicherter durch Wasser in große Not kommt und nun nicht einmal jene für die Versicherung zurückgelegten Groschen benutzen kann; anderseits aber kommt derjenige, der ohne dauernden Sparzwang nach Gutdünken spart, gar zu leicht in die Lage, das gesparte Geld ohne wirkliche Not anzugreifen oder derartig festzulegen, daß er im Falle wirklicher Not erst recht von allen Mitteln entblößt dasteht.

Vollständig kann die Versicherung das Sparen allerdings erst dann ersetzen, wenn sie sich auf alle möglichen Fälle plötzlicher Not oder plötzlichen dringenden Bedarfs erstreckt, auf alle jene Fälle, in denen die notwendigen Ausgaben mit den Einnahmen nicht übereinstimmen, oder in denen die Einnahmen völlig ausbleiben. Da sind zunächst die durch den Versicherten nicht zu beeinflussenden Naturereignisse, deren Eintritt ganz ungewiß ist, wie Feuer-, Wasser-, Hagelschaden; da sind ferner Ereignisse, welche die Person des Versicherten unmittelbar berühren, aber nicht notwendig eintreten müssen, wie Krankheit, Unfall, Invalidität, Arbeitslosigkeit; ihnen stehen notwendig eintretende Ereignisse gegenüber, wie Tod, Beerdigung ꝛc. Auch für Fälle besonderen Bedarfes, die sich im staatlichen und gesellschaftlichen Leben infolge von Gesetz und Gewohnheit einstellen, ohne daß sie etwa unter den Begriff des Unfalls oder dergleichen fielen, ist Vorsorge zu treffen: so für den plötzlichen Bedarf bei gleichzeitiger Erwerbslosigkeit, der sich beim Antritt des Dienstjahres für den Freiwilligen einstellt, so bei der Ausstattung für die Ehe u. s. f.

In der That hat sich die Versicherung fast ausnahmslos all dieser Gebiete angenommen. Möglich war diese Ausdehnung indessen erst, nachdem die Statistik den Boden vorbereitet hatte, und nur dort konnte sie stattfinden, wo eine brauchbare Statistik als Unterlage vorhanden war, wo die Wahrscheinlichkeit des Eintritts jenes Ereignisses, auf welches sich die Versicherung bezieht, berechnet werden kann. Eine solche Grundlage fehlt heute noch z. B. für die Arbeitslosigkeit, die infolge dessen bisher auch noch nicht in den Kreis der privaten Versicherung hineingezogen wurde.

Die eigentliche Versicherung richtet sich gegen einen Verbrauch bezw. die Zerstörung von Gütern ohne oder wider den Willen des Besitzers, d. h. gegen wirtschaftliche Schäden, welche durch Naturereignisse entstehen. Neben der Zerstörung von Gütern durch Feuer, Wasser, Viehseuchen ꝛc. steht die Zerstörung oder Unterbrechung der Fähigkeit, Güter zu erzeugen: Tod, Alter, Krankheit, Unfall; auch hier nimmt die Arbeitslosigkeit wieder eine eigentümliche Stellung ein, da nicht die physische Fähigkeit des Arbeitslosen zur Gütererzeugung dauernd zerstört oder vorübergehend gestört ist, sondern nur eine eigentümliche wirtschaftliche Kombination ihn verhindert, diese Fähigkeit auszuüben. — Ein Mittelglied zwischen eigentlicher Versicherung und einfacher Sparkasse bilden vielfach die Erlebens- (Aussteuer- u. a.) Versicherungen, die nur teilweise gegen einen wirtschaftlichen Schaden oder den dauernden oder vorübergehenden Verlust der Fähigkeit, wirtschaftliche Güter zu erzeugen, gerichtet und im allgemeinen auch für solche Fälle vorgesehen sind, die wahrscheinlich eintreten, und das obendrein zu einer ganz bestimmten Zeit. Zum Teil sind die Aussteuerversicherungen nichts weiter als ein nach gewissen Grundsätzen geregeltes Sparen, das den Zweck hat, bis zu einer bestimmten Frist eine bestimmte Summe anzusammeln.

In letzterem Falle besorgt die — uneigentliche — Versicherung für den Sparenden nur zweierlei: Sie übernimmt die Berechnung der für den bestimmten Zweck zu den verschiedenen Terminen zurückzulegenden Summe, und sie übernimmt zweitens — man möchte fast sagen: das Pflichtgefühl, die Selbstbeherrschung des Sparenden, indem sie ihn zur regelmäßigen Einzahlung der nötigen Summen zwingt. Diese beiden Funktionen sind der Versicherung — das heißt derjenigen öffentlichen und privaten Anstalt oder Behörde, welche die Versicherung leitet — überhaupt in allen Fällen eigentümlich. Insbesondere ist die Versicherung ein Sparzwang, da bei Unterlassung der notwendigen Einlagen im allgemeinen auch die bereits bezahlten Beträge verloren gehen.

Es liegt mir fern, hier die einzelnen Arten und Systeme der Versicherung zu behandeln. Es kommt mir vielmehr nur darauf an, in kurzen Zügen zu prüfen, wie weit das Versicherungswesen etwa ausdehnungsfähig ist, wie weit es an die Stelle des Sparens zu treten vermag, welche Rolle es in unsrer Verkehrs- und Tauschwirtschaft zu spielen berufen ist.

Werfen wir zunächst noch einen kurzen Blick auf die Vorteile der Versicherung, die den Boden für ihre weitere Ausdehnung bilden. Die wesentlichsten Nachteile haben wir ja bereits oben betrachtet; sie sind besonders sittlicher Art; es darf aber nicht übersehen werden, daß ihnen auch mancherlei sittliche Vorteile gegenüber stehen. Der oberste Vorteil der Versicherung besteht gewissermaßen in einer A u s s c h a l t u n g d e s w i l l k ü r l i c h w a l t e n d e n S c h i c k s a l s a u s d e r W i r t s c h a f t. Das Wirtschaftsleben wird auf einen neuen, sichern, unabhängigen Boden gestellt; die einzelnen Wirtschaften werden gegen die Folgen von Schicksalsschlägen aller Art gesichert, sie gewinnen größere Stetigkeit, werden von einer großen Reihe äußerer Einflüsse befreit und, in weit höherem Grade als vorher, auf die Persönlichkeit des Wirtschaftsleiters gestellt.

Nimmt die Versicherung dem Individuum auf der einen Seite einen Teil der Verantwortung, des strengen moralischen Bewußtseins, so stärkt sie doch auf der andern Seite dieses moralische Bewußtsein und das Gefühl der persönlichen Verantwortlichkeit außerordentlich. Je mehr der Einfluß der vom Menschen unabhängigen Naturereignisse auf das Endergebnis der Wirtschaft beseitigt wird, um so größer wird der Einfluß des Menschen selbst auf seine wirtschaftlichen Erfolge werden.

Zugleich stärkt die Versicherung das soziale Bewußtsein, da der Verlust des einzelnen zum Verlust einer großen gesellschaftlichen Gruppe wird. Dieser Gewinn wird freilich wohl mehr als ausgeglichen durch die Förderung der Sorglosigkeit, des Simulantentums und der Sucht, sich auf Kosten der Gesamtheit aus der Versicherung Vorteile zu verschaffen.

Mit der Sicherung gegen allerlei ungewisse und unbeeinflußbare Schädigungen steigt ferner auch die Unternehmungslust. Endlich ist zu beachten, daß durch die Versicherung zum Teil nicht nur die Folgen eines Schadens von dem einzelnen abgewälzt, sondern die Schäden selbst vermindert werden. Hand in Hand mit der Unfallversicherung gehen beispielsweise Maßnahmen zur Unfallverhütung.

Ein besonders interessantes Beispiel bildet die Feuerversicherung: Unter der Voraussetzung primitiver Kulturverhältnisse ist sie sozusagen geradezu feuergefährlich; ist es doch eine notorische Thatsache, daß auf dem Lande die Zahl der Brände bei den Versicherten unvergleichlich häufiger ist, als bei den Unversicherten. In der Stadt aber, wo die Feuerwehr ohnehin in den meisten Fällen einen wirklich „lohnenden" Schaden nicht aufkommen läßt und das Feuer nur eine sehr unbequeme Geschäftsstörung bedeuten würde, werden die Brandstiftungen immer seltener und nur noch in besonderen Verzweiflungsfällen angewandt; dagegen führt die Vorsorge und Umsicht der Versicherungsgesellschaften zu einer immer größeren

Vervollkommnung nicht nur der Löschgerätschaften &c., sondern besonders auch der Bauart überhaupt und der Vorsichtsmaßregeln gegen Feuersgefahr. Hier wirkt die Versicherung also gefahrmindernd und kulturhebend. Und diesen Vorteil werden wir wahrlich nicht gering schätzen, wenn wir daran denken, wie viel wirtschaftliche Güter nicht nur, sondern auch hehre Zeugen einstiger Größe, wie viel Reste alter Herrlichkeit, wie viel kostbare und unersetzliche Kulturdenkmäler durch Feuersbrünste, durch jene alten, unaufgehaltenen Riesenbrände zerstört sind.

Die mannigfachen Vorteile der Versicherung werden ihr den Weg zu immer weiterer Ausbreitung bahnen, und angesichts der gleichzeitig stattfindenden Vervollkommnung der Versicherungstechnik werden wir kaum fehlgehen, wenn wir ihr für das Wirtschaftsleben des kommenden Jahrhunderts eine große Bedeutung zugestehen.

Nun sollen darum keineswegs die Grenzen übersehen werden, die ihrer Verbreitung durch ihr ganzes Wesen gesteckt sind. Vor allen Dingen kann sie sich nur auf solche Ereignisse erstrecken, deren wahrscheinliches Eintreten auf Grund der Statistik berechnet werden kann; auch müssen die betreffenden Ereignisse für die verschiedenen Versicherten im allgemeinen örtlich und zeitlich getrennt eintreten, bezw. es muß sich die Versicherung auf einen so weiten Kreis von Personen erstrecken, daß ihre Leistungen von den Einzelnen zu verschiedenen Zeiten und in verschiedenen Maße in Anspruch genommen werden. Es ist ferner nicht nur im Interesse der Versicherungsanstalten &c., sondern vielmehr im allgemeinen wirtschaftlichen und ethischen Interesse durchaus erforderlich, daß den mit der Versicherung verbundenen Mängeln nach Möglichkeit vorgebeugt wird, daß insbesondere der Versicherte nicht etwa veranlaßt wird, das Ereignis, gegen dessen Eintritt er versichert ist, selbst herbeizuführen, oder auch nur der möglichen Abwendung dieses Ereignisses keine Sorgfalt mehr zuzuwenden.

Dies kann wohl am besten durch die auf dem Gegenseitigkeitsprinzip aufgebauten Versicherungsverbände erreicht werden, die heute freilich noch ihre großen Schwächen haben. Die Versicherung wird überhaupt erst dann alle ihre Vorzüge zu entwickeln vermögen, wenn sie aufhört, eine auf Gewinn ausgehende Unternehmung zu sein.

Unter Beobachtung der obigen Voraussetzungen hat sich die Versicherung schon heute ein ungemein weites Feld erobert; Feuer-, Hagel-, Transport-, Glas-, Vieh-, Kurs- und mancherlei andere Versicherungen schützen die Güter des Versicherten; Kranken-, Unfall-, Invaliditäts- und Altersversicherung wenden die üblen Folgen der Erwerbsunfähigkeit von ihm nach Möglichkeit ab; die Lebensversicherung gewährt seinen Nachkommen die nötige Hilfe, wenn ihr Ernährer stirbt.

So vielseitig aber auch das Versicherungswesen schon heute entwickelt ist — von seinem Herrschaftsziele ist es noch weit, recht weit entfernt. Es scheint freilich, als ob für die Gliederung der Versicherung, für ihre sachliche Ausdehnung, kein sonderlich großer Raum mehr ist; um so stärker aber wird sie in die Breite, in die Masse gehen müssen, sich über einen immer größeren Personenkreis allgemein verbreitend. Man denke doch nur daran, wie gering heute eigentlich die Zahl der Personen ist, die — um nur die beiden landläufigsten herauszuheben — Lebens- und Feuerversicherungen angehören! Ihr Leben haben beispielsweise in Deutschland kaum 2 Procent der Bewohner versichert. —

Eine besondere Rolle spielt in neuester Zeit die Arbeiterversicherung; dieselbe erstreckt sich auf solche Ereignisse, die im allgemeinen auch Gegenstand der privaten Versicherung sind (Unfall, Krankheit, Invalidität, Alter), zeichnet sich aber dadurch aus, daß sie vom Staate geleitet wird, und daß vielfach Versicherungszwang herrscht. Diesen Zwang finden wir übrigens nicht nur hier, da z. B. auch Offiziere und Beamte einer Lebensversicherung (bezw. Witwen- und Waisenkasse) beitreten müssen.

Die Fragen der staatlichen Versicherung und des Versicherungszwanges, die wir in der Arbeiterversicherung vereinigt finden, sind nun vielfach Gegenstand eingehender Erörterungen und heftiger theoretischer Kämpfe gewesen, und sie erlangen um so größere Bedeutung, je weiter das Versicherungswesen sich ausdehnt.

Was zunächst die Verstaatlichung anlangt, so dürfte dieselbe zunächst überall da als angebracht und notwendig betrachtet werden, wo gleichzeitig Versicherungszwang herrscht. Auch sonst läßt sich vieles für die Verstaatlichung vorbringen, doch darf nicht vergessen werden, daß die Versicherung in vielen Fällen mit einer schnellen Ausführung steht und fällt, und daß der bureaukratische Apparat der staatlichen Versicherung hier recht bedenklich wäre. Indessen ist aus volkswirtschaftlichen Gründen eine sorgsame staatliche Beaufsichtigung des gesamten Versicherungswesens sehr wohl am Platze; und wenn die Versicherung immer weiter in die Massen dringt, so wäre schließlich auch die völlige Überführung einer so außerordentlich wichtigen, so tief in das gesamte Wirtschaftsleben des Volkes und des Einzelnen einschneidenden Institution in die Hand des Staates ernstlich zu erwägen, ein so harter Kampf gegen bureaukratische Schwerfälligkeit dabei auch auszufechten sein wird.

Auf die größten Bedenken mußte naturgemäß auch die Zwangsversicherung stoßen. Auch diese Frage ist nicht in wenigen Zeilen zu lösen; ich meine aber, wie die Gesellschaft verpflichtet ist — im Interesse ihrer Selbsterhaltung — für die Erhaltung des Einzelnen zu sorgen, so ist auch der Einzelne verpflichtet — und zwar noch mehr, im Interesse der Selbsterhaltung und der Erhaltung der Gesellschaft — sich zu sichern gegen die ihm und seiner Arbeitsfähigkeit drohenden Gefahren. Die Gesellschaft muß ihm die Möglichkeit geben, sich gegen diese Gefahren zu sichern, sie kann und muß ihn aber auch eventuell zwingen, diese Möglichkeit zu benutzen.

Des Menschen erster und oberster Beruf ist, seinen Stamm seine Gattung, die Gesellschaft erhalten und fördern zu helfen. Das kann er, abgesehen von den besonderen Fällen, in denen er sich etwa für die Erhaltung der höheren Einheit opfern muß, nur, indem er sich selbst erhält. Die Versicherung ist nun aber ein ungemein wichtiger Faktor, eine höchst wertvolle Stütze der individuellen und gesellschaftlichen Selbsterhaltung; mit vollstem Recht preist Georges Blondel „die herrliche Einrichtung der Versicherung, die den Triumph der menschlichen Voraussicht über den Zufall darstellt“; sie macht in gewissem, und nicht geringem Grade den wirtschaftenden Menschen unabhängig vom Zufall, von dem blinden Walten der Naturkräfte, ja sozusagen von seiner eigenen Körperlichkeit, indem sie für die Erhaltung seiner wirtschaftlichen Existenz auch dann sorgt, wenn er unter anderen Umständen durch Krankheit, Unfall oder Alter dem wirtschaftlichen Untergang verfallen würde. Und indem sie ihn wirtschaftlich erhält, ermöglicht sie ihm, seine Person zu erhalten, um sie später wiederum in den Dienst der Gesellschaft zu stellen. Und noch mehr: Sie macht seine wirtschaftliche Existenz nicht nur frei von dem gegenwärtigen körperlichen Zustand, sondern erhält ihn als wirtschaftliches Wesen gewissermaßen bis über das Grab hinaus. Auch wenn er stirbt, wenn seine Schaffenskraft erschöpft ist, hört seine wirtschaftliche Funktion, die der Erhaltung der höheren Einheiten — Familie, Staat, Gesellschaft, Menschheit — noch nicht auf. Seine Versicherung gewährt seinen Nachkommen in der Zeit, da sie dessen am dringendsten bedürfen, einen wirtschaftlichen Halt, eine neue Stütze und Grundlage ihrer Selbsterhaltung.

Eine Befreiung von der zerstörenden Natur, eine mächtige Förderin der gleichmäßigen, sicheren menschlich-gesellschaftlichen Selbsterhaltung — als solche können wir die Versicherung in der That ansprechen. Dürfen wir zweifeln, daß diesem „Triumph der menschlichen Voraussicht" im kommenden Jahrhundert noch eine weite Ausdehnung bevorsteht, daß die Versicherung zu einer immer wichtigeren Grundlage unsrer gesamten Volkswirtschaft werden wird? —

Wenn wir zu der Frage der Arbeiterversicherung zurückkehren, so können wir es uns nicht versagen, den aktuellsten und am meisten umstrittenen Teil derselben wenigstens von einer bestimmten Seite aus noch etwas näher zu prüfen; ich meine die Versicherung gegen Arbeitslosigkeit und die in diesem Punkte besonders lebhaft umstrittene Frage des Sparzwanges.

Das Problem der Arbeitslosenversicherung kann trotz der zahlreichen Versuche noch immer nicht als gelöst betrachtet werden. Viele Volkswirte verzichten heute überhaupt auf die Lösung dieser Frage; die einen, weil sie die Tragweite der unverschuldeten Arbeitslosigkeit gering veranschlagen und der Ansicht sind, daß sich bereits durch eine umfassende Regelung des Arbeitsnachweises die ganze Arbeitslosigkeit aus der Welt schaffen lasse; einige andere, weil sie die Arbeitslosigkeit als etwas nicht nur Notwendiges, sondern in gewissen Grenzen geradezu Heilsames ansehen, indem sie in den Arbeitslosen nur den im Kampf ums Dasein notwendig ausscheidenden unfähigsten Teil der menschlichen Gesellschaft erblicken, dessen Untergang im Interesse des allgemeinen Fortschritts und der Zuchtwahl unvermeidlich ist; wieder andere sind der Ansicht, daß nicht eine Versicherung gegen Arbeitslosigkeit, sondern eine allgemeine Herabsetzung der Arbeitszeit das Übel beseitigen würde, da dann alle Hände Beschäftigung fänden; nicht gering ist endlich die Zahl derer, welche die Schwierigkeiten einer Versicherung gegen Arbeitslosigkeit teils aus technischen, teils wohl auch aus politischen und volkspsychologischen Gründen für unüberwindbar halten und aus diesem Grunde auf eine Erörterung der Frage verzichten. Von dieser letzten Gruppe bemühen sich nun einige, einen anderen Ausweg zu finden, den Arbeiter auf einem anderen Wege als dem der Versicherung gegen die bösen Folgen der Arbeitslosigkeit zu schützen.

Am nächsten kommt der Arbeitslosenversicherung der bekannte Plan des Sparzwanges, den Professor Schanz aufgestellt hat und der im Wesentlichen darin besteht, daß jeder Arbeiter gehalten sein soll, wöchentlich von seinem Lohn eine kleine Summe zurückzulegen und auf diese Weise bei einer Sparkasse ein Guthaben anzusammeln, das bis zu einer Höhe von 100 Mk. gesperrt bleibt und nur im Falle der Arbeitslosigkeit angegriffen werden darf.

Aber auch die Idee des Sparzwanges will begreiflicher Weise vielen nicht in den Kopf. So segensreich das Sparen wirken könnte, würde der Sparzwang den Arbeitern doch als eine unerträgliche Bevormundung erscheinen. Zudem wendet man ein, daß der Arbeitslohn in zahllosen Fällen viel zu karg sei, um auch nur die geringsten Ersparnisse zuzulassen. Auch würden sich große Unzuträglichkeiten herausstellen, wenn der Arbeiter sein gesperrtes Guthaben angreifen will; bei Arbeitslosigkeit eine lange Untersuchung, ob dieselbe verschuldet oder unverschuldet, bei Unglücksfällen aller Art, ob dieselben wirklich ein Angreifen des Guthabens begründen und notwendig machen oder ob der Arbeiter nicht etwa nur simuliert, um sich Geld für Trunk und Verschwendung zu verschaffen. Jedenfalls liegen auch hier mannigfache Schwierigkeiten vor.

Stellen wir diesen akademischen Erörterungen über die Möglichkeit und Zulässigkeit des Sparzwanges aber einmal die nackten Thatsachen der Praxis gegenüber, einen faktischen Sparzwang wie er schon heute in der härtesten Form besteht. Es ist eine absolut unbestreitbare Thatsache, daß die jungen Leute teilweise einen ganz unverhältnismäßig hohen Lohn und vielfach für ihren eigenen Bedarf dieselben Mittel erhalten, mit denen ein älterer Arbeiter den Unterhalt einer ganzen Familie bestreiten muß. Gleichwohl fällt es diesen jüngeren Arbeitern fast niemals ein, etwas von ihrem Lohn zurückzulegen für die Zeiten, in denen auch sie mit derselben Summe vielleicht zwei, drei oder mehr Köpfe ernähren müssen. Das Geld wird verjubelt, und wenn sie sich anschicken, eine Familie zu gründen, stehen sie vis-à-vis de rien. Nun wird der Lohn nicht höher, die Ausgaben aber steigen bedeutend. In den fetten Jahren ist kein Pfennig gespart, um mit eigenen Mitteln in die eigene Wirtschaft zu treten — jetzt aber, in den mageren Jahren, kommt der unerbittliche Sparzwang, jetzt muß getragen werden, was früher unerträglich schien. Wird das neu gegründete Heim auch noch so einfach und bescheiden ausgestattet — die Einrichtung kostet doch immerhin Geld, und da solches nicht erübrigt ist, müssen die Möbel auf Kredit, auf Abzahlung genommen werden. Da die einzelnen Summen auf den ersten Blick recht klein sind und man die Sorge für die Bezahlung der Zukunft überlassen kann, wird in der Regel aber die Ausstattung gar nicht so einfach und bescheiden, wie es bei dem vollständigen Mangel eigener Mittel angebracht wäre; man läßt sich von dem Händler Möbel aufschwatzen, die weit über die Verhältnisse der Familie hinausgehen. Und nun kommt der große Sparzwang. Die Abzahlung für die — bei Lichte besehen, meist sehr teuer gekauften — Möbel muß pünktlich erfolgen, wenn nicht womöglich die ganze Ausstattung und alles schon an- und abgezahlte Geld verloren gehen soll. Da heißt es also sparen, sparen, sparen. Was ehedem, als die Lage des jungen Arbeiters günstig war, da er nur für sich allein zu sorgen hatte, unmöglich war — jetzt, unter weit ungünstigeren Verhältnissen, muß es möglich sein. Was man als unerträglichen Zwang zurückweisen würde, wenn der S t a a t es forderte — jetzt muß man es ohne Murren thun, da in ganz unvergleichlich härterer Form derselbe Zwang von dem Inhaber des Abzahlungsgeschäftes ausgeübt wird, dem der Arbeiter unweigerlich unterworfen ist.

Nun wird der Zwang ertragen, nun ist es möglich, regelmäßig einige Groschen vom Arbeitslohn zurückzulegen. Wie wäre es, wenn mit diesem Sparen etwas früher begonnen, wenn der harte n a c h t r ä g l i c h e S p a r z w a n g nicht abgewartet wäre?

Der junge Arbeiter hätte sich keine übermäßigen Entbehrungen aufzuerlegen brauchen, er wäre mit eigenen Mitteln in die Ehe getreten, hätte die erste bescheidene Einrichtung, wenn nicht ganz, so doch zum beträchtlichen Teile baar bezahlen können, er hätte infolge dessen die Möbel weit billiger erhalten, wäre nicht in die notwendigerweise harte Hand des Inhabers des Abzahlungsgeschäftes gefallen und könnte nun in der Ehe weit besser und sorgenfreier leben.

Ehe der Theoretiker, und ehe besonders der Arbeiter selbst den Sparzwang verwirft, sollte er doch einmal in Erwägung ziehen, ob ein in den ersten Arbeitsjahren, in denen das Einkommen den wirklichen Bedarf oft bedeutend übersteigt und nur vergeudet wird, vom Staat ausgeübter sanfter Sparzwang nicht unendlich vorteilhafter und erträglicher wäre, als dieser verspätete, denkbar härteste Sparzwang, dem der ältere, eine Familie gründende Arbeiter unweigerlich verfällt und der in dieser Zeit dann nur zu oft zu seinem völligen Ruin führt.

Während wir an anderen Stellen den wirtschaftlichen Wert des Sparens bedeutend herabsetzen mußten, bleibt er an diesem Punkte bestehen; aber auch hier geht das Sparen in die Form der Versicherung über — der Sparzwang ist ja nur eine Form der Versicherung gegen Arbeitslosigkeit.

Diese Betrachtungen führen uns übrigens bereits hinüber in das Gebiet der Arbeiter- und Lohnfragen, denen das nächste Kapitel gewidmet sein soll. Hier interessierten sie uns zunächst nur im Hinblick auf die Tauschmittel und ihre Verteilung, auf die in der entwickelten Tauschwirtschaft geradezu grundlegende Frage, in welcher Weise der Einzelne sich jederzeit die seinem dringendsten Bedarf, seinem notwendigen Lebensunterhalt entsprechende Menge von Tauschmitteln sichern kann.

III.

Das Volk als Träger der Wirtschaft.

Das Volk als Träger der Wirtschaft.

Die wahre „Volks“-Wirtschaft. — Lohnarbeiterfragen: Nationalwirtschaftlich notwendige Lohnhöhe. — Gewinnbeteiligung. — Der fünfte Stand. Altes und Neues zur Polenfrage. — Materielle und ideelle Hebung der Massen. Arbeitsteilung und Berufsvereinigung. — Wiedervereinigung mit dem Boden. — Volkskraft und Volkskunst. — Schluß: Deutschland voran!

Die Wirtschaft wurzelt im Boden der Mutter Erde. Der Mensch kann keine absolut neuen Güter schaffen, sondern nur die natürlichen Gaben des Bodens aus ihm herausholen und umformen, die Güter „verfertigen“, und den Boden selbst derartig umformen und bearbeiten, daß er ihm bestimmte natürliche Güter liefern muß. In dieser Arbeit des Menschen beruht die Kultur, und in dieser Kultur, die selbst aus der Wirtschaft und mit der Wirtschaft entstanden, wurzelt wiederum die Wirtschaft in ihren jeweiligen Formen. Auf dem Boden der Mutter Erde und auf dem Boden der Weltkultur, des über die ganze Welt ausgedehnten Tauschverkehrs und seiner Hilfsmittel, steht die moderne Weltwirtschaft in ihrem ganzen, großartigen Umfange.

Des Menschen Geist und Hand hat diese Weltwirtschaft geschaffen; aber sie ist ihrem eigenen Schöpfer schier über den Kopf gewachsen. Staunend, anbetend stand der Mensch vor diesem seinem eigenen Werke, und es geschah das Wunderbare: Der Werkmeister hielt sich nur noch für ein Werkzeug seiner gewaltigen Schöpfung.

Das Geld, das Kapital, das überall eine Mittlerrolle spielte, schien ihm nun die Hauptrolle inne zu haben, der erb- und eigentümliche Besitz, der sich erst im Laufe der Wirtschaft entwickelt hatte, stand über dem Besitzer. Und der Mensch wurde, was er sich fälschlich fühlte, ein Werkzeug der Wirtschaft, des Kapitals, der Maschine, ein Werkzeug seiner Werkzeuge.

Noch heute sind wir nicht aus dieser verkehrten Entwicklung herausgekommen, noch heute haben wir uns nicht aus diesen selbstgeschmiedeten Fesseln befreit, noch heute vergessen wir gar zu oft die eigentliche Wurzel aller Wirtschaft, noch heute fühlen wir uns als Geschöpfe, nicht als Schöpfer der Wirtschaft.

Die wahre, ursprüngliche Wurzel der Wirtschaft ist das menschliche Bedürfnis. Was wir für die Kultur im allgemeinen nicht schlechthin ohne Einschränkung gelten lassen konnten — hier wird's zur Wahrheit, hier ist die Not die Mutter der Erfindung, die Mutter des Fortschritts, die Mutter der Wirtschaft.

Als dem Menschen die Erde zu eng wurde, um dem Tiere gleich seine Nahrung einfach vom Boden aufzulesen, da begann die Wirtschaft. Der Mensch ist ihr Schöpfer, ihr Mittelpunkt, ihr einziger Zweck. Alle Wirtschaft ist menschliche Arbeit. Aus dem menschlichen Bedürfnis entstanden, hat sie nie und nimmer eine andere Bestimmung, als das menschliche Bedürfnis zu befriedigen. Von einem Selbstzweck der Wirtschaft, einem Wirtschaften des Menschen um der Wirtschaft willen kann vernünftigerweise nie die Rede sein.

Und doch sind wir eine Zeit lang in jenen großen Fehler, jene völlige Verkehrtheit verfallen, die Wirtschaft als das Hauptsächliche, als den Zweck unseres Lebens anzusehen — und völlig haben wir uns aus diesen Banden noch immer nicht befreit.

Die Nationalökonomie von gestern betrachtete den Menschen als Material der Wirtschaft, sie schätzte, überwältigt von der Bedeutung, die plötzlich die Maschine für die Gütererzeugung gewonnen, den arbeitenden, wirtschaftenden Menschen dieser Maschine gleich — ja, wohl gar geringer als die Maschine, da er leichter zu ersetzen, da er — billiger war!

Die Nationalökonomie von heute hat sich besonnen, daß die Wirtschaft im menschlichen Bedürfnis wurzelt und nur die Aufgabe hat, dieses Bedürfnis zu befriedigen: daß sie gesteigert werden muß, nicht um ihrer selbst willen, nicht um größere Güter anzusammeln, nicht um das Kapital zu vermehren, sondern nur um die Bedürfnisse einer größeren Zahl von Menschen und um die gesteigerten Bedürfnisse des kulturell fortschreitenden Menschen zu befriedigen.

Wir fördern nicht die Gütererzeugung, um eben mehr Güter zu erzeugen und mehr Kapital anzulegen — wir befruchten die Gütererzeugung erst in zweiter Linie, indem wir den Güterverbrauch fördern, eine größere Zahl von Menschen mit Gütern, und zwar jeden einzelnen mit möglichst vielen und möglichst hohen Gütern zu versehen trachten.

In der Einzelwirtschaft sucht der Mensch seine besonderen Bedürfnisse zu befriedigen, ohne jede Rücksicht auf seine Mitmenschen; er für seine Person betrachtet freilich die anderen Menschen nur als Werkzeuge für seine eigenen Zwecke, als Teile der Maschinen, die in seinem Dienste arbeiten, seine Bedürfnisse zu befriedigen, ihm ein möglichst angenehmes Dasein zu verschaffen.

Die Weltwirtschaft — wenn wir sie einmal als solche betrachten wollen — dient der ganzen Menschheit; sie erreicht ihr wahres Ziel, wenn sie die Menschheit in ihrer Gesamtheit fördert, wenn sie es ihr ermöglicht, immer höhere, immer edlere Bedürfnisse möglichst vollständig zu befriedigen. In der That wird dieses Ziel nicht unmittelbar in der Weltwirtschaft, sondern nur mittelbar durch die verschiedenen Volkswirtschaften erreicht.

Der Volkswirtschaft, der nationalen Wirtschaft als solcher müssen wir die Aufgabe zuerkennen, den nationalen Wohlstand zu heben, das einzelne Volk auf die höchstmögliche Höhe der Kultur gelangen zu lassen, die Nation zur vollen Entfaltung aller Kräfte zu befähigen, die Volkskraft zu mehren, nirgends aber an ihr zu zehren. Die Volkswirtschaft, als die wesentlichste Organisation der heutigen Wirtschaft, darf am wenigsten an dem alten Fehler haften bleiben, in ihr darf am wenigsten der Mensch nur als Wirtschaftsmaterial, als Werkzeug zur Hebung der Wirtschaft um ihrer selbst willen, betrachtet werden.

Um des Volkes, um aller Volksglieder willen ist die Volkswirtschaft da, die einzelne Nation im Wettkampf der Völker auf die höchste Stufe der Kultur zu führen — und dadurch schließlich auch wieder die Gesamtheit, die Menschheit zu fördern, die ihr Heil nicht in einer allgemeinen, verschwommenen Weltwirtschaft findet. Alle Güter, die sie erzeugt, dienen nur der Mehrung, Förderung und Veredelung des obersten Gutes, des Menschen selbst, der alle Güter nur schafft, um sie selbst zu verbrauchen, um sie in Menschenblut und Menschengeist umzusetzen.

Auf diese erste und letzte Wurzel der Wirtschaft sind alle wirtschaftlichen, alle sozialen Fragen zurückzuführen, wenn ihre Lösung zu einer wahren Förderung der Volkswirtschaft — die in letzer Linie gleichbedeutend ist mit einer Hebung der gesamten Menschheitskultur — führen soll.

Von diesem Gesichtspunkte aus betrachten wir denn auch allein die mannigfachen Fragen, deren Gesamtheit man als „die soziale Frage“ zu bezeichen pflegt. Ohne irgendwie erschöpfend sein zu wollen, greifen wir einige Kernpunkte der Arbeiterfrage heraus, die breiteste und wirtschaftlich am ungünstigsten gestellte Masse des Volkes im Hinblick auf die wirtschaftliche und geistige Hebung des ganzen Volkes betrachtend. Zur Vermeidung von Mißverständnissen sei jedoch bemerkt, daß wir keineswegs die Lohnarbeiter schlechthin als „die“ Arbeiter und Träger der Wirtschaft betrachten, bedarf doch die Volkswirtschaft ganz besonders auch der geistigen, führenden, schöpferischen Arbeiter und nicht nur der mechanisch ausführenden Handarbeiter, die im Mittelpunkte der folgenden Betrachtungen stehen.

Die Rolle, welche die ganze große Klasse der Lohnarbeiter in der Volkswirtschaft spielt, die Stellung, die sie selbst der Wirtschaft gegenüber einnehmen, insbesondere ihr Verhältnis zum Markte, zur Konsumtion, richtet sich naturgemäß wesentlich nach der Höhe ihres Lohnes. Diese Lohnhöhe ist ausschlaggebend für ihre ganze Lebenshaltung, für die Gesundheit der breitesten Volksmassen, für die Stellung der Träger der Produktion zur Konsumtion, für den geregelten Verlauf der Wirtschaft und die Kraft des wirtschaftenden Volkes.

Betrachtet man die Frage der Lohnhöhe lediglich nach dem Schema: Angebot und Nachfrage, so wird man nicht nur, infolge der Übermacht der kapitalkräftigen Nachfrage gegenüber dem proletarischen Angebot, zu einem möglichst starken Preisdruck gelangen, sondern konsequenter Weise zur Herbeiziehung der billigsten Arbeitskräfte, die auf dem Weltmarkte zu haben sind, also, wenn auch nicht gerade zur Negersklaverei, so doch wenigstens zur Einfuhr chinesischer Kulis.

Indessen, die Nationalwirtschaft hat denn doch noch höhere Interessen als die der denkbar billigsten Produktion oder des denkbar höchsten Unternehmergewinns. Die Nationalwirtschaft hat es in erster Linie nicht mit den Wirtschaftsgütern, sondern mit der wirtschaftenden Nation zu thun, ihr sind die produzierenden Menschen wichtiger als die produzierten Waren. Mit chinesischen Kulis ist ihr vollends nicht gedient — auch nicht mit der Verbreitung slavischer Kulis, wie wir sie seit geraumer Zeit erleben, da der argrarische Osten die polnischen Landarbeiter an die westlichen Industriemittelpunkte abgiebt und auf noch tieferer Kulturstufe stehende russische Arbeiter ins Land zieht. Nicht daß die deutschen Arbeiter durch die billigere slavische Konkurrenz verdrängt werden, nicht daß der standard of life herabgedrückt und die fatale slavische Bedürfnislosigkeit überall verbreitet wird — daß vielmehr ein gesunder, kräftiger, auf verhältnismäßig hoher Kulturstufe stehender, bildungsfähiger und bildungsbedürftiger, aufstrebender, relativ wohlhabender deutscher Arbeiterstand das Land bedeckt, es wehrfähig und nicht nur produktions-, sondern auch konsumtionsfähig erhält, liegt im Interesse der Nationalwirtschaft.

Würden Angebot und Nachfrage allein die Höhe des Arbeitslohnes bestimmen, so könnte der Lohn, wenn wir von der Herbeiziehung fremdländischer Arbeitskräfte ganz absehen, so weit sinken, daß der einzelne Arbeiter gerade noch existenzfähig ist. Damit aber ist dem Staate wenig gedient. Die Grenze muß zunächst so hoch liegen, daß die deutschen Arbeiter konkurrenzfähig bleiben, daß sie nicht durch slavische, chinesische oder schwarze verdrängt werden. Ferner aber kommt es nicht bloß darauf an, daß der Arbeiter selbst sein Leben notdürftig fristet, er muß vielmehr für seine Person gesund, stark, wehrfähig und in vollem Umfange arbeitsfähig erhalten werden, dann aber auch, und nicht in letzter Linie, fortpflanzungfähig. Er muß eine Familie ausreichend unterhalten können, mit allem, was dazu gehört. Und schließlich darf seine Produktion nicht in gar zu argem Mißverhältnis stehen zu seiner Konsumtion, die Menge der Güter, die er für den Markt erzeugt, zur Menge der Güter, die er dem Markte entnimmt; je mehr Waren er selbst vom heimischen Markte zu beziehen vermag, um so besser für diesen.

Die nationalwirtschaftlich notwendige Lohnhöhe wird

im allgemeinen weit genug entfernt sein von der durch Angebot und Nachfrage bestimmten; sie wird eine ganze Reihe von Quoten enthalten, die weit über das notwendige Existenzminimum hinausgehen; sie kann nur so weit von der Nachfrage abhängig gemacht werden, als die Konkurrenz auf dem Weltmarkte es unbedingt erforderlich macht, d. h. der Lohn darf im allgemeinen nicht so hoch steigen, daß etwa die deutsche Industrie infolge zu hoher Preise vom Weltmarkte ausgeschlossen wird. Gegenwärtig tritt in der deutschen Landwirtschaft die Erscheinung zutage, daß der Großbesitz in Anbetracht der steigenden Lohnhöhe (Arbeitermangel) so teuer produziert, daß seine Konkurrenz gebrochen ist; in der Landwirtschaft aber haben wir immer noch den bedeutend konkurrenzfähigeren Kleinbesitz, für welchen die Steigerung der Produktionskosten durch hohe Löhne fortfällt. Anders in der Industrie, welche ganz auf den Großbetrieb, also auf die Arbeitslöhne angewiesen ist. Lohnhöhe und Weltmarktpreise müssen also in Einklang gebracht werden, um die Konkurrenzfähigkeit zu erhalten. Für die innerhalb dieser Grenze liegende Höhe aber können nicht Angebot und Nachfrage ausschlaggebend sein, wenn die nationalwirtschaftlich notwendige Lohnhöhe erreicht werden soll, vielmehr müssen die oben angedeuteten Faktoren den Lohn bestimmen.

Die Lage des Arbeiters beim Kampf um die Lohnhöhe ist bekannt. Das Angebot ist im allgemeinen größer als die Nachfrage; die Anbietenden beherrschen weniger den Markt, können Konjunkturen weniger ausnützen; das Arbeitsverhältnis bedingt, da die Arbeitskraft von der Person, die diese Kraft verkauft, untrennbar ist, persönliche Unterordnung; der Arbeiter muß arbeiten, um zu leben, und zwar muß er in seinem bestimmten Fache arbeiten, er kann schwer zu anderen Arbeitsgelegenheiten übergehen; die Höhe des Arbeiterlohnes steigt nicht in gleichem Maße, wie die notwendigen Aufwendungen des Arbeiters für die Familie. Der Lohn kann nicht höher steigen, als bis zu dem Punkte, wo der Unternehmergewinn aufhört; er kann aber so tief sinken, daß dem Arbeiter gerade noch der notwendigste augenblickliche Lebensunterhalt geboten wird, d. i. weit unter die nationalwirtschaftlich notwendige Höhe.

Die faktische Lohnhöhe kann schwanken je nach dem Lohnsystem: Tagelohn, Stücklohn, oder Gewinnbeteiligung. Besonders die letzte

Form ermöglicht eine gerechte Entlohnung je nach der Höhe der wirklichen Leistung; aber auch sie gewährt keinerlei Sicherheit dafür, daß der Lohn sich nach der nationalwirtschaftlich notwendigen Höhe richtet. Wir werden dieses System später noch eingehender zu betrachten haben.

Nationalwirtschaftlich notwendig ist es, daß der Lohn folgende Quoten enthält:

1. Eine vollständige Verzinsung und Amortisation der für die Ernährung, Ausbildung und Erziehung des Arbeiters von der Geburt bis zu dem Augenblicke der selbständigen Ernährung (durch eigene Arbeit) notwendigerweise aufgebrauchten Summe.

2. Die Kosten des gesellschaftlich notwendigen Unterhalts des Arbeiters und seiner Familie während der Arbeitszeit; diese Quote muß mindestens den zum Leben überhaupt notwendigen Unterhalt decken, dann aber auch den jeweilig gesellschaftlich durch den allgemeinen standard of life bedingten Unterhalt.

3. Unterhalt für die Zeit der unverschuldeten Arbeitslosigkeit, die teils durch die Art der Arbeit (Saisonarbeit), teils durch Krankheit, Unfall u. dgl. bedingt sein kann.

4. Unterhalt für den Fall völliger Erwerbsunfähigkeit durch Alter oder Invalidität, sowie die Deckung der Begräbniskosten nebst Unterhalt für Witwen und Waisen. Den wensentlichsten Teilen dieser Forderung hat kein geringerer als der Schöpfer der sozialen Gesetzgebung in Deutschland, Fürst Bismarck, in seiner markigen Weise Ausdruck gegeben mit den kurzen Worten: „Geben Sie dem Arbeiter, so lange er gesund ist, Arbeit, wenn er krank ist, Pflege, wenn er alt ist, Versorgung.“ (9. Mai 1884.)

Die Deckung der einzelnen Quoten könnte auf verschiedene Weise erfolgen:

1. Die Lohnhöhe wird allgemein derartig festgesetzt (Minimallohn), daß der Arbeiter den notwendigen Unterhalt hat, und noch darüber hinaus gewisse Summen sparen kann, die jeweilig im Bedarfsfalle die übrigen Quoten decken können.

2. Der Staat gewährt in einer kommunistischen Verfassung dem Einzelnen für seine Arbeit den notwendigen Unterhalt und übernimmt es ferner, in allen anderen Fällen, (Krankheit, Tod, Hinterbliebene), den Unterhalt aus Staatsmitteln zu leisten.

3. Die jeweilige Lohnhöhe wird der freien Preisbildung überlassen, durch welche der Lohn im allgemeinen auf die Höhe

des notwendigen Unterhaltes während der Arbeitszeit gebracht wird; für die anderen Fälle und Zeiten wird auf dem Wege der Versicherung, eventuell auch durch Staatshilfe gesorgt, das ist also für Krankheit, Alter, Invalidität, für sonstige unverschuldete Arbeitslosigkeit, für Witwen und Waisen, sowie für einen Teil der Erziehung (Volksschule).

Die im Lohn erhaltene Rückerstattung der Kosten für die Ausbildung und Erziehung bis zur Erwerbsfähigkeit kommt zum Ausdruck in der Quote, die nun wieder zur Ausbildung und Erziehung der nächsten Generation, zum Unterhalt der Familie verwendet wird. Da der Staat das höchste Interesse an einem gesunden und kräftigen Nachwuchs, an der Erhaltung und Vermehrung seiner Arbeits- und Wehrkräfte, an der Hebung des Wohlstandes in den unteren Schichten, an der Erhöhung und Ausdehnung ihrer Konsumtionsfähigkeit u. s. f. hat, kann er die Regelung der Lohnhöhe nicht dem „freien Spiel der Kräfte“ überlassen. Er muß selbst regelnd eingreifen und entweder den Unternehmer zur Zahlung aller, auch der über den notwendigen Unterhalt hinausgehenden, nationalwirtschaftlich notwendigen Quoten zwingen, oder aber, soweit dies nicht thunlich ist, die Hilfe der Gesamtheit in Anspruch nehmen und gewisse Kulturforderungen mit den Mitteln aller erfüllen. So geschieht es ganz oder teilweise bei der Volksschule, der Armenpflege, der Sorge für die Invaliden und Altersschwachen, die Witwen und Waisen.

Die Erhaltung der einzelnen Arbeiter fordert Maßnahmen zur Verhütung von Unfällen, unmäßiger Ausdehnung der Arbeitszeit u. dergl. Die Interessen der Nationalwirtschaft aber gehen weit über der Erhaltung der einzelnen Arbeitskraft hinaus; zunächst muß diese Arbeitskraft auf die beste Weise ausgenützt — nicht ausgesogen! — werden, weshalb Verhütung unwirtschaflicher Verzehrung der Kraft in ungesunden, gefährlichen Betrieben, durch zu lange Arbeitszeit und Gewährung zu geringer Unterhaltsmittel erforderlich ist, ferner zur Verhütung unwirtschaftlichen Brachliegens der Arbeitskraft ein ausgedehntes System der Arbeitsvermittlung; sodann muß der Arbeiter eine Familie unterhalten können, die auch während seiner etwaigen Arbeitslosigkeit und Arbeitsunfähigkeit, sowie nach seinem Tode in ihrer Existenz nicht vernichtet wird; er muß endlich auf einer seines Landes würdigen Kulturstufe stehen und selbst nicht ohne alle höheren Ansprüche an den Markt herantreten, den er fortgesetzt mit neuen Produkten überhäuft.

Gewiß dürfen die Ansprüche an den einzelnen Unternehmer nicht so weit gehen, daß die Unternehmungen nicht mehr bestehen können. Gewiß kann es der Nationalwirtschaft nichts helfen, wenn die Arbeiter theoretisch hohe Löhne, praktisch aber keine Beschäftigung haben; ebenso gewiß aber ist es auch, daß für die Nationalwirtschaft ein möglichst hoher standard of life auch der unteren Klassen von größter Bedeutung ist, und daß dieser wieder auf die weitesten Zweige der Industrie befruchtend zurückwirkt. Muß sich aber die Lebenshaltung nach den Gesamtkonjunkturen richten, so ist die Erhaltung der Arbeitskraft und die Sicherung der Fortpflanzung doch unter allen Umständen notwendig, und demnach der nationalwirtschaftlich notwendigen Lohnhöhe unbedingt eine untere Grenze gesetzt, die das notdürftigste momentane Existenzminimum des einzelnen Arbeiters beträchtlich übersteigt.

Unter den Versuch einer Steigerung der Lohnhöhe spielt neben der bereits besprochenen Versicherung die *Gewinnbeteiligung* eine nicht unbedeutende Rolle; wir wollen es daher nicht unterlassen, an dieser Stelle etwas länger bei diesem Problem zu verweilen.

Zu den verschiedensten Zeiten und in verschiedenster Weise hat man den Versuch gemacht, den Lohnarbeitern eine Erhöhung ihres Gewinnes in die eigene Hand zu legen und sie selbst für den Betrieb, in dem sie arbeiten, durch irgend eine Art der Gewinnbeteiligung unmittelbar zu interessieren. Trotz aller theoretischen und praktischen Untersuchungen und Versuche ist das Problem auch heute noch keineswegs gelöst, vielmehr herrscht das Probieren und Experimentieren auf diesem Gebiete heute wohl mehr denn je.

Am verbreitetsten ist die von der eigentlichen Gewinnbeteiligung allerdings sehr weit entfernte Accordarbeit, der Stücklohn. Die bei diesem System von den Arbeitern erreichten Löhne übersteigen den Tagelohn oft ganz bedeutend, nach *Sering* in der Landwirtschaft durchschnittlich um mehr als 50, nach anderen um 70, in verschiedenen Fällen sogar um mehr als 100%;

die höheren Löhne werden für den Arbeitgeber durch bedeutende Ersparnis an Arbeitszeit, Aufsichtspersonal und Zahl der Arbeiter ausgeglichen. Gleichwohl haften der Accordarbeit bedeutende Mängel an, die für den Unternehmer hauptsächlich ihren Ursprung darin haben, daß es dem Arbeitnehmer, der um Stücklohn arbeitet, nur auf eine schnelle Herstellung einer großen Zahl von Stücken ankommt, so daß es an der nötigen Sorgfalt sowohl in Bezug auf die Güte der hergestellten Stücke als auch in der Behandlung der zur Herstellung erforderlichen Werkzeuge fehlt, für den Arbeiter aber, daß er, um hohen augenblicklichen Gewinn zu erzielen, seine Kräfte oft übermäßig anstrengt und schnell aufreibt. Jene Sorgfalt zu erzielen, ist nur möglich, wenn man sie in die Interessen des Arbeiters hineinzieht, wenn also sein Gewinn nicht nur von der Zahl der Stücke, auch nicht nur von ihrer Güte, sondern zugleich auch von der Schonung des zur Herstellung erforderlichen Materials und der Werkzeuge abhängt. In vollem Maße ist dies aber nur der Fall bei einer thatsächlichen Gewinnbeteiligung der Arbeiter.

Zu den ältesten Systemen der Gewinnbeteiligung gehört die Halbscheidpacht, die landwirtschaftliche Anteilswirtschaft, die nach Roscher in verschiedenen Ländern früher eine große Ausdehnung hatte, aber immer mehr und mehr zurückgegangen ist. Sie bildet jedoch kein Gewinnbeteiligungs-System in unserem Sinne, da die beiden Parteien, Pächter und Verpächter, nicht Arbeitnehmer und Arbeitgeber waren; doch auch die landwirtschaftlichen Arbeiter waren schon früh in die Anteilswirtschaft hineingezogen, die übrigens gerade in der Landwirtschaft die natürliche, ursprüngliche Form bildet und erst langsam, und auch jetzt noch durchaus nicht in vollem Umfange, dem festen Lohnsystem gewichen ist. Auch in neuerer Zeit sind in der Landwirtschaft die verschiedensten Versuche gemacht worden, die Anteilswirtschaft im weitesten Umfange wieder einzuführen. Die Versuche grenzen hier und da sogar an Gewinnverteilung, mit der auch in der Industrie mehrfach experimentiert worden ist.

Eine volle Gewinnverteilung ist nur in genossenschaftlichen Betrieben möglich, und die Versuche haben sich auch alle nach dieser Seite erstreckt. Solche Produktivgenossenschaften haben sich in den verschiedensten Zweigen der Industrie gebildet, ihren eigentlichen Charakter aber fast ausnahmslos binnen kurzer Zeit verloren; entweder sind sie, bald infolge schlechter Absatzverhältnisse, bald infolge innerer Zwistigkeiten, zusammengebrochen, oder sie florierten und haben sich dann bald in ein Aktienunternehmen der aus den früheren Genossen hervorgegangen Kapitalisten verwandelt. Auch die Versuche einer staatlichen Unterstützung solcher Arbeiter-Produktivgenossenschaften haben zu keinem Resultat geführt.

Der Gewinnverteilung im Arbeiter-Genossenschaftsbetrieb steht die Gewinnbeteiligung im Unternehmerbetrieb gegenüber; für qualifizierte Arbeit bildet sie die Regel, es ist die Tantième für Direktoren, Aufsichtsbeamte u. s. w.; auf die niedere Arbeit sucht man sie in verschiedener Form zu übertragen.

Für den Unternehmer bietet das System der Gewinnbeteiligung zunächst große Vorteile. Die Arbeit wird nicht nur schneller, sondern auch sehr viel sorgfältiger betrieben, da auch die Vergeudung des Betriebsmaterials auf den Arbeiter zurückfällt. Da die Arbeiter so weit in die Interessen des ganzen Betriebes hineingezogen sind, ist eine Aufsicht auch über die Sorgfalt der Ausführung nicht erforderlich, zumal die Arbeiter sich gegegseitig kontrolieren; es wird demnach nicht nur die Ware schneller, billiger und besser hergestellt, sondern auch das Betriebsmaterial sehr viel mehr geschont, als bei anderen Lohnsystemen.

Nach der anderen Seite aber entstehen ungeheure Schwierigkeiten, besonders im Hinblick auf die Erzielung einer gerechten Gewinnverteilung. Der Fabrikdirektor hat es zwar in der Hand, den Betrieb in jeder Weise zu heben; der Fabrikarbeiter aber kann dies nur in den Grenzen erzielen, welche ihm die Art und Güte der Maschinen stellt, die ohne sein Zuthun dem Betriebe einverleibt sind.

Der Direktor kann ferner den Markt übersehen und den Betrieb den Absatzverhältnissen entsprechend ändern, während es in der Hand des Arbeiters nur liegt, schneller oder langsamer, sorgfältiger oder sorgloser zu arbeiten. Der Einfluß des Arbeiters auf den Gewinn oder Verlust des Unternehmens bewegt sich also nur in verhältnismäßig engen Grenzen. Weder kann man es dem Arbeitnehmer zumuten, an den Verlusten teilzunehmen, die durch Preissturz, schlechte Leitung oder tausend andere von seiner Thätigkeit absolut nicht beeinflußbare Umstände herbeigeführt sind, noch auch dem geistigen Leiter des Betriebes auf den Gewinn zu verzichten, den seine Umsicht, sein Fleiß, seine Beherrschung des Marktes dem Unternehmen gebracht hat.

Mit einer einfachen Verteilung nach festen Sätzen ist es nicht gethan; wenn der Direktor und die sonstigen Beamten, welche qualifizierte Arbeit leisten, stets ein gewisses, ein für allemal festgesetztes Vielfaches von dem Anteile der Arbeiter erhalten, so kann von einer gerechten Verteilung nach der wirklichen Leistung keine Rede sein; es wird den Arbeitern damit der pekuniäre Anteil an einem Unternehmer-Risiko aufgebürdet, an dem sie keinen wesentlichen Anteil, auf dessen Faktoren sie nur einen ganz beschränkten Einfluß haben.

Ihr Anteil am Gewinn — und Verlust — des Unternehmens kann sich nur auf diejenige Teile des Gewinnes erstrecken, auf welche ihre eigene Arbeit einen Einfluß ausübt, keineswegs aber auf den Gesamtgewinn. Von letzterem ist alles in Abzug zu bringen, was von dem Leiter des Unternehmens und von der zufälligen Marktlage abhängt, der Gewinn, der allein durch die Beschaffenheit der Anlage, der Maschinen, die Fähigkeiten, Erfahrung, Energie und Umsicht des Leiters, die augenblickliche Gestalt der Absatzverhältnisse, auch die Schwankungen im Preise der Rohstoffe, des Geldes u. s. w. bedingt ist. Es bleibt immerhin eine ganze Reihe von Faktoren, auf welche die Arbeiter Einfluß haben; sorgsames Umgehen mit den Rohstoffen und Werkzeugen, das bedeutende Ersparnisse an Unkosten und Betriebskapital bewirkt, geschickte, fleißige, gleichmäßige und sorgfältige Arbeit rc., also lediglich von den Arbeitern abhängende Faktoren vermögen den Gewinn bedeutend zu heben. Und daß dieser Teil des Gewinnes auch ungeschmälert den Arbeitern selbst zugute kommt, ist nicht mehr als billig.

In der That ist der Gedanke nicht neu und hat auch bereits praktische Anwendung gefunden, zunächst in dem unternehmungsfrohen Amerika. Das System ist in der „Yate and Town Manufacturing Campany“ in Stamford in den Vereinigten Staaten nun schon seit mehr als einem Jahrzent in Wirksamkeit (der Bericht, nach dem diese Angaben gemacht sind, stammt aus dem Jahre 1895); die Arbeiter, an Zahl jetzt 500, haben sich sehr mit ihm befreundet. Der Berechnung der Gewinnanteile liegt eine Buchführung zu Grunde, aus der eine genaue Scheidung des Einflusses der verschiedenen Faktoren auf den Gesamtgewinn ersichtlich ist.

Als Grundlage dieser neuen Buchführung ist eine eingehende und zuverlässige Berechnung und Buchung der verschiedenen Durchschnittssätze aus der ursprünglichen Betriebs- und Lohnform erforderlich; es muß festgestellt werden, wie groß der Verbrauch, die Abnützung, der Verlust an Betriebsmaterial, Maschinen und Maschinenteilen, Feuerung und Beleuchtung, Reparatur- und Arbeitswerkzeugen u. s. w. gewesen, und welche Ersparnisse unter dem neuen System Dank der größeren Sorgfalt der am Gewinn beteiligten Arbeiter gemacht werden. Diese Ersparnisse gehen natürlich auf Rechnung der Arbeiter. Ebenso ist ihnen eine etwaige Erhöhung des Verkaufspreises der von ihnen verfertigten Waren gutzuschreiben, sofern dieselbe aus der durch größere Sorgfalt der Herstellung bedingten Hebung der Güte dieser Ware entspringt.

Es gehört natürlich eine genaue Beobachtung des Marktes dazu, um wenigstens mit einiger Sicherheit festzustellen, welcher Teil der Preisschwankungen den allgemeinen Marktverhältnissen, und welcher Teil der sorgfältigeren Herstellung entspringt; während bei einzelnen Warengattungen, die genau nach fein unterschiedenen Qualitäten geteilt sind, die Prüfung sehr leicht sein wird, gestaltet sie sich bei anderen Waren umso schwieriger, und es ist unmöglich, hier irgendwelche bestimmten Vorschriften oder Fingerzeige zu geben; ein guter Kenner des Marktes und der Ware wird in der Praxis selbst die richtige Grenze finden. Endlich kommt auf das Guthaben der Arbeiter die Ersparnis am Aufsichtspersonal, die stets eintritt, sobald die Arbeiter selbst an dem Betriebe interessiert sind. Dieses allgemeine, direkte Interesse der Arbeiter bietet übrigens auch die beste Gewähr für eine möglichst gleiche Thätigkeit, das heißt für gleichen Fleiß aller Arbeiter, da diese sich gegenseitig kontrollieren, so daß man ohne Gefahr der Ungerechtigkeit eine gleiche Teilung des auf das Konto der Arbeiter fallenden Gewinnes unter die gleichmäßig beschäftigten vornehmen kann.

Im Einzelnen lassen sich, wie gesagt, Vorschriften für die Buchführung, die dieser Gewinnbeteiligung zugrunde liegt, nicht geben. In jedem einzelnen Betriebe werden die Verhältnisse sich individuell gestalten, je nach der Beschäftigung der Arbeiter, nach der Art der Geschäftsleitung und der herzustellenden Ware. Immerhin dürften diese Hinweise genügen, um die wesentliche Grundlage dieser Buchführung klarzulegen.

Die Ausgaben für die Leitung des Unternehmens und alle sonstigen, auf welche die Arbeiter keinerlei Einfluß ausüben können, sind ebenso wie die aus den Marktverhältnissen, den Preisschwankungen der Rohstoffe und fertigen Fabrikate, dem größeren oder geringeren Absatze u. s. w. entstehenden Gewinne oder Verluste scharf zu trennen von den eigentlichen Herstellungskosten, auf deren Höhe die Arbeiter einen direkten Einfluß haben; dabei ist die Menge, nicht aber der schwankende Preis der Rohstoffe in Rechnung zu ziehen, also etwa ein beliebiger, aber durchaus fester Normalpreis für dieselben festzusetzen. Dazu kommt die Abnützung des Betriebsmateriales und der sonstigen Hilfsmittel, die Ausbesserung der Maschinen, der Verbrauch an Licht, Wasser, Öl u. s. w., die Menge der Abfälle, die Kosten für Beaufsichtigung. Soweit der Gewinn, der aus dem ganzen Unternehmen fließt, durch Ersparnisse an diesen Kosten, zu denen natürlich in erster Linie der im übrigen nicht zu verkürzende Arbeitslohn gehört, gesteigert wird, ist der auf diese Ersparnis von Unkosten entfallende Teil des Gewinnes an die Arbeiter zu verteilen, und zwar etwa am Ende des Jahres gewissermaßen als Dividende auf die aus Tüchtigkeit und Sorgfalt bestehende Einlage der Arbeiter, im Verhältnis ihrer Löhne verteilt.

Natürlich kann die Auszahlung der Gewinnanteile auch beträchtlich häufiger erfolgen, besonders, wenn der Gang der Arbeiten gleichförmig ist; der Arbeiter wird dann häufiger auf sein Interesse an dem ganzen Betriebe aufmerksam und umso tüchtiger und sorgfältiger arbeiten; die Fehler des Stücklohn-Systems werden bei dieser engeren Verquickung der Interessen vermieden, desgleichen die Fehler der sonstigen Gewinnbeteiligungs-Systeme, indem der Arbeiter durchaus kein Risiko trägt. — Das System hat sich, wie gesagt, bereits bewährt und wurde auch von anderen Unternehmungen im Prinzip, mit einzelnen Änderungen in der Durchführung, mit Erfolg übernommen. Jedenfalls scheint es die glücklichste und gerechteste aller bisher bekannt gewordenen Lösungen des Gewinnbeteiligungs-Problems zu sein.

Den Leitern und Lenkern des Betriebes der Teil des Gewinnes, der ihrer eigenen Arbeit, ihrer Fähigkeit und Umsicht zu verdanken ist, und den Arbeitern der Teil, der aus ihrer Tüchtigkeit und Sorgfalt hervorgeht; keine ungerechte Verteilung, sondern eine durchaus gerechte, der wirklichen Leistung des Einzelnen entsprechende Gewinnbeteiligung, die in gleicher Weise dem Arbeitgeber und Arbeitnehmer Vorteile bringt, während das Stücklohn-System neben den Vorteilen für beide Teile große Nachteile birgt, und die sonstigen Gewinnbeteiligungs-Systeme, durchaus willkürlich festgesetzt, jede Gerechtigkeit vermissen lassen. Wenn die Lösung des Gewinnbeteiligungs-Problems für die gesamte Arbeiterfrage überhaupt eine ausgedehnte, erfolgreiche Wirkung mit sich bringen kann, dann ist der Weg wohl nur in der hier angedeuteten Richtung zu suchen, in der Richtung, deren Ziel das Ziel der Gerechtigkeit, das „Suum cuique“ ist.

Soviel man nun aber auch im Einzelnen von den bisher berührten Einrichtungen, von den verschiedenen Arten der Arbeiterversicherung, von einer gesunden Wanderungs- und Siedelungspolitik, von einer Verkürzung der Arbeitszeit, Erhöhung des Arbeitslohnes und gerechten Beteiligung der Arbeiter am Gewinn erwarten mag, so sehr werden wir uns doch vor der Illusion zu hüten haben, daß nun das ganze Volk mit einem Schlage auf die Höhe gebracht werden könnte, von der man vielleicht im Sinne der Menschlichkeit und im Interesse einer durch und durch gesunden Volkswirtschaft träumt.

Auch die beste Volkswirtschaftspolitik, die sich der Thatsache bewußt ist, daß die Volkswirtschaft um des Volkes, nicht um der Wirtschaft willen da ist, eine Volkswirtschaftspolitik, die bestrebt ist, alle Menschen in möglichst hohem Maße und in gerechter Verteilung an den Gaben der Natur und Kultur teilnehmen zu lassen — auch eine solche Volkswirtschaftspolitik wird den Kampf der Klassen und Stände nicht aus der Welt schaffen, nicht alle Menschen glücklich machen und nicht alle Individuen auf die ihrer Zeit angemessene Höhe der Kultur, der Lebenshaltung und Geistesbildung zu führen mögen.

Man hat oft gesagt, daß, wenn die gerechten Ansprüche des vierten Standes befriedigt sein werden, ein neues Proletariat auf den Plan treten, eine neue unterste Klasse, ein fünfter Stand den alten Kampf wieder aufnehmen wird.

Der wirtschaftliche Kampf, der heute zwischen den Völkern wogt, hat innerhalb der Völker bestanden, und besteht, solange von einem Volk überhaupt die Rede sein kann, solange die Völker sich bekriegen und den unterworfenen Feind zum Sklaven machen, solange das Volk in Kasten und Klassen, Berufe und Stände gegliedert ist, solange wirtschaftliche und soziale Ungleichheiten bestehen. Auch die Gleichheit des denkenden Sozialisten von heute ist nur eine Gleichheit der Produktionsbedingungen, des wirtschaftlichen und sozialen Milieus, soweit dieses von dem Willen der Gesamtheit abhängig ist. Es bleiben der individuellen Unterschiede der Person sowohl wie ihrer Umgebung genug, um neue Gruppen-, neue Klassen-, neue Besitz-, neue Ständebildungen herbeizuführen.

Vollends führt der Weg der sozialen Reform, der friedlichen Umbildung, den die moderne Gesellschaft eingeschlagen hat, um dem gewaltsamen Umsturz, der sozialen Revolution vorzubeugen, mit Sicherheit nicht nur zur Hebung des vierten Standes, sondern zugleich zur Heranbildung und Ausscheidung eines neuen Proletariats, eines fünften Standes.

Der fünfte Stand ist eine unausbleibliche Erscheinung der Zukunft; wer genauer beobachtet, wird vielleicht schon heute sein allmähliches Werden beobachten können.

Stets war der unterste Stand gegenüber den höheren für die Verhältnisse der betreffenden Zeit nur halb- oder unkultiviert; ja, im allgemeinen suchten die herrschenden Klassen ihn in dieser Halb- und Unkultur zu erhalten; sie wollten ihm nicht die mächtige Waffe des Wissens in die Hand drücken, erkennend, daß diese Waffe sich gegen sie selbst kehren würde. Die Geschichte des großen Kampfes der Klassen und Stände ist gleichzeitig die Geschichte der sich weiter ausbreitenden Bildung.

Erhielten die herrschenden und besitzenden Klassen einerseits zu jeder Zeit geflissentlich den untersten Stand in seiner Halbkultur, so soll andersseits nicht verkannt werden, daß eben diese Halbkultur die oberen Klassen zu einer gewissen Bedrückung der unteren herausforderte, sind doch, wie Bücher sagt, Unzuverlässigkeit und Faulheit notwendige Begleiterscheinungen der Halbkultur. „Die Gleichartigkeit und Disziplinierung der Arbeit schafft gleichartige, herdenähnliche Massen, die in dem Maße mehr stumpf und indolent werden, als ihre Lage hoffnungslos ist. Darin liegt mit die geringe Ergiebigkeit ihrer Arbeit begründet, und diese führt wieder zu unmenschlicher Härte der Behandlung, welche den arbeitenden Menschen auf die Stufe des Tieres herunterdrückt."

Zwischen den beiden großen Gruppen der Besitzenden und Besitzlosen, den herrschenden und beherrschten Ständen, zwischen Wissenden und Unwissenden vermitteln die „bösen" Gelehrten, die sich nicht an wirtschaftliche Normen halten, keine Rücksichten und kein anderes Ziel kennen, als, Bildung und Wissen zu verbreiten, den Menschengeist allüberall zu fördern.

Wo das Licht der Erkenntnis und des Wissens aber am dürftigsten leuchtet, da ist der Boden für den neuen letzten Stand. Die Vertreter der Halbkultur, der unter dem Durchschnitt ihrer Zeit stehenden Kultur sind es, die wieder in Abhängigkeit und Unselbständigkeit, im Proletariat verharren.

So können wir denn auch in Deutchland die Beobachtung machen, daß das Proletariat der Zukunft seinen Kern in einer ganz bestimmten Volksklasse, ja in einer bestimmten Rasse hat. Als Beleg sei es gestattet, — zugleich als Ergänzung meiner früheren Ausführungen über diese Frage in der Schrift: „Die Völkerwanderung von 1900" — ganz kurz die Hauptergebnisse einer längeren statistischen Untersuchung anzuführen, die ich in „Conrads Jahrbüchern für Nationalökonomie und Statistik" veröffentlicht habe; im einzelnen muß ich natürlich auf den betreffenden Artikel über „Das Slaventum in Preußen, seine Bedeutung für die Bevölkerungsbewegung und Volkswirtschaft" verweisen. Das Ergebnis, um das es sich für uns an dieser Stelle handelt, und das hier nur durch wenige Zahlen illustriert werden kann, ist folgendes:

Der fünfte Stand, das Proletariat der Zukunft hat in Preußen-Deutschland seinen Kern in dem immer mehr sich ausbreitenden Slaventum.

In Preußen ist im Jahre 1890 die Gesamtzahl der männlichen Slaven auf $1^3/_4$, die der Slaven überhaupt auf $3^1/_4$—$3^1/_2$ Millionen gestiegen. Die Zahl der slavischen Volksschüler betrug 1890 im ganzen Staate 12% der Gesamtzahl, die der slavischen und halbslavischen Volksschüler auf dem Lande sogar rund 20% der deutschen Schulkinder. — Schon macht sich auch in Berlin-Brandenburg, Rheinland, Sachsen und Westfalen die steigende Zahl polnischer Volksschüler bemerkbar, und entsprechend beginnt hier, im Gegensatze zu der sonst ganz allgemeinen starken Abnahme, eine merkliche Zunahme der Analphabeten.

Zu den einheimischen Slaven gesellen sich in immer wachsender Zahl solche aus dem Auslande; im Jahre 1880 haben sich russische Einwanderer, ganz abgesehen von den Grenzprovinzen, auch schon in Berlin, Sachsen, Hannover, Hessen und Rheinland niedergelassen. 1885 wurden in Preußen gegen 100 000 in Österreich und Rußland gebürtige Personen, zum großen Teil russisch- und galizisch-polnische Arbeiter, gezählt. 1892 stellt G. v. Mayr eine Einwanderung von rund 14 000 solcher Arbeiter in den vier Grenzprovinzen fest, und immer mehr werden in der Folgezeit ins Land geholt.

Neben der Vermehrung durch slavische Zuwanderung findet eine außerordentlich starke natürliche Vermehrung innerhalb der slavischen Bevölkerung statt.

Die geschlossenen slavischen Gebiete im Osten haben ihren Charakter bewahrt, vielfach ist das Slaventum infolge großer natürlicher Vermehrung und starker Auswanderung der Deutschen noch mehr in die Überzahl gekommen. Daneben aber hat allmählich eine große Umwandlung begonnen, die sich in der Folgezeit immer stärker fühlbar macht: Die Städte im Osten werden polonisiert. Und eine zweite, ganz neue, aber rapid zunehmende Erscheinung tritt ein: Die Wanderung slavischer Arbeiter in geschlossener Menge nach den Industriebezirken des Westens. Im Jahre 1897 sehen wir in nur 11 westlichen Kreisen plötzlich weit über 100 000 Polen, das ist über 8 Prozent der Gesamtbevölkerung dieser Kreise; in Gelsenkirchen und Recklinghausen zusammen ist die Zahl auf 58 000, gleich 20 Prozent, gestiegen. Auch hier stehen wir geschlossenen slavischen Niederlassungen, einer planmäßigen Verteilung oder vielmehr Vereinigung großer Massen slavischer Arbeiter gegenüber.

Durch den slavischen Zug nach dem Westen ist keine nennenswerte Germanisierung herbeigeführt worden; es liegt System in jenen Wanderzügen! Auch im Westen werden die Slaven nicht zersplittert, auch dort lassen sie sich in geschlossenen Massen nieder und halten fest in den gemeinsamen nationalen Interessen zusammen. Diese slavischen Kolonien, die dort eigentlich erst in den letzten 10 Jahren entstanden sind und sich so rasch ausgedehnt haben, bilden ein besonders interessantes Kapitel, und es wäre wohl der Mühe wert, sie nach allen Seiten einer genauen Untersuchung zu unterziehen.

Lehrreich ist es besonders, die beiden am stärksten mit polnischer Bevölkerung durchsetzten Kreise Ost- und Westdeutschlands zu vergleichen. Der polnischste Kreis überhaupt ist Zabrze im Regierungsbezirke Oppeln; ihm steht im fernen Westen, im Bezirke der neuerdings enorm angewachsenen Polenkolonien Westfalens, der Kreis Gelsenkirchen gegenüber, der unter den bis vor wenigen Jahren noch völlig slavenfreien Kreisen heute in Bezug auf zugewanderte polnische Elemente den ersten Platz einnimmt. Im Jahre 1897 wurden in Gelsenkirchen rund 30 000 Polen gezählt, das sind 20 Prozent der Gesamtbevölkerung. In Zabrze ist das Verhältnis natürlich gerade umgekehrt; dort bilden die Polen die erdrückende Majorität.

Es ist nun auffallend, eine wie hervortretende Rolle gerade diese beiden Kreise Zabrze und Gelsenkirchen, also die beiden polnischsten Kreise im Osten und Westen, vielfach in der Bevölkerungsstatistik spielen. Zunächst sehen wir in beiden Kreisen einen ganz außerordentlichen Kinderreichtum; die Kinder unter 6 Jahren bilden in Zabrze 19, in Gelsenkirchen sogar 21 Prozent der Gesamtbevölkerung, womit das Maximum in der ganzen preußischen Monarchie erreicht wird, während das Minimum nur 10,7 Prozent, also gerade halb so viel beträgt. An Kinderreichtum übertrifft im allgemeinen das Polentum die deusche Bevölkerung ganz bedeutend; bezeichnenderweise erreicht denn auch die eheliche Fruchtbarkeit in ganz Preußen ihren Höhepunkt in Zabrze, und zwar mit 6,9 ehelichen Kindern auf je eine Eheschließung (1881—1896); aber auch Gelsenkirchen steht mit 5,6 wieder sehr hoch über dem allgemeinen Durchschnitte.

Der kolossale Kinderreichtum der Polen verdient auf deutscher Seite natürlich besondere Beachtung, da das Verhältnis der beiden Nationen dadurch ziffernmäßig mit der Zeit unvermeidlich eine beträchtliche Verschiebung zu Ungunsten des Deutschtums erfahren muß. Im Jahre 1890 war das Polentum im Westen noch sehr viel schwächer vertreten als gegenwärtig, aber auch damals zählte man in Gelsenkirchen bereits 188 rein polnische und 1376 deutschpolnische Volksschüler; ihnen standen freilich 22 588 deutsche Schulkinder gegenüber, während das Verhältnis in Zabrze derart war, daß sich nur 2064 deutsche, dagegen 9692 rein polnische und 1761 deutschpolnische Volksschüler fanden. Aber wenn man bedenkt, daß in Gelsenkirchen das Polentum im Laufe ganz weniger Jahre auf ein volles Fünftel der Gesamtbevölkerung angewachsen ist, so eröffnet sich auch hier eine bedenkliche Perspektive.

Eine auffallende Übereinstimmung zeigt sich in Bezug auf die Kinderzahl übrigens noch darin, daß gerade die Kreise Zabrze und Gelsenkirchen die einzigen sind, in denen mehr als 45 pro Tausend der Bevölkerung aus Kindern im ersten Lebensjahre besteht. Gelsenkirchen ragte in der Bevölkerungsstatistik ferner mit dadurch hervor, daß es von 1871—1885 die stärkste Bevölkerungsvermehrung überhaupt, nämlich gegen 200 Prozent, aufzuweisen hatte, sowie auch das stärkste Überwiegen des männlichen Geschlechts, das 55 Prozent der Bevölkerung bildete. Diese Zahlen erklären sich ohne weiteres aus der außerordentlich starken Zuwanderung von Arbeitern nach Gelsenkirchen.

Daß diese Zuwanderung zu einem so sehr erheblichen Teile aus Polen besteht, giebt aber doch zu ernsten Bedenken Anlaß, zumal sich schon heute zeigt, wie sehr dieser polnischste Kreis des Westens dahin strebt, dem polnischsten Kreis des Ostens in vielen Beziehungen ähnlich zu werden. Ja, wenn die aus dem polnischen Osten in den deutschen Westen ziehenden Polen dort wirklich in den „deutschen" Westen kämen, das heißt, wenn sie zwischen die deutsche Bevölkerung zerstreut würden, so daß eine baldige Germanisierung unausbleiblich wäre, so könnte man diesen Zug nach dem Westen nur mit regster Freude begrüßen. In der That zeigt es sich aber, daß von polnischer Seite eine ganz planmäßige Besiedelung gewisser westlicher Bezirke vorgenommen wird, daß die polnischen Arbeiter im Westen durchaus nicht zerstreut, sondern im Gegenteile ganz fest zusammengehalten werden, daß sich regelrechte polnische Kolonien mitten im kerndeutschen Lande bilden, in denen bereits ein reges polnisches Vereinsleben herrscht. Bekannt ist ja, daß man sich dort schon nicht mehr mit polnisch *sprechenden* Geistlichen begnügen will, sondern *national*-polnische Geistliche und polnische Lehrer verlangt und sogar an die Aufstellung eines eigenen polnischen Reichstagskandidaten gedacht hat.

Auch die Thatsache, daß der polnischste Kreis des Westens

eine ausgesprochene Neigung hat, sich in Bezug auf die Bevölkerungsbewegung mehr und mehr dem polnischsten Kreise des Ostens zu nähern, erklärt sich größtenteils aus dem Umstande, daß das massenhaft eindringende Polentum so ganz und gar in seiner Art erhalten bleibt. Und gerade diese planmäßige polnische Besiedelung westlicher Gebiete mit vollständigem einheitlichen Zusammenhalten der polnischen Elemente ist es, die dem deutschen Politiker zu denken geben sollte. Der Kampf um das Deutschtum beschränkt sich nicht mehr auf die Ostmark — er wird eine durchaus nicht unwesentliche Aufgabe auch darin sehen müssen, die geschlossenen polnischen Niederlassungen in anderen Teilen des Reiches nicht aufkommen und um sich greifen zu lassen.

Die stärkste Stütze des Polentums ist und bleibt der katholische Klerus, der nicht nur die Slaven in ihrem alten Bestande zu erhalten, sondern auch mit aller Energie die in gemischtsprachigen Gegenden wohnenden Deutschen zu slavisieren sucht. Daß auch ursprünglich deutsche Geistliche für sich und ihre Gemeinde diese Slavisierungsarbeit — und gerade sie zuweilen am intensivsten — mitmachen, ist insofern psychologisch verständlich, als sie auf diese Weise den breitesten Boden für ihre Sonderherrschaft und den stärksten Einfluß auf die Masse gewinnen. Wo waren je zwei Gegensätze enger vereint, als zu allen Zeiten Demut und Herrschsucht in der Priester Brust! —

Die nationale Frage der Ausbreitung des Slaventums in Preußen gewinnt ihre besondere Bedeutung durch die wirtschaftliche Stellung der Slaven, mit der sie untrennbar verbunden ist. Der Slave ist in erster Linie der bedürfnislose Arbeiter, bezw. im Osten auch der bedürfnislose Bauer. Als solcher erobert er sich seine Stelle, als Kind einer niederen Kultur bringt er im Kulturlande vor.

Die Polenfrage war eine Frage des polnischen Adels. Der Adel allein hatte politische Macht, der Adel allein politischen Ehrgeiz. Die Hochburgen der großpolnischen Bestrebungen waren die Großgüter des polnischen Adels, und der Kampf gegen diese Bestrebungen richtete sich lediglich gegen den Adel.

Die Polenfrage ist eine Frage des polnischen Mittelstandes. Der Kriegsschauplatz, ehedem vollständig auf das platte Land beschränkt, hat sich über die Städte ausgedehnt. Das wesentliche Merkmal des heutigen Standes der Polenfrage gegenüber den früheren Zeiten ist, daß die vor einem Menschenalter noch überwiegend kerndeutschen Städte des Ostens dutzendweise polonisiert sind; der polnische Mittelstand hat sie erobert, der polnische Mittelstand ist der Träger der großpolnischen Bestrebungen, der polnische Klerus ist der Führer im Kampf. Dieser Kampf ist von deutscher Seite in erster Linie dahin gerichtet — und erst in allerjüngster Zeit ist dieses Ziel klar erkannt —, die Städte des Ostens zurückzuerobern, den polnischen Mittelstand aus dem Felde zu schlagen. Und dann ??

Die Polenfrage wird sein — eine Frage des polnischen Proletariats! Die preußische Regierung hat den Kampf, zu dem das Vordringen des Polentums sie zwingt, aufgenommen. Der Kampf richtet, wie gesagt, seine Spitze gegen den polnischen Mittelstand. Der Adel spielt in der Polenfrage keine wesentliche Rolle mehr. Heute gilt es, das Eindringen des Polentums in den städtischen Mittelstand aufzuhalten, dem deutschen Mittelstand im Osten in Stadt und Land wieder zur Herrschaft zu verhelfen. Kein Zweifel, daß wir in diesem Kampfe, nachdem auch die Regierung das Ziel klar erkannt hat, Sieger bleiben werden. Damit ist der Kampf überhaupt aber keineswegs beendigt, ebenso wenig, wie er etwa beendigt war, als der polnische Adel vom Kriegsschauplatz zurückzutreten begann.

Alle Bestrebungen, den polnischen Mittelstand im Osten wieder durch einen deutschen zu ersetzen, haben nur dann Aussicht auf Erfolg, wenn die Grundbedingungen des wirtschaftlichen und geistigen Lebens im Osten derart geregelt werden, daß die Intelligenz des Deutschen und nicht die Bedürfnislosigkeit des Polen über den endgiltigen Sieg entscheidet. Auf dieser Bahn liegen denn auch alle neuerdings angewandten Mittel, die Hebung des geistigen Lebens im allgemeinen, die Sorge für Fach-, Fortbildungs- und Hochschulen u. dergl. in den Städten und für die Hebung der wirtschaftlichen Kultur auf dem Lande, die Anlage lebensfähiger Bauernstellen, die Pflege des ländlichen Genossenschaftswesens, die ganze innere Kolonisation im weitesten Sinne.

Wenn auf diese Weise die Grundlage für eine neue geistige und wirtschaftliche Entwicklung im Osten geschaffen ist, dann kann es nicht ausbleiben, daß die Deutschen sich trotz aller Wühlarbeit des Klerus die verlorenen Posten des Mittelstandes zurückerobern. Nur auf diese Weise, nur von draußen her ist ernstlich an eine Germanisierung des Ostens zu denken; darüber dürfen wir uns keine Illusionen machen, daß heute eine innerliche Germanisierung erreichbar wäre. Zäher denn je hängen die Polen an ihrem Polentum und alle Germanisierungsbestrebungen können derzeit nur den Erfolg haben, das Deutschtum von außen in den Osten hineinzutragen, die Deutschen selbst zu kräftigen und dem Polentum die wichtige Position des Mittelstandes wieder aus den Händen zu ringen, nicht aber die Polen selbst zu germanisieren. Siegt im Mittelstande die Intelligenz der Deutschen, so werden die Polen in jene Stellung zurückgedrängt, in der auch dann noch ihre Bedürfnislosigkeit den Ausschlag giebt — d. h. die Polenfrage wird zu einer Frage des polnischen Proletariats.

Während auf der einen Seite das Herausdrängen des Polentums aus dem Mittelstande eben erst begonnen hat, zeigt sich auf der anderen Seite schon deutlich dieses unausbleibliche Ausbreiten des Polentums im Proletariat. Wenn wir den Begriff des Proletariats nicht rein schematisch, sondern entsprechend der wirklichen Lebenshaltung innerhalb der einzelnen Berufe fassen, so sehen wir schon heute eine außerordentlich starke Vertretung des Slaventums im Proletariat. Scheiden wir die besser gestellten Industriearbeiter aus, ziehen wir dagegen jene polnischen Bauern, die ihrer Lebenshaltung nach durchaus dazu gehören, mit in den Kreis des Proletariats, dann kommen wir in der That zu überraschenden Ergebnissen; und denken wir ferner daran, daß mit dem neuesten Kurse in der Polenpolitik ein mächtiges Zurückdrängen des Polentums aus dem über Nacht eroberten Mittelstand in das Proletariat begonnen hat, so daß über kurz oder lang die ganze große Masse des Polentums mit verschwindenden Ausnahmen dem Proletariat zuzurechnen sein dürfte, so ist es sicherlich nicht zu hoch gegriffen, wenn wir aus dem gesamten Proletariat für die Zukunft ein volles Fünftel ausscheiden, das durch die geschlossene Masse des Slaventums gebildet wird. Wenn wir die Thatsachen aufmerksam betrachten so werden wir erkennen müssen, einen wie breiten und wichtigen Raum in unserem politischen Leben künftig die Polenfrage als Frage des polnischen bezw. überhaupt slavischen Proletariats einnehmen wird.

Das Slaventum ist bei uns recht eigentlich der Träger der Halbkultur und vermehrt sich im Proletariat mit zunehmender Stärke, da die höher kultivierten deutschen Elemente aus dem Proletariat emporsteigen — kurz, es nimmt mehr und mehr eine Sonderstellung ein, es verharrt im Proletariat und sinkt dadurch, da alle Anderen steigen, relativ herab in den fünften Stand.

Das Proletariat von gestern strebt und steigt empor; der slavische Rest bleibt zurück, ein Proletariat zweiter Klasse — der fünfte Stand! Die Vertreter des heutigen vierten Standes selbst werden sich bei dem geistigen und wirtschaftlichen Aufstieg ihrer Genossen von dieser zurückbleibenden Masse mit ihrer fatalen Bedürfnislosigkeit allmählich scheiden, sie werden das träg nachschleppende Anhängsel fallen lassen müssen, um nicht selbst beim Vorwärtsschreiten behindert zu werden.

Zum mindesten kann man die aus dem Osten zuziehenden russisch-galizisch-polnischen und auch tschechischen Arbeiter schon heute als fünften Stand ansprechen. Der über das Proletariat hinausragende Teil des Slaventums in Preußen-Deutschland ist so verschwindend, die ganze große Masse des Slaventums dagegen in Stadt und Land so ausgesprochen proletarisiert, daß man wohl kaum fehl geht, wenn man hier den eigentlichen Kern des bleibenden, des künftigen Proletariats zu sehen glaubt.

Zu dem zeitigen tiefen Kulturstand der Slaven kommt ihre große Bedürfnislosigkeit. Nach allem scheinen sie geistig wie wirtschaftlich geradezu prädestiniert zum Verharren im fünften Stande, zur Kerntruppe des künftigen Proletariats.

Ihre Priester, die, um eine größere Macht über ihre Gläubigen zu haben, diese sorgfältig vor deutscher Kultur abschließen, thun ihnen wahrlich einen schlechten Dienst; während rings umher Alles emporsteigt, halten sie die slavischen Arbeiter und die nicht viel höher stehende Menge der Bauern auf der alten Stufe mit eiserner Macht fest, nehmen ihnen die Möglichkeit des Aufstiegs, lassen sie im eigentlichen Proletariat verharren, stempeln sie zum fünften Stande.

Kommende Generationen werden es uns, die wir gegen zwei Fronten zu kämpfen haben, vielleicht danken, daß wir heute durch Zurückdrängung des polnischen Mittelstandes auf eine

Frage reduzieren, was für uns noch eine zwiefältige Aufgabe war.

Auf einem neuen Boden, mit neuer Schlachtordnung wird der Kampf seine Fortsetzung finden. Die Polenfrage, ehedem eine Frage des polnischen Adels, heute eine Frage des polnischen Mittelstandes, wird zur Frage des polnischen Proletariats und f ä l l t z u s a m m e n m i t d e r s o z i a l e n F r a g e d e r Z u k u n f t.

Noch stehen wir im Kampfe des vierten Standes, der Einlaß begehrt zu der gedeckten Tafel; aber schon treten wir, während jener emporsteigt, an die Schwelle einer neuen Epoche, gehen neuen Kämpfen der Klassen und zugleich der Rassen entgegen, kommendenden Geschlechtern eine Erbschaft hinterlassend, die besser ist als ewige Ruhe und ewiger Friede; die Notwendigkeit, im Kampf die Kräfte zu stählen, zu erwerben, was sie von den Vätern ererbt.

Dem Kampf der Klassen und Stände entgehen wir nicht. Auch der fünfte Stand wird sein, was der letzte Stand zu allen Zeiten gewesen: Ein scharfer Wächter, der das Volk wach, stark, rüstig, kampfbereit erhält, der seine Kräfte nicht ruhen, seine Aufmerksamkeit nicht ermatten läßt. —

Haben Klassen- und Standesunterschiede nun auch auf allen Stufen der Volkswirtschaft bestanden, so ist die Art der Klassenbildung doch recht verschieden gewesen. Sie ist wesentlich bedingt durch die Art der Arbeitsteilung. Mit fortschreitender Arbeitsteilung wird die Klassenbildung zugleich mit der Berufsbildung weiter differenziert. Mit der durch die ausgedehnte Anwendung der Maschine entstandenen neuen Arbeitsteilung ist auch eine neue Klassen- und Standesbildung eingetreten.

Die Massenproduktion und Berufsbildung, die Intensität und Klassenbildung der modernen Volkswirtschaft wurzelt in der Arbeitsteilung.

Die Arbeitsteilung ist die erste Dienerin des die Wirtschaft lenkenden und leitenden Kapitals; sie ist daher auch am schärfsten ausgeprägt in dem Stande, der im Dienste des Kapitals die wirtschaftlichen Güter durch seiner Hände Arbeit erzeugt; sie ist ins Unendliche gesteigert, seitdem der Wirtschaft der B o d e n der ganzen Welt erschlossen ist, seitdem der ausgedehnte Tauschverkehr eine immer größere Beschränkung der Einzelwirtschaft auf bestimmte Güter ermöglicht hat, seitdem vor allem das vollendete Werkzeug, die Maschine immer weiteren Raum in der Gütererzeugung gewonnen, immer detailierte Teilungen in derselben ermöglicht hat; sie ist nächst dem Kapital zum wichtigsten Faktor der modernen Volkswirtschaft geworden, zum Segen der Wirtschaft — zum Fluch dem Volke!

So laut und begeistert auch das Lob der Arbeitsteilung besungen wird — wir dürfen uns nicht verhehlen, welch gewaltige Schäden sie in sich birgt.

Sehen wir von der gleichfalls immer weitergehenden Berufsteilung in den oberen Ständen einmal ganz ab, so finden wir im vierten Stande das eigentliche Opfer der aufs äußerste getriebenen Arbeitsteilung und Arbeitszerlegung. Und doch darf daneben auch nicht übersehen werden, einen wie ungeheuren Einfluß die Berufsteilung in den oberen Ständen auf das Individuum ausübt; wir brauchen nur daran zu denken, daß wir oft unwillkürlich jeden fremden Menschen seinem Äußeren nach als Angehörigen eines bestimmten Berufes festzustellen suchen und erkennen.

Anders der Industriearbeiter; wir erkennen ihn wohl als solchen, aber sein Spezialberuf ist ihm nicht aufs Gesicht geschrieben. Und doch ist gerade er in weitestem Maße in seinem ganzen Organismus, mit Leib urd Seele dieser Arbeitszerlegung unterworfen.

Mit Leib und Seele! Der Körper wird einseitig entwickelt, einzelne Organe werden einseitig ausgebildet, andere bleiben völlig oder so gut wie unbenutzt, wieder andere sind fortgesetzt hohen Gefahren ausgesetzt, dauernden schädlichen Einflüssen, die nach und nach die Gesundheit des ganzen Organismus aufreiben. Der Geist findet keine Nahrung, er ist nach einer bestimmten Seite zu sehr in Anspruch genommen, um sich frei beschäftigen zu können, und im ganzen doch wieder zu wenig, um irgend welche Anregung zu finden; er erstickt in der Eintönigkeit seiner Arbeit.

Nun hieße es das Kind mit dem Bade ausschütten, wollte man, ob dieser — allerdings sehr großen und bedenklichen — Nachteile die Arbeitsteilung schlechthin in Grund und Boden verdammen. Mit ihr steht und fällt die ganze moderne Wirtschaft. Wohl, mag die Wirtschaft fallen, ehe das Volk zu Grunde geht — doch nur dann, wenn wirklich die moderne Wirtschaft zum Verderb des Volkes führen muß.

Die wirtschaftlichen Vorteile der Arbeitsteilung sind bekannt. Sie ermöglicht eine weitgehende Spezialbildung des Geistes sowohl wie des Körpers — eben jene Spezialbildung, die in ihrer Einseitigkeit, ihren Extremen der Persönlichkeit so schädlich wird. Sie führt zu einer hohen Steigerung der Leistungsfähigkeit, sie gestattet eine vollkommene Anpassung der besonderen Fähigkeiten an die besondere Art der Arbeit, eine einfache und billige Vorbereitung für den einzelnen Spezialberuf, eine sonst unerreichbare Schnelligkeit in der Gütererzeugung. Nur auf dem Boden der Arbeitsteilung ist eine ausgedehnte Massenproduktion möglich, jene Massenproduktion, welche die Ware so ungemein billig liefert, so allgemein verbreitet, früher unerreichbare Güter jedem zugänglich macht — zugleich aber auch Volk und Leben uniformiert, die bunte Mannigfaltigkeit, die Individualität erstickt und begräbt. — Die Arbeitsteilung erst macht die Maschine in vollem Maße der Wirtschaft dienstbar; sie ermöglicht eine ununterbrochene, vollständige Ausnutzung der Maschine und dadurch allein überhaupt die Anschaffung kostspieliger Maschinen, ihre Einführung in die Wirtschaft, die beste und vollkommenste Ausnutzung aller Naturkräfte, sowie auch völlge Ausnutzung — und Aussaugung! — aller, auch der schwächsten Menschenkräfte. Die Arbeitsteilung spart Menschenkraft, sowohl dadurch, daß sie eine vollendete Anpassung von Fähigkeit und Beschäftigung gestattet, als auch dadurch, daß sie erst den Ersatz menschlicher Arbeit durch Maschinenarbeit in vollstem Umfange ermöglicht. Sie verbilligt und vermehrt die Gütererzeugung schier ins Ungemessene.

Schon in den einzelnen Vorteilen der Arbeitsteilung machen sich aber, wie eben hie und da angedeutet, große Nachteile bemerkbar. Zu der schon erwähnten ungleichmäßigen Ausbildung des Organismus, der mangelhaften und einseitigen Entwicklung von Körper und Geist, der vielfachen, durch ihre ununterbrochene Dauer besonders ernsten Gefährdung der Gesundheit, zu der öden Uniformierung des gesamten Volkslebens durch die Massenfabrikation, zu der Aussaugung aller menschlichen Kräfte, besonders der Frauen und Kinder in den Fabriken treten, noch mancherlei andere Nachteile und Gefahren. Die maßlos einseitige Spezialbildung vermehrt außerordentlich die Gefahr der Arbeitslosigkeit, vertieft und erweitert die Kluften innerhalb der Gesellschaft und fördert die soziale Ungleichheit. Dazu kommt, daß die Arbeits- und Produktionsteilung ihre Grenzen nicht innerhalb der geschlossenen Volkswirtschaft hat, daß sie sich vielmehr in vielen Zweigen über die ganze Weltwirtschaft erstreckt; wie der Einzelne immer unselbständiger, immer abhängiger von bestimmten Betrieben und von der ganzen Volkswirtschaft wird, so wird dadurch nun auch die ganze Nation immer unselbständiger, immer abhängiger von der gesamten Weltwirtschaft, oder auch, was noch bedenklicher ist, von einzelnen Staaten, mit denen sie wirtschaftlich durch die Produktionsteilung besonders eng verbunden ist.

Das ganze Geheimnis der Arbeitsteilung und ihrer wirtschaftlichen Bedeutung beruht ursprünglich in den verschiedenen Fähigkeiten des Menschen, durch welche schon auf einer primitiven Wirtschaftsstufe eine natürliche Zerlegung und Verteilung der Arbeit verursacht wird. Zunächst aber finden wir dabei noch keine Arbeitsteilung in unserem Sinne; der einzelne Mensch wendet sich einer besonderen Arbeit, der Herstellung eines besonderen Gutes zu, zu der er besonders befähigt ist; aber die Herstellung dieses Gutes ruht noch in einer Hand. Erst bei fortschreitender Wirtschaft wird die Herstellung eines und desselben Gutes derartig zerlegt, daß die verschiedenen Teile von verschiedenen Personen verfertigt werden. Diese eigentliche Arbeitsteilung erhält ihre kräftigste Stütze erst in der Maschine; durch diese wird die Arbeitsteilung immer differenzierter ausgebildet, und zwar nicht mehr so sehr dadurch, daß der einzelne Arbeiter einen besonderen Teil der Arbeit nach seinen Fähigkeiten übernimmt, wie durch die Erfindung eines neuen Werkzeugs, durch welches eine neue Zerlegung der Arbeit geschaffen wird, der sich die gesamte Produktion, die Teilung der Arbeit unter die verschiedenen Arbeiter anschließt. Der Mensch wird immer mehr zum Sklaven seiner Werkzeuge, zur Maschine seiner Maschinen.

Die Vorteile der Arbeitsteilung für die Wirtschaft und ihre Nachteile für das arbeitende Volk sind offenkundig. Die große Frage ist, ob und wie weit jene Vorteile erhalten, diese Nachteile aber beseitigt werden können, wie die Interessen der wahren Volkswirtschaft am besten gewahrt werden. Die wahren Interessen der Volkswirtschaft sind identisch mit den Interessen des ganzen Volkes, der Nation. Die rein wirtschaftlichen Interessen dürfen nicht so weit in den Vordergrund treten, daß die Nation darüber vernachlässigt wird, doch dürfen sie anderseits auch selbst nicht vernachlässigt werden, da die Nation sich durch die Wirtschaft erhält. Das ist die beste Volkswirtschaft, die die Kraft der Nation am besten erhält, das Gedeihen der Nation am stärksten fördert. Die Volkswirtschaft soll nicht Zehrer, sondern Mehrer der Volkskraft sein.

Die Arbeitsteilung mehrt die Volkskraft, indem sie die Zahl der Güter mehrt, durch die das Volk sich ernährt. Sie zehrt aber zugleich an der Volkskraft, indem sie das Menschenmaterial im Übermaß verbraucht, die Menschen einseitig ausbildet und im übrigen nur zu leicht an Körper und Geist verkümmern läßt.

Die natürlichen Grenzen der Arbeitsteilung, die ein zu starkes Zehren an der Volkskraft verhindern könnten, sind sehr weit gezogen und rücken immer weiter, je mehr die Technik fortschreitet und durch Einführung neuer Maschinen in den Betrieb neue Arbeitsteilung ermöglicht und fordert. Würde bei fortschreitender Technik die Produktion in Bezug auf die Menge der zu erzeugenden Güter auf derselben Stelle verharren, so würde die Einführung neuer Maschinen und die weitere Ausbildung der Arbeitsteilung für die in dem Betriebe beschäftigen Arbeiter zum Teil zwar sehr vorteilhaft sein, da die Arbeit sehr erleichtert und viel Handarbeit gespart würde. Weit schwerer aber fiele die Thatsache ins Gewicht, daß dann die Arbeitslosigkeit gar keine Grenze mehr haben würde. Es ist indessen dafür gesorgt, daß dieser Zustand nicht eintritt. Die Einführung neuer Maschinen und erweiterter Arbeitsteilung ist stets gleichbedeutend mit starker Vermehrung der Produktion, da ohne Massenproduktion, ohne vollste Ausnutzung der Maschinen- und Arbeitskräfte, die neuen, meist sehr kostspieligen Anlagen sich nicht hinlänglich bezahlt machen würden. Die Arbeiter werden auf diese Weise zwar vor der Arbeitslosigkeit geschützt, erfahren nun aber alle Nachteile der aufs äußerste getriebenen Arbeitsteilung.

Eine natürliche Grenze ist daher bei allen zur Massenproduktion geeigneten Waren, wenigstens unter günstigen Marktverhältnissen, wenn genügend Kapital vorhanden und großer Absatz zu erwarten ist, überhaupt nicht als wesentlich in Betracht zu ziehen. Dagegen haben wir heute bereits in der Praxis mancherlei künstliche Beschränkung, die weniger die Arbeitsteilung selbst als die übermäßige Ausnutzung des Arbeiters durch die arbeitsteilige Produktion trifft. Dahin gehören in erster Linie alle Gesetze, welche die Frauen- und Kinderarbeit beschränken und in gewissen Grenzen ganz verbieten. Sie verhindern die durch die Maschinen ermöglichte Ausnutzung der schwächsten Kräfte für einen Teil der Produktion und tragen dadurch ganz wesentlich zur Erhaltung der Volkskraft bei. Ferner sprechen auch alle Gesetze mit, die den erwachsenen männlichen Arbeiter gegen eine überrasche Verzehrung seiner Kraft und Gesundheit schützen, indem sie beispielsweise Maßnahmen zur Unfallverhütung, besondere Vorsichts- und Schutzmaßregeln für Arbeiter in gesundheitsschädlichen Betrieben, oder auch allgemein eine Beschränkung der Arbeitszeit erwirken. Gerade in gesundheitsschädlichen Betrieben kann die Arbeitsteilung die Gefahr für den einzelnen Arbeiter außerordentlich erhöhen, da er nun immer dieselbe Handreichung leisten, immer dieselbe Luft einatmen muß, während er früher vielleicht zwischen den Beschäftigungen wechselte und häufiger in die frische, gesunde Luft kam rc.

Die Verkürzung der Arbeitszeit wird im allgemeinen als sehr wirksames Gegenmittel gegen die üblen Folgen ausgedehntester Arbeitsteilung für Körper und Geist des Arbeiters betrachtet werden können. Es ist nicht meine Absicht, an dieser Stelle eine längere Abhandlung über den Achtstundentag oder den Maximalarbeitstag zu liefern; den Achtstundentag kann man ohnehin nur als Stich- und Schlagwort für das betrachten, was durch den Maximalarbeitstag schon etwas sachgemäßer bezeichnet wird; jener kann natürlich nichts sein als eine allgemeine, theoretische Norm, der dieser sich in der Praxis unter Berücksichtigung der Eigenart aller Gewerbe und Betriebe nach Möglichkeit nähern würde. Was uns hier interessiert, ist nicht die Frage, wie die Arbeitszeit in den einzelnen Gewerben zu regeln ist, sondern ganz allgemein die Bedeutung einer Arbeitszeit-Verkürzung als Ausgleich gewisser Nachteile der ausgedehnten Arbeitsteilung. Wenn wir die Mehrung der physischen und geistigen Volkskraft als

Endzweck der Volkswirtschaft ansehen, dann werden wir in der That in der Verkürzung der Arbeitszeit ein wesentliches Mittel zum Ausgleich jener Nachteile und damit zur Hebung der wahren Interessen der Volkswirtschaft begrüßen können. Die maßlos einseitige körperliche und geistige Ausbildung, die auf der anderen Seite geradezu eine körperliche und geistige Verkümmerung hervorruft, würde wesentlich gemildert und teilweise gehoben, wenn der Arbeiter weniger lange bei derselben ewig gleichförmigen Arbeit verharren und mehr Zeit zu anderweitiger freier Beschäftigung des Körpers und Geistes gewinnen würde.

Die Produktion, die Volkswirtschaft als Wirtschaft, braucht unter einer Verkürzung der Arbeitszeit nicht, oder, wenn überhaupt, doch nur so unwesentlich zu leiden, daß die geringe Einschränkung der Gütererzeugung reichlich dadurch ausgeglichen wird, daß das wirtschaftende Volk auf eine höhere Stufe rückt. Die Arbeit könnte in der kürzeren Zeit — mit stets frisch bleibenden Kräften — vielfach intensiver gestaltet, auch durch Beschäftigung bisher Arbeitsloser auf der alten Höhe erhalten bleiben. Es würde nicht nur das Zehren der arbeitsteiligen Wirtschaft an der Volkskraft beschränkt, sondern auch das direkte Mehren der Volkskraft eben dadurch bedeutend gefördert werden, daß wieder Raum geschaffen wird für eine vielseitige Ausbildung von Geist und Körper des Einzelnen. Die wirtschaftlichen Vorteile der Arbeitsteilung würden in den Vordergrund, die individuellen und nationalen Nachteile dagegen immer mehr in den Hintergrund treten.

So günstige Folgen eine Verkürzung der Arbeitszeit aber in dieser Hinsicht haben würde — man wird sich meines Erachtens doch davor hüten müssen, zu viel von ihr zu erwarten, zu glauben, daß nun etwa alle Mißstände beseitigt wären, oder die Arbeitsteilung gar nur noch als eine Quelle unerschöpflichen Segens zu betrachten. Die Schattenseiten würden sich immer noch stark genug fühlbar machen, und wir dürften gut thun, noch nach einer Ergänzung, nach einem anderen Ausgleich der einseitigen Ausbildung Umschau zu halten.

Der Gesundheitsgefährdung und der übermäßigen Aussaugung der Arbeitskräfte kann, wie wir sahen, durch Arbeiterschutzgesetze aller Art wenigstens bis zu einem gewissen Grade vorgebeugt werden, wie es teilweise ja auch bereits geschieht. Die einseitige Ausbildung gewisser Organe unter Verkümmerung anderer kann durch eine Verkürzung der Arbeitszeit eingeschränkt werden. Die Frage ist nun, ob jener maßlosen Einseitigkeit der Ausbildung nicht auf andere Weise direkt ein Gegengewicht geboten werden könnte. Es käme offenbar darauf an, dem in differenziertester Arbeitsteilung thätigen Arbeiter eine Abwechselung in seiner Beschäftigung zu geben, das ewige Einerlei seiner Thätigkeit zu unterbrechen, die Arbeitsteilung in vollem Umfange und feinster Gliederung für den einzelnen Betrieb aufrecht zu erhalten und dadurch ihre wirtschaftlichen Vorteile vollauf auszunutzen, den einzelnen Arbeiter aber dennoch mehr aus ihren Fesseln herauszuziehen und ihre individuellen, sozialen und nationalen Schäden nach Möglichkeit zu heben, indem die Arbeitsteilung mit einer allgemeinen Arbeits- und Berufsvereinigung verbunden wird.

Drückt die Arbeitsteilung den Menschen zu einem Werkzeuge seiner Werkzeuge, zu einem unselbständigen Maschinenteil, einem Wesen ohne eigenes Wollen und Denken, einem Sklaven seines Spezialberufs herab, dessen ganze Individualität, dessen ganzes Leben beherrscht wird durch die enge Anpassung an diesen Beruf, so könnte wohl eine Arbeits- und Berufsvereinigung ihn wieder einigermaßen emporheben zum Vollmenschen, in dem Geist und Körper eine gleichmäßige Ausbildung erfahren, befreit von der tötenden Einseitigkeit.

Wenn ich nur ganz roh und formelhaft mit einem Strich andeuten soll, was in der Wirklichkeit als schier unübersehbare Fülle der Mannigfaltigkeiten in vielen Tausenden von Formen Gestalt gewinnen würde und in dicken Bänden nicht zu erschöpfen wäre, so wird es zur Veranschaulichung genügen, wenn ich wahllos irgend welche willkürlichen plumpen Beispiele herausgreife. Wenn etwa ein bisher in der gesundheitsschädlichen Luft gefährlicher Bergwerke thätiger Grubenarbeiter hinfort hier nur die halbe Arbeitszeit, die andere Hälfte aber in der freien und gesunden Natur als Land- oder Gartenarbeiter verbrächte; wenn ein zu ewig sitzender Lebensweise in dumpfen Räumen verurteilter Konfektionsarbeiter hinfort während der halben Zeit, sagen wir etwa als Pferdebahnschaffner thätig wäre; wenn ein heute unter ähnlichen Bedingungen lebender Schreiber morgen vielleicht als Briefträger Trepp auf, Trepp ab läuft — kurz, wenn die

Ausübung des bisherigen Spezialberufs auf eine kürzere Zeit beschränkt und die übrige Zeit einer anderen gewerblichen Thätigkeit gewidmet würde, welche der Befähigung für jenen Spezialberuf nicht etwa Abbruch thut, aber andere, bisher stark vernachlässigte Organe beschäftigt, dem Geist eine andere Richtung giebt — dann wäre mehr zur körperlichen und geistigen Hebung des Individuums — und zugleich in letzter Linie der Nation — gethan, als man wohl auf den ersten Blick glauben mag; dann wären die Vorteile der Arbeitsteilung gewahrt, ihre Schäden aber in hohem Grade beseitigt, wären die streitenden Interessen der Volkswirtschaft nach Möglichkeit vereint.

Es könnte wohl scheinen, als wäre nun die verderbliche Einseitigkeit der speziellen Berufsarbeit durch eine unharmonische Zweiheit ersetzt, die in beiden Teilen ebenso einseitig ist — weiter nichts. In der That ist indessen sehr viel mehr erreicht. Es ließe sich zweifellos eine Unzahl von Berufskombinationen, die sich für den Spezialfall durchaus nicht vorausbestimmen lassen, aus den verschiedensten Zweigen gewerblicher Thätigkeit finden, auch wenn — was allerdings oberstes Gesetz ist — stets streng darauf geachtet wird, daß der eine Beruf nicht die Fähigkeit für den anderen verringert; es ist selbstverständlich, daß ein Uhrmacher sich die Hände nicht durch Holzhacken und Steineklopfen verderben darf. Wenn die beiden Thätigkeiten einander nicht in dieser Weise ausschließen, dann wird gerade die Verbindung zweier entgegengesetzer, in ihrer Einwirkung auf den Gesamtorganismus einander ergänzender Berufe von günstigstem Einfluß auf diesen Organismus im Gegensatz zu der bisherigen einseitigen Ausbildung desselben sein. Die Befähigung für jeden der beiden Berufe wird dann nicht nur nicht gemindert, sondern geradezu beträchtlich gemehrt, da jeder nur während relativ sehr kurzer Zeit ausgeübt wird, für jeden also die besonders von ihm in Anspruch genommenen körperlichen Kräfte die ganze Zeit über durchaus frisch sind, und auch der Geist infolge der Abwechselung fortgesetzt rege bleibt.

Daß sich für die Praxis noch eine ganze Anzahl Fragen von nicht zu unterschätzender Bedeutung aufdrängen, soll keinen Augenblick übersehen werden; dieselben sind jedoch so vielseitig, so vollständig abhängig von jedem bestimmten praktischen Fall, daß eine allgemeingiltige theoretische Beantwortung völlig ausgeschlossen ist. Nur ein wesentliches Bedenken kann hier berücksichtigt werden: Wie sollen sich die Betriebe damit abfinden, wenn sie ihre Arbeiter im allgemeinen nur während des halben Arbeitstages bezw. der halben Arbeitswoche zur Verfügung haben? Da ist zunächst darauf hinzuweisen, daß die Zahl der die verschiedenen Thätigkeiten übernehmenden Arbeiter sich mit der Teilung der Arbeitszeit, mit der Arbeitsvereinigung ja gewissermaßen verdoppelt, wodurch die Halbierung der Zeit ausgeglichen wird; zudem werden sich die Unternehmer mit zunehmender Verkürzung der Arbeitszeit ohnehin immer mehr daran gewöhnen müssen, mit verschiedenen Schichten zu arbeiten. Auch ist nicht etwa schematisch zu fordern, daß jede Thätigkeit einen halben Arbeitstag beansprucht, vielmehr können beide tage-, vielleicht auch wochenweise abwechseln.

Daß die Arbeits- und Berufsvereinigung für die einzelnen Betriebe gewisse Schwierigkeiten mit sich bringen wird, ist nicht zu leugnen; doch darf man auch die Vorteile nicht übersehen, die sie schon dadurch haben würde, daß der Arbeiter in den wenigen Stunden, die er dann nur in dem Betriebe abzuarbeiten hat, oder auch in dem einen kurzen Arbeitstage, der regelmäßig mit einem Arbeitstage in einer anderen Thätigkeit wechselt, frischere Kräfte, regeren Geist entfalten und verhältnismäßig beträchtlich mehr schaffen könnte als vordem. Über allen etwaigen kleinen Nachteilen für die einzelne Unternehmung aber steht der garnicht hoch genug zu schätzende Vorteil für den Staat, für die Nation, daß auch die große Masse der Arbeiter sich zu Vollmenschen heranzubilden vermag, zu körperlich und geistig, in ihrem Gesamtorganismus einigermaßen gleichmäßig ausgebildeten Individuen. —

Die Berufsvereinigung, die keineswegs nur für den eigentlichen Arbeiterstand von Bedeutung ist, tritt uns übrigens auch in der modernen Wirtschaft nicht selten entgegen; in der alten Wirtschaft bildete sie die Regel, ursprünglich finden wie sie überall als das Naturgemäße. Heute findet sie sich, wie Bücher ausführt, der zuerst eine scharfe Umgrenzung der Begriffe Arbeitsteilung, Arbeitsvereinigung, Arbeitsgemeinschaft gegeben und die Behandlung dieser Fragen wesentlich vertieft hat, „fast ausschließlich in den tieferen Regionen des wirtschaftlichen Lebens und in den unteren Schichten der Gesellschaft. Sie entspringt hier in den meisten Fällen dem Drange nach Selbständigkeit; sie ist die Stütze der kleinen Leute, ihr Halt und ihr Trost. Ja, sie kann hier selbst als Gegenwirkung einer zu weit getriebenen Arbeitsteilung auftreten." In diesen Worten sehen wir eine kleine Andeutung und Bestätigung dessen, was oben auf breiterem Boden auszuführen versucht ist. Daß die Arbeits- und Berufsvereinigung auch heute thatsächlich von nicht geringer Bedeutung ist, lehrt übrigens die Berufsstatistik, die wenigstens unter der Form des „Nebenberufs" über einen Teil dieser Berufsvereinigung Auskunft giebt. Zur Zeit der letzten Berufszählung wurden unter 26 Millionen überhaupt erwerbsthätiger Personen 5 Millionen gezählt, die irgend einen Nebenberuf trieben — ganz überwiegend eine kleine Landwirtschaft; es muß allerdings berücksichtigt werden, daß damals auch der minimalste „landwirtschaftliche" Betrieb gezählt wurde, auch wenn er als solcher wirklich nicht mehr gut gerechnet werden konnte. Es kann aber von einer Arbeitsvereinigung in unserem Sinne nicht gut die Rede sein, wenn die Frau des Arbeiters in einem kleinen Gärtchen etwas Kohl baut. Die Berufsstatistik läßt uns aber für unsere Fragen völlig im Stich. Augenscheinlich ist nur, daß die Arbeits- und Berufsvereinigung, wie wir sie meinen, bisher nur in sehr geringem Umfange existiert und im allgemeinen noch ein frommer Wunsch, aber doch mehr als nur eine reine Utopie ist.

Die Berufsvereinigung muß dort einsetzen, wo die Arbeitsteilung am weitesten vorgeschritten, wo die Einseitigkeit der Beschäftigung aufs äußerste getrieben ist. Wenn Bücher schreibt: „Im engen Kreis des Berufslebens verengert sich der Sinn, oft bis zu völliger Stumpfheit", so trifft das nirgends mehr zu als eben bei jener extremen Verengung des Berufslebens in extremer Arbeitsteilung. Aus dieser Stumpfheit, dieser Körper und Geist tötenden Einseitigkeit gilt es den Arbeiter, den Maschinenmenschen zu befreien, um ihn zum Vollmenschen werden zu lassen, die Volkskraft zu fördern und mehren. Das Allgemein-Menschliche, das in allerkleinsten Sonderinteressen erstickt, kommt wieder mehr zu seinem ewigen Rechte, wenn das Arbeits- und Gesichtsfeld des Einzelnen sich erweitert; der Mensch, dessen soziale Individualität, dessen ganzes persönliches Sein allein durch die Maschine bestimmt, getragen, geknechtet war, wird wieder ein Selbst, eine Persönlichkeit.

Nur wenn ein Ausweg gefunden wird aus der extremen Arbeitsteilung — und ich hoffe dargethan zu haben, daß dieser Ausweg unter Wahrung der wirtschaftlichen Vorteile der Arbeitsteilung möglich ist — nur dann können wir des volkswirtschaftlichen Segens der Arbeitsteilung froh werden, nur dann wird auch diese große Wurzel der modernen Wirtschaft wirklich gesunde Stämme und Früchte treiben, wird auch sie die Volkswirtschaft werden lassen, was sie sein soll: Ein Mehrer, nicht ein Zehrer der Volkskraft!

Es läßt sich nicht leugnen, daß eine Vereinigung zweier beliebiger Berufe immerhin nur in beschränktem Umfange durchführbar ist; von wirklich umfassender Bedeutung aber könnte wohl eine ganz besondere Art der Berufsvereinigung oder eine in gleichem Sinne wie die Berufsvereinigung wirkende, beträchtlich tiefer in das gesamte nationale Wirtschaftsleben eingreifende, friedliche Umgestaltung sein, eine Umgestaltung, von der wir in jeder Beziehung die segensreichsten Folgen erwarten dürften: Eine Wiedervereinigung der großen Masse mit der ersten Grundlage aller wirtschaftlichen Arbeit, mit der Mutter Erde.

Wir kommen damit zum Schluß unsrer Streifzüge durch das weite, bunte Land der Wirtschaft wieder zurück zu unserm ursprünglichen Ausgangspunkte: der Verbindung des Menschen mit dem Boden. Und nicht nur das. Wenn wir den Betrachtungen über die Grundfaktoren der Wirtschaft einleitend einen Abschnitt vorausschickten, der uns an die Schwelle der Urwirtschaft führte, auf die Rolle hinweisend, welche Spieltrieb und Schönheitsdurst auf jener frühen Stufe spielen, und uns das naiv-künstlerische Schaffen des vorwirtschaftlichen Menschen vergegenwärtigend, so werden wir auch jetzt wieder unser Auge auf die künstlerische Bethätigung und das künstlerische Genießen des Menschen zu richten haben. Schmuck und Spiel trafen wir an den Pforten der Urwirtschaft — Schmuck und Spiel in entsprechend veredelter Form, Kunst und Freude suchen wir auch in der Wirtschaft des zwanzigsten Jahrhunderts, spähend, wo in dem nur auf die Wirtschaft, die schmucklose, freudlose Wirtschaft gerichteten Arbeitsleben unserer Tage Raum bleibt für künstlerisches Schaffen und Genießen, ob auch in unseren Tagen das rastlose, stillose, freudlose

Leben des einseitigen Arbeits-, Maschinen-, Berufs- und Klassenmenschen zu durchsetzen ist mit dem abgerundeten, stilvollen, freudvollen Leben des Vollmenschen.

Schon in dem vorigen Abschnitte betrachteten wir die Frage der Arbeitsteilung und Berufsvereinigung von dem Gesichtspunkte aus, ob und wie innerhalb der Formen unsrer modernen Wirtschaft eine harmonische Ausbildung von Körper und Geist, die Heranbildung eines Geschlechtes von Vollnaturen möglich ist.

Mehr als irgend eine willkürliche Vereinigung zweier beliebiger Berufe wäre jedenfalls eine ganz bestimmte Berufsvereinigung geeignet, diesem Ziele entgegenzuführen: Eine Vereinigung städtischer und ländlicher, industrieller und bäuerlicher Berufe, eine Verschmelzung von Stadt und Land.

Um das Wesen dieser Berufsvereinigung deutlicher hervorzukehren, ist es vielleicht angebracht, ein System der wichtigsten Arbeitsgebiete und Berufe aufzustellen. — Alle wirtschaftliche Arbeit zerfällt in die Gewinnung der Rohstoffe und die Herrichtung der Ware, oder, wie wir es vielleicht kurz nennen können, in „Rohwerk“ und „Richtwerk“.

Das Rohwerk ist untrennbar mit dem Boden verbunden, das Richtwerk ist vom Boden unabhängig; jenes drängt zur Ausbreitung über alles verfügbare Land, dieses zur Zentralisation an gewissen bevorzugten Punkten; jenes ist ländlich, dieses ist städtisch.

Das Rohwerk zerfällt in Ackerbau und Viehzucht, Forstwirtschaft, Jagd und Fischerei auf der einen und Bergbau auf der anderen Seite, während das Richtwerk Handwerk und Industrie, die Güterverarbeitung, umfaßt; ihm zur Seite steht die Güterverteilung.

Während Landwirtschaft (nebst Viehzucht etc.) und Bergbau mit dem Boden verknüpft sind und die Arbeit im Rohwerk überwiegend in der freien Natur — namentlich in der Landwirtschaft wirklich in der „freien“ Natur — vollzogen wird, unter gesunden Lebensbedingungen, in weitgehender Dezentralisation, doch ohne einseitige Arbeitsteilung; während die Landwirtschaft mit den verwandten Berufszweigen den ganzen Menschen in Thätigkeit setzt und die maßlos einseitige Ausbildung des Maschinenmenschen verhindert; während sie also die körperliche und geistige Gesundheit fördert, wird das Richtwerk immer stärker zentralisiert, wird namentlich die industrielle Arbeit räumlich immer mehr zusammengezogen und zugleich immer weiter geteilt, wird die körperliche und geistige Ausbildung des Industriearbeiters immer einseitiger, wird er von der freien Natur immer mehr entfernt.

Diese Gegensätze spitzen sich immer schärfer zu, werden wirtschaftlich, politisch, gesundheitlich, ethisch, kurz für die gesamte Volkswohlfahrt immer bedenklicher. (Um so merkwürdiger ist es übrigens, daß die Nationalökonomie den Verhältnissen noch immer nicht Rechnung trägt und die beiden Arten der Produktion immer noch mit denselben Maßen mißt; die ganz ungerechtfertigte Übertragung wirtschaftlicher Lehrsätze von der Industrie auf die Landwirtschaft führt fortgesetzt zu den schwersten theoretischen und praktischen Irrtümern und Mißgriffen). Es drängt sich nun aber je länger je mehr geradezu der Gedanke auf, einen Ausgleich, eine Vereinigung zwischen den feindlichen Brüdern Rohwerk und Richtwerk zu schaffen, sagen wir etwa ein Mengwerk, ein gemischtes Wirtschaftssystem, in dem die Gegensätze nach Möglichkeit ausgeglichen, die feindlichen Pole einander genähert, die scharf geschiedenen wirtschaftlichen Funktionen friedlich durcheinandergemengt sind.

Über das Mittel kann kein Zweifel sein: Es ist die Dezentralisation des Richtwerks, die Sprengung der großen Industriezentren, eine möglichst ausgedehnte Verteilung der Industrie über das ganze Land. Nicht etwa, als ob wir die wirtschaftlichen Vorteile der industriellen Großbetriebe in den Wind schlagen wollten. Nur die massenhafte Vereinigung dieser Großbetriebe auf engem Raume muß eine Grenze finden.

Nun ist es ja richtig, daß die Industrie vielfach an die Stätten der Rohproduktion, an den Bergbau, gebunden ist. Aber doch bei weitem nicht alle Industrie. Gewiß wird beispielsweise die Eisenindustrie stets dort ihre beste Stätte haben, wo nebeneinander Kohle und Eisenerze gewonnen werden. Aber wie weit ist nicht schon heute vielfach die große Maschinenindustrie von jenen Plätzen getrennt! Denken wir doch etwa nur an die Borsigwerke in Berlin, die großen Werften in Kiel, Stettin, Elbing rc. Eine heute noch ungekannte Ausdehnung der Verkehrsstraßen und Verkehrsmittel und Ausnutzung der Naturkräfte aller Art wird uns den Weg weisen, die großen Industrien immer weiter zu verpflanzen und viele von ihnen fast an jeder beliebigen Stelle durch Benutzung irgend eines natürlichen Vorteils zu ungeahnter Blüte zu führen.

Das Schlagwort — denn ohne Schlagwort geht es ja nun 'mal nicht — heißt Dezentralisation! Ein häßliches und vieldeutiges Wort. Nennen wir's deutsch, indem wir zugleich auf den eigentlichen Kern, die engere Verbindung von Roh- und Richtwerk, die Durchsetzung des platten Landes mit Industrie und die Befreiung dieser Industrie aus den Banden der großen Zentren andeuten: Mengwerk. Denn das ist das Wesentliche: die Dezentralisation soll nicht nur trennen, sondern hauptsächlich verbinden. Sie soll den industriellen Arbeiter mit der Natur verbinden, mit den Wurzeln der Volkskraft!

Denn indem ein isolierter großindustrieller Betrieb an einer neuen Stätte Wurzel faßt, ermöglicht er eine enge Verbindung seiner Arbeiter mit dem Boden, eine Ansiedelung der Arbeiterfamilien auf eigener Scholle. Und das ist fürwahr von unschätzbarem Werte. Das ist es, was wir eigentlich unter Mengwerk oder Landindustrie verstehen. Das ist eine Befreiung, eine Gesundung des arbeitenden Volkes. Das ist ein Riesenschritt zu unserm Ziele, zu dem ersehnten Geschlecht von Vollnaturen.

Ein bemerkenswerter Versuch soll gegenwärtig in der Ostmark unternommen werden. Dem Oberpräsidenten von Goßler gebührt das große Verdienst, diesen Versuch eingeleitet zu haben. Nur eins: Die geplante Verpflanzung industrieller Betriebe nach Westpreußen sollte sich nicht auf die schon vorhandenen großen Städte beziehen. Ländliche Distrikte, die die Möglichkeit leichter Erschließung durch neue Verkehrswege und die Möglichkeit der Ausnutzung großer Naturkräfte bieten, sollten in allererster Linie in Frage kommen.

Und dann noch ein großes, nationalpolitisch unendlich wichtiges Bedenken: Wird die Industrie im Osten wirklich ein Hort des Deutschtums werden? Werden die nationalen Interessen nicht gar bald vergessen werden über den wirtschaftlichen Interessen der großindustriellen Unternehmer? Vergessen wir doch nicht, daß in den Reichen eben jener westdeutschen Unternehmer, die für den Plan gewonnen sind, die großen slavischen Kolonien im Herzen alt- und reindeutschen Landes entstanden sind! Vergessen wir doch nicht, welcher Wind heute in unserer Sozialpolitik weht, wie da die Unternehmerinteressen turmhoch und heilig über allen anderen Rücksichten stehen! Werden nicht auch im Osten diese Unternehmerinteressen das allein ausschlaggebende werden? Werden nicht auch hier die billigen Löhne allein entscheiden? Werden nicht auch hier slavische Kolonien noch mehr als bisher gezüchtet, slavische Arbeiter in Strömen über die Grenze hereingezogen werden?

Caveant consules! Als Hort der nationalen Wirtschaft, zur Förderung des Deutschtums in den Ostmarken werden die industriellen Unternehmungen in Westpreußen (und Posen) gegründet. Mögen sie es werden und bleiben, mögen die Unternehmer selbst sich stets der Mission bewußt bleiben, die sie übernehmen, mögen sie über ihren wirtschaftlichen Interessen nie und nimmer die nationalen Interessen, das Deutschtum vergessen! Wohlan, sorgen wir dafür, daß das nimmer geschieht — und erleichtern wir den Unternehmern das treue Festhalten an ihrer Aufgabe: In dem Augenblick, da westdeutscher Unternehmungsgeist, westdeutsche Industrie und westdeutsches Kapital im deutschen Osten ein wahrhaft patriotisches Werk zu fördern sich anschicken, wollen wir dieses patriotische Werk sichern — durch Schließung der Grenze gegen jede Einwanderung slavischer Arbeiter!! Dieser Schritt ist absolut unerläßlich, soll nicht aus der Wohlthat Plage, aus dem neuen Hort des Deutschtums eine neue Burg des Polentums werden. Wir sind weit davon entfernt, an dem besten Willen des einzelnen Unternehmers zu zweifeln — aber die Konkurrenz, die bitterböse Konkurrenz könnte doch nur zu bald die edelsten Absichten vergessen machen und zur „Einfuhr slavischer Kulis“ zwingen. Darum schützen wir die Unternehmer bei Zeiten vor diesem Übel, helfen wir ihnen, wahre Förderer des Deutschtums zu werden und zu bleiben, behüten wir sie vor der Einfuhr slavischer Hilfskräfte. Die Verpflanzung der Industrie nach der Ostmark ist ein sowohl nationalpolitisch wie von großen allgemeinen Gesichtspunkten einer neuen Sozial- und Wirtschaftspolitik aus mit aufrichtiger Freude zu begrüßender Schritt — die Grundbedingung aber bleibt eine feste Schließung der russisch-galizisch-böhmischen Grenze gegen den Zustrom slavischer Arbeiter.

Freilich wird dann der Industrie die Ausbreitung in der

ersten Zeit bedeutend erschwert, wird namentlich auch der landwirtschaftliche Großbetrieb für den ersten Augenblick gefährdet. Trotzdem aber dürfen wir diese Forderung nicht aufgeben, und trotzdem war es schließlich auch von agrarischer Seite unendlich kurzsichtig, der Hebung des gewerblichen Lebens erbitterte Fehde anzukünden. In Westpreußen selbst hat man das auch bald erkannt und in anerkennenswerter Weise die Pläne des Oberpräsidenten von Goßler unterstützt, die in der That auch der Landwirtschaft auf die Dauer nur zum Segen werden können. Die Entvölkerung des platten Landes, die Leutenot ist heute, unter den industrielosen Verhältnissen, schon derart, daß eine Verschlimmerung kaum mehr möglich ist. Die Industrie aber würde allein im stande sein, das Land wieder zu bevölkern; sie würde aus anderen Landesteilen Kräfte ansaugen, und erfahrungsgemäß mehr Kräfte, als sie selbst unterbringen kann. Diese würden daher auch der Landwirtschaft zu gute kommen. Zudem würde der Preis des Bodens sowohl wie der landwirtschaftlichen Produkte durch den vor die Thür gerückten Markt derart steigen, daß die Landwirtschaft schließlich nur bedeutenden Vorteil hätte. Insbesondere wäre die Hebung des gewerblichen Lebens zugleich eine wesentliche Förderung der inneren Kolonisation. Der Bauer zöge bedeutend größeren Vorteil aus seinem Besitz, wenn er einen so großen Markt in unmittelbarer Nähe hätte, und die Industrie ihrerseits fände hinreichende Kräfte in den „weichenden Erben", den Familienmitgliedern der Bauern. Die Anziehungskraft der neuen Industrie auf Arbeitskräfte anderer Landesteile, die Zurücklenkung des bisher vom Osten ausgegangenen Stromes wäre aber um so sicherer zu erwarten, je mehr diese neue Industrie thatsächlich mit dem Boden verknüpft wird, je bessere Gelegenheit den Arbeiterfamilien geboten wird, sich selbständig anzusiedeln, je mehr dadurch die bisherigen Nachteile des industriellen Betriebes, die Nachteile der endlosen Arbeitsteilung und der völligen Trennung von der Natur, überwunden werden.

Mögen die in den letzten Abschnitten vorgeschlagenen Maßnahmen heute vielleicht belächelt werden: Sie sollen einem hohen, sicherlich allgemein erstrebenswerten Ziele entgegenführen — und wo sonst ist der Weg zu diesem Ziele? Man zeige ihn mir, und gern werde ich den neuen Weg betreten, falls er sicherer und kürzer ist. Der Grundgedanke jedenfalls muß — so glaube ich — derselbe bleiben: Berufsvereinigung, in erster Linie aber Wiedervereinigung mit dem Boden. Das ist der Weg zur materiellen und namentlich zur ideellen Hebung der Massen. Denn die materielle Hebung allein thut's wahrlich nicht — die geistige Hebung, die Wiedererweckung des Volkes aus Stumpfheit, Rohheit und wilder, verzweifelter Feindschaft gegen die bestehende Wirtschaftsordnung ist's, die wir zugleich erstreben, die Wiedererweckung zu einem neuen Leben voll geläuterter Gesinnung, voll Kunst und Freude.

Am Eingange der Urwirtschaft trafen wir Schmuck und Spiel; die wirtschaftliche Bethätigung der Urvölker ist mit einer, wenn auch noch so primitiven — aber so auch erstaunlichweit ausgebildeten — künstlerischen Bethätigung eng verbundene das erste Schaffen ist getragen von der Freude am Schaffen. Was aber haben Kunst und Freude heute mit der Wirtschaft zu thun? Zumal für den Wirtschaftspolitiker sind sie Dinge, die einfach nicht existieren. Nun muß zwar zugegeben werden, daß die wirtschaftliche Not und die wirtschaftlichen Kämpfe unserer Tage so groß waren, daß oft in der That kein Raum blieb für derartige Fragen; mehr aber als die wirtschaftliche Lage selbst trug jene grundverkehrte Wirtschaftsanschauung die Schuld, die die produzierte Ware über den produzierenden Menschen stellte. Mit der Überwindungen dieser Anschauung kehrt sich der Blick einsichtiger Wirtschaftspolitiker auch wieder jenen höheren menschlichen Fragen zu, richtet er sich wieder mehr auf das Ideal der Vollnaturen, beginnt er auch der Kunst und Freude wieder ihre geheiligten Rechte im Wirtschaftsleben einzuräumen.

Was hat die Wirtschaftspolitik mit der Kunst zu thun? — Der Optimist nennt die Politik selbst eine Kunst — der Pessimist einen Schacher.

Aber selbst der größte Optimist bezeichnet den Politiker heute kaum als Künstler. Wie sollte er auch? Politik und Kunst stehen in unserer Zeit einander so fern wie möglich; der Künstler versteht nichts von der Politik, was seinem Schaffen nicht gerade schadet — und der Politiker versteht noch weniger von der Kunst — was indessen sehr viel schadet. Wenn unsere

Volksvertreter einmal einen Flug in das ihnen so völlig fremde Land der Kunst thun, dann kommt es höchstens zu einem lächerlichen Streit über die Frage, ob die Volkssittlichkeit nicht darunter leiden könnte, daß den Stuhl des Reichstagspräsidenten eine nackte Frauengestalt ziert. Nur die sozialdemokratische Partei hat sich einmal dazu aufgeschwungen, sich auf einem Parteitage mit Kunstfragen zu beschäftigen.

Nun wäre nichts weniger erwünscht, als ein Hineinzerren der Kunst in den Parteikampf, nichts unkünstlerischer als eine Parteikunst. Indessen kann die Kunst auch nicht allen und jeden Zusammenhang mit der Politik verlieren, darf sie insbesondere nicht so ganz abseits vom Wirtschaftsleben stehen. Die Politik sollte sich ihrerseits der hohen Aufgabe bewußt sein, dem Volk das Recht auf Freude zu erhalten oder zu erwirken, das Volk zum Kunstgenuß fähig zu machen, es durch die Kunst zu veredeln. Die Kunst aber hat Teil an der Politik, indem sie einmal durch die großen Zeitströmungen befruchtet wird und den die Zeit bewegenden Empfindungen und Ideen künstlerischen Ausdruck verleiht, dann aber auch, weil sie ein Publikum braucht, auf das sie wirken kann, zum Kunstgenuß fähig gemachte Menschen. Sie hat noch mehr Teil an der Wirtschaft, indem sie das kahle, kalte gewerbliche Schaffen umformt zu einem kunstgewerblichen. Was das Verhältnis des Staates zur Kunst anlangt, so erinnere ich nur an das viel gebrauchte Wort Julius Lessings über die Post- und Regierungsgebäude in unseren Städten, durch welches er nicht nur die hohen Verdienste des verstorbenen Reichspostmeisters um die Hebung des Kunstsinnes der Massen würdigte, sondern zugleich eine ganz allgemeine, viel zu wenig beachtete Lehre gab. Lessing sagt treffend, daß in den meisten Städten das „Regierungsgebäude wirkt wie eine drückende Polizeiverordnung, der man sich mürrischen Sinnes zu entziehen sucht das Postgebäude als Repräsentation eines großen Staates, der freudig eintritt für die Bedürfnisse seiner Bewohner. — Was man hier Luxus nennt oder verschwendetes Geld, das ist Kapitalsanlage in dem Besten und Unbezahlbarsten, was die Menschheit besitzt: eine Kapitalsanlage für den Sinn der Gesetzlichkeit, der Ordnung, der Achtung vor der Behörde und den selbstgeschaffenen Einrichtungen. Wenn aus unseren Kreisen heraus der Ruf erschallt, daß man würdig und monumental bauen solle, so kommt uns nicht selten die Antwort zurück, die Staatsgelder seien nicht da, um beschäftigungslosen Architekten und Kunstgewerbetreibenden aufzuhelfen. Nein! so steht es nicht, meine Herren Nützlichkeitsapostel! Weit mehr, als die Kunst des Staates bedarf, bedarf der Staat der Kunst. Er bedarf ihrer, um zum Sinne der Bevölkerung in weiten Kreisen zu sprechen, um nach außen hin würdig und hoheitsvoll dazustehen." Der Staat bedarf der Kunst zur Hebung und Veredlung des Volksgeistes, zum Kampf gegen Hoffnungslosigkeit und Stumpfsinn, gegen Rohheit und Knechtssinn.

Der Punkt, an dem Politik und Kunst sich berühren, ist wesentlich das heute so viel erörterte Problem: Die Kunst dem Volke! Was muß der Künstler thun, um die Kunst dem Volke zuzuführen, und was muß vor allem die Politik thun, um das Volk der Kunst zuzuführen.

Man hat mit der ersten Frage begonnen, hat zuerst den Künstler angerufen und von ihm gefordert, daß er seine Kunst volkstümlich mache. Der Schlachtruf lautete: Retour à la nature! Werdet natürlich, und ihr werdet volkstümlich. — Schön. Was aber hilft eine „volkstümliche" Kunst, wenn ihr das Volk fehlt, wenn das Volk nicht fähig ist zum Kunstgenuß! Wenn der Künstler nach einem eigens zu diesem Zweck erfundenen Rezept zum Volke kommt, so ist nichts damit erreicht; denn der wahre Künstler kann nicht nach einem fremden Rezept arbeiten; und wenn das Volk überhaupt nicht kunstfähig ist, dann hilft es auch nichts, wenn man ihm die Kunst mundgerecht zu machen sucht. Die Verbindung zwischen Kunst und Volk herzustellen, ist nicht so sehr Sache der Kunst, wie Sache der Wirtschafts- und Sozial-Politik — möglich, daß vielleicht auch hier, freilich in anderem Sinne, der Mahnruf gilt: Retour à la nature!

Dem Volke soll das Recht auf Freude zugestanden, es soll zum Kunstgenuß fähig gemacht, das wirtschaftliche Schaffen soll mit künstlerischem Bethätigen durchsetzt, durch künstlerisches Genießen ergänzt werden. Ist es das denn nicht schon heute? — Nun, daß diese Frage wenigstens für eine sehr große Masse des Volkes glatt verneint werden muß, unterliegt wohl keinem Zweifel. Auf dem Lande ist der Sinn für die Kunst und die Fähigkeit zur Kunst wenigstens in den ärmeren Gegenden und den unteren Schichten, so ziemlich gleich Null; dem kleinen Bauern und dem Landarbeiter fehlt für solche Dinge nicht nur Zeit und Gelegenheit, sondern besonders auch der weite Gesichtskreis, die Bildung des Geistes; und während der Gesichtskreis des städtischen Arbeiters weiter, sein Geist reger ist, während ihm eher die Gelegenheit zum Kunstgenuß geboten wäre, mangelt ihm in noch höherem Maße die Zeit und vor allem jene materielle Sicherheit, deren der Mann aus dem Volke bedarf, wenn er daran denken soll, sich dem Genusse der Kunst hinzugeben. Mit der wirtschaftlichen Wohlfahrt zugleich mangelt die körperliche und geistige; die Großstadt thut das ihre, die Gesundheit zu verzehren, die abgespannten Kräfte und zerrütteten Nerven suchen höchstens den derben Reiz des Tingel-Tangel oder lüstern-plumper Zirkuskünste. Das Band mit der freien, gesunden Natur ist zerrissen und mit ihm die Fähigkeit zum Kunstgenuß verloren. Nur wenn die geistige Regsamkeit des Städters sich mit der Gesundheit des Landmanns paarte und beide durch materielle Wohlfahrt gesichert wären, nur dann könnte das Volk der Kunst gewonnen werden, nur dann könnte das Recht auf Freude in Geltung treten. Es liegt im Interesse der Kunst und Politik in gleichem Maße, daß dieser Boden geschaffen werde — hier darf und muß der Künstler Rechenschaft vom Politiker fordern.

Wenn die Politik sich einmal mit dieser Frage beschäftigt, so erschallt eigentlich nur von einer Seite eine Antwort, und das ist die stereotype Wendung: Führt den Achtstundentag ein, dann kommt alles von selbst; dann hat der Arbeiter Zeit und Muße, sich zu bilden, dann ist seine geistige und körperliche Wohlfahrt gesichert — dann endlich kann er sich auch der großen Kunst zuwenden. — Wir haben schon oben zugegeben, daß eine Verkürzung der Arbeitszeit ein Schritt zur Erreichung des Zieles ist. Allein — der Künstler ist naturgemäß der Erste der Individualisten und darum ein Feind jeder Schablone; auch wenn er sich auf politische Fragen einläßt, wird er für die große Schablone keine besonderen Sympathien haben, er wird nicht glauben, daß das Volk durch die Schablone zur individuellen Kunst erzogen, daß Schablonenmenschen zu Vollnaturen werden könnten.

Aber ganz abgesehen davon: Den Kern trifft diese Maßnahme noch lange nicht. Wenn eine Verkürzung der Arbeitszeit auch die Gesundheit des städtischen Arbeiters nicht unwesentlich fördern würde — der eigentliche, sicherste Boden für dieselbe könnte doch nur geschaffen werden, wenn das Band mit der Natur wieder geknüpft würde. Zurück zu der Natur! muß hier in der That auch für die Wirtschaftspolitik die Losung heißen, um der Kunst und der Freude wieder Eingang zu schaffen in das Leben des wirtschaftlich thätigen Volkes, ein Volk zu schaffen, das zum Kunstgenuß fähig ist, ein Volk, dessen Leben durch die hehre Kunst wieder verklärt werden kann, ein Volk, das die höchste Stufe der wahren Kultur zu erreichen vermöchte — ein Volk, das seiner großen Masse nach nicht nur aus unwilligen, abgeplagten Arbeitsmaschinen besteht, sondern aus freien, freudigen, denkenden und genießenden Menschen.

Das Mittel, auf das die Politik angewiesen ist, wenn sie dieses hohe Ziel erreichen will, ist die Wiedervereinigung der großen Massen mit dem ersten Grundfaktor der Wirtschaft, mit der Mutter Erde: Dezentralisation der Städte — Landindustrie — Mengwerk.

Zurück zu der Natur! Auch am Ausgange unseres Jahrhunderts erschallt wieder das alte Mahnwort. Aber in anderem Sinne als ehedem. Nicht zurück in einen erträumten Urzustand, sondern vorwärts, hinaus in die freie, gesunde Natur! Das Band mit der Natur, das der Großstadtmensch sehr zu seinem Schaden gelöst hat, muß wieder geknüpft werden, es muß eine neue Rasse geschaffen werden, die die geistige Regsamkeit des Städters mit der Gesundheit des Landmanns verbindet — eine kunstfähige Rasse. Immer mehr Stimmen werden laut, die diese Forderung vertreten — einen kleinen Teil habe ich in meiner oben genannten Schrift: „Die Völkerwanderung von 1900“ angeführt, in der ich der Landindustrie bereits einen besonderen Abschnitt gewidmet habe. Die eminente Wichtigkeit der Frage zwingt mich, auch an dieser Stelle wieder ein wenig bei dieser Idee zu verweilen. Es sei wenigstens gestattet, hier noch einmal die prägnanten Worte Oppenheimers zu zitieren:

„Der heute bestehende und sich von Tag zu Tag schärfer ausbildende Gegensatz von Stadt und Land oder besser von Großstadt und Land ist ganz ohne Zweifel ein ungesunder und verderblicher. — Der Städter wird, je größer die Metropolen anschwellen, um so mehr aller natürlichen Bedingungen der Gesundheit beraubt — er wird ein unrastiger Gesell, ohne jeden festen Halt im Leben, anheimgefallen jedem Betrüger und Betrogenen, der seine schnell entflammte Leidenschaft zu stacheln versteht, ein schwankendes Fundament für einen Staat.

„Demgegenüber treffen den Landbewohner im Durchschnitt zu wenig Eindrücke, um seinen Geist regsam und eindrucksfähig zu erhalten. Ist der Städter überreizt, so ist der Bauer stumpf und ungebildet. Über ihn ist der gewaltige Frühlingssturm des neuzeitlichen Wissens fortgezogen, fast ohne ihn zu berühren. Und so ist auch er kein Baustein für einen Staat, wie ihn die geistige und ökonomische Entwickelung der Menschheit erfordert.

„Nur eine enge soziale Mischung dieser beiden, man ist versucht zu sagen — Rassen dergestalt, daß der bessere Teil der Gesundheit und Ruhe des Landlebens erhalten, daß ihm der bessere Teil der Regsamkeit des Stadtlebens zugesetzt wird, nur eine solche Mischung kann den Bürger ergeben, auf welchen alle Parteien der Welt hoffen. Wenn die Kraft und Stetigkeit des Bauern durch den unruhigen Schneid des Städters befeuert; wenn die nervöse Hast des Städters durch die Bedächtigkeit des Bauern gezügelt wird, dann blühen solche Bürgertugenden empor, wie sie Athen und Rom in ihrer guten Zeit zierten, als Bauer und Bürger noch eins waren."

Solche Bürgentugenden und solche Bürgerfähigkeiten — damit ist das Ziel klar ausgedrückt: Ein Geschlecht von Vollnaturen.

Die „Bürgertugenden" in Athen und Rom, den Stadtstaaten, hatten nun freilich einen anderen, sehr einfachen Grund; denn in diesen engen kommunal-nationalen Verbänden waren die Interessen des Einzelnen mit denen der Gesamtheit aufs engste verknüpft, der persönliche Egoismus fiel nahezu mit dem nationalen Egoismus zusammen, so daß jeder Bürger, der seine wahren Interessen kannte, a priori ein guter Staatsbürger war. Anders in unseren Großstaaten, in denen der Einzelne dem ganzen Riesenverband im allgemeinen viel zu fern steht und in ganz andere Interessenkonflikte gerät. Wenn nun in den oben zitieren Worten dieser grundlegende Unterschied auch nicht erkannt ist, wenn wir auch nicht in den Zustand der alten Stadtstaaten zurückkehren können, so ist doch auf neuem Boden auch unser Ziel die Herbeiführung höchster Bürgertugenden und Bürgerfähigkeiten durch eine wirtschaftliche Organisation, in der „Bürger und Bauer" bezw. Industriearbeiter und Bauer eins oder doch aufs engste miteinander verbunden sind. Daß die Möglichkeit vorliegt, dem so sehr erstrebenswerten Ziele entgegenzuarbeiten, unterliegt keinem Zweifel.

Auf dem Lande ist, besonders im Osten unseres Vaterlandes, noch sehr viel Raum vorhanden, der sich vortrefflich zur Aufnahme großer Industrieen eignen würde. Da ist der Boden unvergleichlich billiger als in den Großstädten und Industriezentren; da schreien noch große, bisher ungenutzte Wasserkräfte nach der unserm Jahrhundert der Entdeckungen und der großartigen Technik angemessenen Ausnutzung; da könnte der Arbeiter gesund und billig wohnen, könnte seinen Acker haben und in einer Person, zum mindesten in einer Familie, Industrie-Arbeiter und Kleinbauer sein; da wäre die soziale Mischung in vollstem Maße erreicht, der neue, körperlich gesunde und geistig rege, der kunstfähige Mensch wäre geschaffen. Zurück zu der Natur!

Nicht die Kunst allein müßte zurückkehren zur Natur, um volkstümlich werden zu können — in erster Linie thut es not, daß das Volk zurückkehrt an die Brüste der Mutter Natur, um zu einem neuen Leben, zu einem von Kunst und Freude durchsetzten Leben fähig zu werden, um das Recht auf Gesundheit, Lebens- und Kunstgenuß, das Recht auf Freude zur Geltung bringen zu können.

Volkskraft und Volkskunst, Volksgesundheit, Volkswirtschaft und Volksgeist könnten auf dem neuen Boden, durch die Wiedervereinigung mit dem Boden in ungeahnter Weise emporblühen. Das Volk, das zuerst und am weitesten auf dieser Bahn vorwärtsschritte, das Volk, das seine Wirtschaft als Ganzes und in den einzelnen Teilen, das sich selbst und alle seine Glieder am innigsten mit dem eigenen Boden verbinden würde — dieses Volk müßte fürwahr in jeder Beziehung das erste Kulturvolk der Erde, das in seinem staatlichen Bestehen und künftigen Gedeihen am festesten gesicherte, das gesundeste, nach innen und außen stärkste, das sozial bestorganisierte, das zukunftsreichste und lebensfreudigste Volk der Welt werden! —

Wir sind am Ende! Und doch sträubt sich die Feder abzusetzen, ohne daß sie das Volk bezeichnet hätte, das zum Beschreiten dieser verheißungsreichen Bahn wohl berufen scheinen kann, ohne daß sie die Rolle angedeutet hätte, die unser eigenes Vaterland in dem künftigen Wettkampf der Nationen auf wirtschaftlichem und sozialem Gebiete in dieser Richtung spielen sollte. Zwar, zur Zeit scheinen die Aussichten auf eine Fortführung der sozialen Reform, und zumal die Aussichten auf eine Reform in so großem Stil und unter so hohen Gesichtspunkten, in Deutschland so gering wie je.

In weitesten Kreisen und an höchsten Stellen ist gegenwärtig eine sehr starke Abflauung der sozialreformerischen Interessen bemerkbar. Mit besonderem Behagen kehren sich große politische Parteien gegen die einst widerwillig in ihre Leitsätze aufgenommen Redensarten sozialreformerischen Anstriches. Großkapital, Großindustrie und Großgrundbesitz sind, in unendlicher Kurzsichtigkeit, vollständig einig in der Abneigung gegen jede Hebung des Wohlstandes, der wirtschaftlichen und sozialen Stellung der breiteren Massen. Die Regierung tritt voll und ganz auf die Seite derer, die von sozialer Reform nichts wissen wollen und nur poltern, daß wir viel zu schnell und viel zu weit vorgegangen sind.

Als ob wir wirklich das Ziel schon erreicht hätten! Als ob die wirtschaftliche und soziale Lage der mittleren und unteren Stände schon so befriedigend wäre! Als ob die Kraft und Gesundheit des Volkes schon genügend geschützt wäre! Als ob der innere Markt nicht noch der größten Hebung und Erweiterung fähig wäre! Als ob nicht noch das ganze Wohnungselend bestände — und vieles andere mehr!

Ja, sagen die Oberweisen, wir können allein nicht vorangehen. Deutschland ist wohl auf dem Weltmarkt an die zweite Stelle gerückt, aber sobald wir unsere Industrie nur ein wenig belasten, indem wir den „albernen sozialpolitischen Sport“ weitertreiben, sinken wir sofort wieder tief zurück, da dann das Ausland, das derartige „Thorheiten“ unterläßt, ganz bedeutend im Vorteil ist.

Es lebe das heilige Manchester! Die Wirtschaft, nicht der Mensch! Wenn wir nur wirtschaftlich an recht hoher Stelle stehen — was kümmert es das Großkapital und Großindustrie, die sich in den „Profit“ teilen, wie das gesamte Volk dabei fährt. O wie kurzsichtig!

Wie oft soll denn die alte Phrase widerlegt werden, daß

die deutsche Industrie keine weitere Belastung durch sozialreformerische Gesetzgebung vertragen kann?! Weshalb soll Deutschland denn durchaus beschaulich warten, bis es dem Auslande einmal paßt, voranzugehen? Kann Deutschland nicht selbst die Führung übernehmen?

Das auf dem Schlachtfelde geeinte Deutschland ist vorangegangen in der Aufbietung aller Kräfte zum Schutze nach außen; Deutschland übernahm die Führung, als es galt, die Volkskraft nach außen zu sichern und zu schützen — und alle Staaten mußten folgen, ohne irgend ein Opfer zu scheuen.

Weshalb denn in aller Welt soll Deutschland nicht auch vorangehen in der Aufbietung aller Kräfte zum Schutze nach innen, wenn es gilt, die Volkskraft innerlich zu sichern und zu festigen, — kein Zweifel daß wiederum alle Staaten folgen müßten, ohne ein Opfer zu scheuen.

Der Staat, der es zuerst unternimmt, die Gesundheit und Kraft, die Lebens- und Wehrfähigkeit, die Fruchtbarkeit und Wohlfahrt des ganzen Volkes durch gründliche Sozialreform in weitestem Maße zu heben und zu fördern, wird dadurch wahrlich nicht ins Hintertreffen geraten; im Gegenteil, vermehrte Sicherheit und Leistungsfähigkeit nach außen und innen werden ihn über alle anderen Staaten stellen, und diesen wird nichts übrig bleiben, als ohne Zögern ihm zu folgen. Das Volk wird in jenen Staaten nicht ruhen, ehe es die gleichen Lebensbedingungen erzwungen hat; die Sicherheit des Landes im Inneren wird ein schnelles Vorgehen erheischen, und nicht minder wird die Leistungsfähigkeit in der Arbeit des Friedens wie die Wehrfähigkeit für den Fall des Krieges die gleiche Hebung der allgemeinen Volkskraft und -gesundheit gebieterisch fordern.

Das Vorgehen wird um so leichter und gefahrloser, je sicherer der betreffende Staat mit seiner nationalen Wirtschaft in dem eigenen Boden wurzelt. Die in diesem Sinne wirkenden Maßnahmen, nicht zum wenigsten ein mitteleuropäischer Zollbund und vor allem eine starke deutsche Wanderungspolitik würden demnach zugleich die beste Grundlage für die Fortführung der Sozialreform bilden.

Auch die heutige deutsche Kolonial- und Flottenpolitik wirkt in dieser Richtung, auch sie sichert Deutschland auf der Bahn einer vorwärtsschreitenden Sozialpolitik im Innern. Umsomehr sollte die günstige Gelegenheit benutzt werden, zugleich das Notwendige und Mögliche in der Sozialreform zu leisten und die widerstrebenden Massen dadurch für jene Politik der äußeren Macht zu gewinnen. Gerade von den weitschauenden Männern im Reichsmarineamt wären vielleicht am ehesten entsprechende Schritte und Anregungen zu erwarten.

Nicht ungünstiger wird die Stellung des Landes, das die Führung übernimmt, sondern günstiger; stärker und sicherer stehen Staat und Volk nach außen und innen da.

Deutschland ist vorangegangen, als es die Kräftigung und Sicherung nach außen galt; es ist vorangegangen auch im Innern mit einem für alle Zeit hochbedeutsamen Schritt zur Hebung des Volksgeistes; mit seinem Volksheer und seiner Volksschule steht es an der Spitze der ganzen Welt — — was zögert es, das Werk zu vollenden, seine hehre Aufgabe vollständig zu erfüllen, aufs Neue die Führung der kultivirten Welt zu übernehmen — im Interesse der eigenen Sicherheit und Stärke, der eigenen Macht und Größe!

Deutschland voran!

Nachtrag.

Zu Seite 35: Nach den neuesten Ermittelungen (Juraschek's geographisch-statistische Tabellen für 1898) gestalten sich die Zahlenverhältnisse für die Staaten von über 2 Millionen Quadratkilometern folgendermaßen:

Staat	Millionen Quadratkilometer	Millionen Einwohner
Britisches Reich	28	383
Russisches "	22	131
China	11	357
Vereinigte Staaten (mit Kuba und den Philippinen)	9,4	82
Brasilien	8,4	15
Frankreich	4,3	83
Deutschland	3,1	61
Türkei (ohne Egypten)	2,9	24
Argentinien	2,8	4
Belgien und Kongostaat	2,3	21
Portugal	2,2	19
Niederlande	2,1	40

Danach umfaßt ferner Japan (s. S. 37) heute 417 000 qkm.

Inhalt.

Carow, R., Die Kaiserliche Schutztruppe in Deutsch-Südwest-Afrika unter Major Leutwein. Mit 30 Abbildungen und einer Karte. geh. 3 Mark, eleg. geb. 4 Mark.

Das Werk enthält eine Schilderung, über die Erlebnisse der im Juni 1894 nach Südwest-Afrika gesandten Schutztruppe, über die Kriegszüge gegen die Khauas-Hottentotten, über die Expedition in das nördliche Hereroland, über Leben und Treiben, Land und Leute, wie sie übersichtlicher nicht gegeben werden kann. Der Verfasser spricht offen und gerade seine Meinung aus und es berührt dies um so angenehmer, als das Werk dem Major Leutwein selbst gewidmet ist. „Vossische Zeitung".

v. Hanstein, Dr. Adalbert, Ibsen als Idealist. Mit einem Bildnis Henrik Ibsen's. geh. 4 Mark, eleg. geb. 5 Mark 50 Pf.

. . . Das Charakterbild des Dichters, wie es uns aus dem von Hanstein'schen Buche entgegentritt, ist ein einheitlich in sich geschlossenes. Von hohem Interesse ist es, an der Hand des kundigen Führers den engen Zusammenhang zu verfolgen, in welchem namentlich die 7 großen soziologischen Dramen Ibsens unter einander stehen. „Schwäbischer Merkur".

— **König Saul.** Drama. 2 Mark.

— **Die soziale Frage in der Poesie.** 1 Mark 60 Pf.

Die Krone der Naturheilkunst oder: **Von der Wirkung der giftfreien Pflanzensäfte.** Von einem dankbaren Geheilten. 1 Mark 80 Pf.

Jetzt, wo die staatlich sanktionierte Allopathie, die infolge ihrer Irrlehren und Irrtümer immer mehr beim Volke an Boden verliert, alle Anstrengungen macht, vom Staate eine gesetzliche Unterdrückung der sogenannten Kurpfuscherei (Volksheilkunst) zu erwirken, erscheint diese Broschüre recht zeitgemäß. Frei von jeder Gehässigkeit in der Polemik stützt sich der Verfasser auf Aussprüche hervorragender Autoritäten und Ergebnisse wissenschaftlicher Forschungen und erbringt für alle seine Behauptungen den Beweis, so daß der Leser bei der Lektüre kaum den Eindruck gewinnen kann, die Broschüre, welche ein hohes Verständnis für alle medizinischen Fragen und eine genaue Kenntnis aller einschlägigen Litteratur verrät, sei von einem Nichtmediziner verfaßt. „Die Heilkunst" v. 1./VII. 98.

Wilms, Prof. Dr. A., Vom kranken und gesunden Staate oder: **Vom Wesen der Währung.** 2 Mark 60 Pf.

Der Verfasser ist Gegner der heutigen Gold-Währung und fordert die Remonetisierung des Silbers zum alten Werte — mit oder ohne England. — Aber nicht bloß die Währungsfrage behandelt das geistreich geschriebene Werkchen, sondern noch eine Reihe wirtschaftlicher und staatsrechtlicher Probleme. Am Schlusse stellt der Verfasser ein sieben Punkte umfassendes Programm auf, dessen Verwirklichung nach ihm den Zusammenschluß aller produktiven Elemente bedeutet. „Hannoversche Nachrichten".

www.ingramcontent.com/pod-product-compliance
Lightning Source LLC
Chambersburg PA
CBHW030733280326
41926CB00086B/1334

* 9 7 8 3 7 4 4 6 7 2 2 0 7 *